主编 汪明义

基础教育与教师发展研究

Research on Basic Education and Teacher's Development

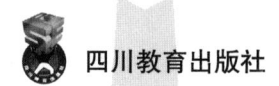

——— 第 1 辑 ———

四川教育出版社

图书在版编目(CIP)数据

基础教育与教师发展研究. 第1辑 / 汪明义主编. —成都：四川教育出版社，2022.5
ISBN 978-7-5408-8107-8

Ⅰ. ①基… Ⅱ. ①汪… Ⅲ. ①基础教育－教育改革－研究－中国　②基础教育－师资培养－研究－中国　Ⅳ. ①G639.21　②G635.12

中国版本图书馆 CIP 数据核字（2022）第 073241 号

基础教育与教师发展研究·第1辑
JICHU JIAOYU YU JIAOSHI FAZHAN YANJIU·DIYIJI

主　编　汪明义

出 品 人	雷　华
责任编辑	高　玲
责任校对	李萌芽　刘正含
书名题写	温儒敏
封面设计	许　涵
版式设计	四川胜翔数码印务设计有限公司
责任印制	田东洋
出版发行	四川教育出版社
地　　址	四川省成都市锦江区三色路266号新华之星A座
邮政编码	610023
网　　址	www.chuanjiaoshe.com
制　　作	四川胜翔数码印务设计有限公司
印　　刷	四川新财印务有限公司
版　　次	2022年5月第1版
印　　次	2022年5月第1次印刷
成品规格	185mm×260mm
印　　张	12.5
字　　数	240千
书　　号	ISBN 978-7-5408-8107-8
定　　价	58.00元

如发现质量问题，请与本社联系。总编室电话：(028) 86365120

编 委 会

主　　编　　汪明义

副 主 编　　靳彤（常务）　曹正善

顾　　问　　袁振国　卢晓中

委　　员　　（按姓氏拼音排序）

　　　　　　巴登尼玛　曹正善　程翔　何立新　靳彤

　　　　　　李琼　李铁安　刘正伟　田间　汪明义

　　　　　　易永伦　于泽元　翟小宁　周彬

主办单位　　四川省哲学社会科学重点研究基地四川省教师教育研究中心

　　　　　　四川师范大学基础教育研究院

学术支持　　教育部人文社会科学重点研究基地北京师范大学教师教育研究中心
　　　　　　　四川分中心

　　　　　　四川省教育厅四川师范大学基础教育课程研究中心

发刊词

"教育决定着人类的今天,也决定着人类的未来。人类社会需要通过教育不断培养社会需要的人才,需要通过教育来传授已知、更新旧知、开掘新知、探索未知,从而使人们能够更好认识世界和改造世界、更好创造人类的美好未来。"这是习近平总书记对教育本质的深刻阐释。基础教育作为整个教育的前端,对整个教育发挥着基础性、先导性、决定性的作用。从全球来看,越是发达的国家越重视基础教育,这几乎成了一个国际惯例,因为这是由公平和均衡的价值观所决定的。

然而,长期以来,"考试主义文化"几乎成为基础教育领域唯一的价值选择,导致基础教育严重偏离教育的本质与人才成长的规律。这主要表现在:对知识积累过于崇拜,以致极大地忽视了点燃学生智慧的火花;有的教师对照本宣科、填鸭式和注入式等教学模式轻车熟路,严重排斥着新的教学方法,如对启发式、研究式、讨论式的真正接受和实质性的运用。这必然导致学生感受不到知识的鲜活性,反而对学习产生有增无减的厌倦情绪。

对学校的传统评价方式的顽强固守,使得倡导多年的素质教育变成了另一种形式的应试教育;一些学校对教师工作的评价和考核方式使得上述弊端已演变成为一种习惯性的麻木和容忍。这样的学校教育使得起初对什么都充满好奇的少年儿童进入校门后,逐渐失去了往日的光芒和灵气,他们就在这样的状态下完成高中学业,走向大学校园或步入社会。

师范大学作为联系基础教育与高等教育最为密切的组织,理应对基础教育的发展发挥旗帜与灯塔的作用。为此,四川师范大学主动肩负起引领区域教师教育事业的使命,并将其内涵诠释为"人民教育家诞生的摇篮、优秀校长成长的基地、优秀教育教学成果转化的平台、国家和四川省教育的高端智库"。在已有的四川省哲学社会科学重点研究基地四川省教师教育研究中心和四川省教育厅四川师范大学基础教育课程研究中心两个平台的基础上，组建实体性的"基础教育研究院"，以此来全面地服务、支撑、引领基础教育。为更好地发挥其作用，研究院创办《基础教育与教师发展研究》学术辑丛，以研究当下我国基础教育改革和基础教育教师专业发展热点问题为主，兼顾相关问题的域外研究及历史研究，以推进基础教育和教师教育的理论研究与实践探索，为相关职能部门的决策提供参考，以期为中国教育的发展尽绵薄之力。

2022 年 3 月

目 录

>>> **本辑特稿**

003 核心素养、任务群与建构主义 / 温儒敏

011 "双减"背景下的教师行动
　　　——重新审视我们的教学 / 周　群

>>> **热点聚焦**

025 试论"双减"背景下课堂教学模式的转变 / 程　翔

036 整肃生态　科学减负　提升质量
　　　——"双减"政策的现实价值和落地策略 / 何立新

043 "双减"背景下学科育人的校本实践
　　　——以四川大学附属实验小学为例 / 沈　勇

>>> **教育与教学**

055 以"变"应"变"：改革中等教育结构促进基础教育均衡化 / 汪明义　靳　彤

065 中小学法治教育的整体设计与策略体系 / 孟宪云　余宏亮

073 现阶段中小学课程建设的基本路径 / 李松林

083 鲁迅的语文：有难度的跨越
　　　——兼及鲁迅之于当代基础语文教育的价值 / 李　怡

090 历史教学应注重理解历史中的人
　　——从 2020 年高考全国卷文科综合 III 卷第 42 题展开　/ 华黄来　李　继
099 基于理解的美术大单元教学设计
　　——以"校园的水稻"为例　/ 李力加
110 持续推进初中化学学业评价　为减负增效赋能　/ 杨剑春

>>> 教师与学校

123 百年来中国共产党领导教师队伍建设的逻辑与经验　/ 李　琼　王松丽　林怡文
142 基础教育教师队伍建设的历史回顾、基本经验及未来发展　/ 罗生全　杨馨洁
156 行动研究：从言说走向行动　/ 毛道生　许丽萍　税长荣
165 校长：实践反思型教育领导者　/ 刘　冲　樊　祥　王纯育
178 基于课例研究提升 STEM 教学评课技能初探
　　——以教育技术学专业师范生为例　/ 沈　莉　陕昌群　章宇琦

189 编后记

本辑特稿

Research on Basic Education and Teacher's Development

核心素养、任务群与建构主义

温儒敏[1]

摘 要

语文核心素养、学习任务群是 2017 版高中语文课程标准提出的两个宗旨性的重要概念。四个方面的"语文核心素养"这个概念是基础教育语文最基本的内容目标,"学习任务群"是达成"语文核心素养"的主要途径。任务群实施过程中要注意三个方面的"防止走偏"。20 世纪 90 年代以来,"建构主义"在我国教育界有很大影响,几乎成为主流的教育理论,并在课程改革中发挥作用。语文学科和其他学科不同,很难指出一条速效的办法去提高语文素养,建构主义有些主张可能适合语文教学的一部分,但不是全部。

关 键 词

核心素养　任务群　建构主义　语文

我想借这个机会,和老师们一起讨论一下高中语文课程改革所面临的一些问题。有些想法不一定对,也不代表官方或任何机构,只是个人的观察和研究,和大家一起讨论。

---

[1] 温儒敏,北京大学中文系教授、博士生导师,教育部统编中小学语文教科书总主编。

一、如何理解新课标提出的"语文核心素养"

2017年底公布的普通高中语文课程标准，对今后的高中语文教学可能会有很大的影响。这几年我主持编写高中语文统编教材，对新课标也有一个学习领会的过程，甚至有过争论，有过不同观点，当然最后还是磨合，在教材编写中寻找落实课标的比较适当的方式。这里不妨和老师们一起探讨学习，看看在一线教学中如何贯彻新课标，搞好语文教学。

新课标最引人注目的，是"语文核心素养"这个概念。以往也有类似的概念，如"语文素养"，就用得比较普遍。若问语文素养包含哪些基本内涵，大概就会说是听、说、读、写的能力，或者再加上文化、文学的修养等，但并没有明确的界定。而新课标提出"语文核心素养"，让语文学科的定位清晰了，可以说终结了长期以来关于"语文是什么""语文要教什么学什么"，还有"人文性和工具性哪个更基本"等问题的争论。课标中有一句话叫"凝练了学科核心素养"，"凝练"这个词用得好，"语文核心素养"的凝练表述，把以往许多夹缠不清的问题厘清了。

语文核心素养包括哪些基本面？教学中要达成语文核心素养的目标，主要应当关注哪些要素？这是一线老师最关心的。新课标的解释非常明确，语文核心素养主要包括"语言建构与运用""思维发展与提升""审美鉴赏与创造""文化传承与理解"四个方面。也许语文学科的教学还可以达成其他一些目标，你可以说语文素养还有其他什么，但对于基础教育的语文，特别是高中语文来说，这四个方面就是"核心"，就是最基本的内容目标。

注意，"核心"所包含的四个方面，并不是平列的，课标解释"语文核心素养"时，把"语言建构与运用"放在最前头，为什么？这是语文学科独有的、具本质意义的。新课标的提法是，要求学生在学习语言文字运用的过程中，建构语言运用机制，增进语文学养，努力学会正确、熟练、有效地运用祖国语言文字，当然，也就加深了对祖国语言文字的理解与热爱。这对于我们一线教学来说有什么启示呢？就是明确了语文的本质是让学生学习祖国语言文字运用，就是学"语用"，在这个学习的过程中，把其他几方面也带进来。以前没有这个提法，或者没有很明确地像这样来提出。我说这是"一带三"。那么一线教学也应当是"一带三"，立足语言文字运用的学习，把其他学习也融汇进来。

语文核心素养所包含的第二个方面是"思维发展与提升"。新课标强调的是学生通过学习语言的运用，获得几种思维能力的发展，包括直觉思维、形象思维、逻辑思维、辩证思维和创造思维，另外，还有思维品质的提升，包括思维的深刻性、敏捷性、灵活性、批判性和独创性。以往各种版本的语文课标也都有提到思维能力的培养，但当作语文核心素养的重要组成部分，放在那么突出的位置，这是第一次。

　　这又有什么启示？传统语文教学有很多优点，比较讲究涵养，但很少关注思维方式的发展。这是弱项。而现行的语文教育往往陷于应试，处处面向考试，更是不利于思维发展的。新课标如此强调思维发展，还把直觉思维、形象思维、逻辑思维、辩证思维和创造思维等各种思维形式都加以明示，使之成为语文教学的必需部分，这对于改变目前语文教学缺少思维训练（尤其是缺少批判性思维和独创性思维）状况，会有一个大的冲击。注意，几种不同的思维形式都提到了，这在教学中是应当考虑的。事实上，这些年来对于思维训练，尤其是逻辑思辨能力的培养开始重视了。高考语文命题也在往这方面靠拢。

　　语文核心素养的第三个方面，是"审美鉴赏与创造"。新课标要求通过审美体验、评价等活动形成正确的审美意识、健康向上的审美情趣与鉴赏品位，并在此过程中逐步掌握表现美、创造美的方法。注意，这里应当关注的是"审美情趣"和"鉴赏品位"的提法。我们的语文教学其实已经很久未见情趣，很少顾及和尊重学生个人的情趣了，新课标的提示应当给一线教学提个醒："健康向上的审美情趣"的培养，也是语文教育题中应有之义。而"鉴赏品位"这个说法的提出，在这个过分物质化的浮躁且低俗的环境中，是有针对性的。

　　而第四个方面"文化传承与理解"，新课标要求的是"学生在语文学习中，继承和弘扬中华优秀传统文化、革命文化、社会主义先进文化，理解与借鉴不同民族和地区的文化，拓展文化视野，增强文化自觉，提升中国特色社会主义文化自信，热爱祖国语言文字，热爱中华文化，防止文化上的民族虚无主义"。这里值得关注的，是理解和尊重文化多样性，关注当代文化，学习对文化现象的剖析，积极参与先进文化的传播。这样明确的概括和提示，也是第一次。

　　目前社会上和学校中都在弘扬传统文化，但较少顾及如何让学生理解和尊重文化多样性，也较少要求关注和学会分析当代文化现象。而只有把文化的传承与文化的理解这两者结合起来，才是健全的文化态度。新课标讲"文化传承与理解"，并没有一边倒，其中传递的警示信号，是值得注意的。对于传统文化要有分析，然后才谈得上继承和发扬。传统文化有精华，亦有许多糟粕，我们需要的是精华，是优秀的传统文化。在对待传统文化问题上，一定要坚持历史唯物主义和辩证唯物主义的立场、观点和方法，批判和抛弃那些落后腐朽的、不适合现代社会发展的部分，挖掘和弘扬优秀的部分，要处理好继承和创新的关系，重点做好创造性转化和创新性发展。新课标在指向语文核心素养时，强调让学生理解和尊重文化多样性，学习对文化现象的剖析，这些要求是有现实意义的。

新课标在解释语文核心素养四要素之后，有一段解释很重要，那就是"四个方面是一个整体"，彼此融合，不能分开。还特别说到语言既是"交际工具""思维工具"，又是"文化的重要组成部分"，因此，"在语文课程中，学生的思维发展与提升、审美鉴赏与创造、文化传承与理解，都是以语言的建构与运用为基础，并在学生个体言语经验发展过程中得以实现的"。这对我们一线教学来讲也很重要，就是强调语言的发展是与思维的发展、审美与文化的学习相互依存、相辅相成的。

多年来强调"人文性与工具性"的统一，这提法没有错，但在实际教学中还是容易把两者分开，或者"一项一项完成"，结果容易零敲碎打，或者"贴标签"。而有关语文核心素养所包含的四个方面协调发展的提法，也是为了扭转这种偏向。

新课标提出"语文核心素养"这个概念，澄清了长期以来语文学科定性的模糊状况，终结了在定性问题上的纷争，特别是对语文学科内容目标四个方面的解释，非常精到，有很多理论生长点，又很有现实针对性，对于一线教学包括阅读教学必然会产生积极的影响。

二、"学习任务群"和语文课程结构的调整

新课标还提出"学习任务群"的概念。这是又一宗旨性的概念。把学习任务群确定为达成语文核心素养的主要途径，是顺势推导。这个概念和设想不是语文课标独创，而是"顶层设计"就提出的，所有学科都要采取任务群的教学。

其中部分任务群的内容贯穿必修、选择性必修。这是以往高中课程从来没有过的。这种设计将对高中课程和教学产生极大的影响。能否大面积落实，现在还不好说，还得靠一线师生的实践。我是有些质疑和担心的。因为高中生面临高考，这是巨大的现实，新课标这些规定如何面对高考是个问题。但从学科理论看，是一个相当大的推进。

现在高中新的教材也基本上按照新课标的要求来编。我提出"守正创新"，不能完全推倒重来，与以往教材教学好的经验体例还是要有一些衔接。现在高一必修2册，高二选择性必修3册，和以往教材比，变化还是挺大的。一是单元结构的变化。以往主要是文体组织单元，或者人文主题组织单元，新教材是以任务群加上立德树人的主

题来组织单元。比如说，第一册8个单元，主题涉及青春理想、崇尚劳动、人生感悟、乡土中国、学习之道、感悟自然等。这8个单元同时还分别承担着几个学习任务群，包括思辨性阅读、文学阅读、实用性阅读，以及当代文化参与。而语言积累梳理与探究、整本书阅读这两个任务群除了有单独的单元，还渗透到其他各个单元之中。实际上每个单元承担了1~3个任务群。

高中课标的这些变化，不止是高中的，它提示一种课改的动向。所以我们关注一个很实际的问题：以后语文怎么教？

这种任务群与过去的教学模式有很大的区别。其强调的是不以文本为纲，不求知识的系统与完备，不把训练当作纯技巧进行分解训练。教师是组织者，学生是主体，师生互动。

但是也有很要紧的问题值得探讨。任务群提倡任务驱动下的多文本学习，以及任务驱动下的学习活动，把这两点作为以后语文教学的主要方式。这还需要试验，看看效果如何，会出现什么问题。起码有好处，就是有利于学习目标和内容集中、明确，克服语文教学的随意性，同时有利于发挥学生学习的主动性。有任务，教学目标就清晰了。

我强调还需要试验，是因为有三个担心，那么就要有三个"防止走偏"。

（1）"学习任务群"是教学要完成的主要任务，让教学目标更加明晰，克服随意性，同时让学生带着任务去主动学习。但要防止把任务群教学理解为任务驱动，甚至将任务驱动作为语文教学的唯一方式，一边倒。任务应当是属于语文的任务，而不是脱离了语文的其他活动。教材中每个单元都有"学习任务"，都和单元课文密切相关。教学中可以参考这些单元学习任务，也可以提前给学生布置任务。但要注意，不要让学生局限于在任务的指使下去阅读，因为那样反而可能会让学生被动，降低他们阅读和学习的兴趣，适得其反；学生在阅读学习过程中，会时常想到预设的那个任务，所关心的是如何完成任务，阅读材料中哪些部分可以用于完成任务，他们思考的问题就会限定在预设的任务范围，而不是在阅读中自然地形成，所谓个性化阅读、探究性阅读很可能就会受到预设的任务的限制或者牵引。这很可能还会导致为完成任务而阅读的实用主义，自由的、开放的、创造性阅读也就可能沦为功利性的阅读。就像我们现在很多学者被科研项目所捆绑，为了完成项目而进行研究，结果陷于项目化的状态一样。所以任务驱动的那个"任务"，恐怕不能预设太细，要考虑留给学生的空间大一些。

（2）新教材关于"课"的设计和以前有所不同，采取的是以群文教学为主。这可以抑制以往一课一课精读精讲容易碎片化的弊病，但也要防止沦为浅阅读。因为都放手让学生自己去读，而且是在有限的时间里群文阅读，肯定不可能很细致，甚至容易囫囵吞枣。在实施多文本阅读的时候，怎么把握好精读与略读的结合，怎么防止浅阅读，是非常有必要的。改进的办法还是要把群文阅读的课文或者材料分为精读与略读，要有精读的要求。

（3）任务驱动下的学习活动，不要包揽整个教学过程。有些文类的阅读，比如实用类阅读、思辨类阅读，可以多一点活动，但文学类阅读，可以少一点活动，还是要让学生静下心来读、自主性地读，而不是动不动就讨论、开展各种活动。我们的语文课本来就很热闹、很浮躁，缺少沉浸式的阅读，缺少真正个性化的自由的阅读，如果老是用任务驱动，老是组织各种活动，那也是不利于语文素养的提升的。

过犹不及，欲速则不达。新课标提出的语文核心素养的理念很好，任务群的主张也有新意义，但不要全盘否定以往语文教学的经验，也不要指望把新的办法定于一尊，那是不可能的，甚至会适得其反。在新课标刚提出之时，我说说自己的担心也是一种提醒吧。我们可以做一些调和，吸收新课标关于任务驱动的理念，在某些教学环节可以多使用这个办法。但不一定全部都改为任务驱动，还是要实事求是，根据教学的内容需要，根据学情来决定如何实施。

三、如何看待"建构主义"

这里专门要说说"建构主义"的问题，因为这个教育思想最近十多年来几乎成为课改的基本指导思想。新的高中语文课标也多次使用"建构"这个词。新课标的提法是，要求学生在学习语言文字运用的过程中，建构语言运用机制，增进语文学养，努力学会正确、熟练、有效地运用祖国语言文字。在以往的教学大纲或者各种版本课标的相关表述中，一般也就使用"语言的运用"，似乎极少使用"建构"这种说法。那么新课标为何采用了"建构"来说明语文核心素养这个概念呢？

与此同时，还有"情境化教学"，也是和建构主义一样，成为主流的教学理念。

这个词是从哪里来的？它来源于建构主义的说法。心理学和语言学的建构主义，代表人物是瑞士的皮亚杰（J. Piaget）。这个流派认为学习过程是学习者基于原有的知识经验的生成意义、建构理解的过程，而这一过程常常是在社会文化互动中完成的。这种教育思想显然有别于传统的教学观念。20世纪90年代以来，建构主义在我国教育界有很大影响，几乎成为主流的教育理论，并在课程改革中发挥作用。如课改强调以学生为中心，强调情境对意义建构的作用，强调利用各种信息资源来支持学习，强调协作学习，重视学习过程中学习者的主体性和知识的建构性，其背后就有一种新的教育理念支持，即建构主义的理论。也许有些老师并不知道这其中有建构主义的影响，他们赶上课改的潮流，推进教学改革，也起码是暗合建构主义观念的。现在新课标在多处明确地采用"建构"一词，事实上是为十多年来一直助力课改的建构主义教育思潮正名。

建构主义认为，知识的获得主要不能靠教师传授，而要学习者在一定的情境即社会文化背景下，借助其他人（包括教师和学习伙伴）的帮助，利用必要的学习资料，通过意义建构的方式而获得。新课标也多处强调情境对于学习的重要性，强调语文课用任务群的办法，取代过去以单篇课文讲授为主的教学模式，围绕一个个人文主题来组织学习资源，设计学习任务，让学生通过阅读与鉴赏、表达与交流、梳理与探究的自主活动，自己去体验环境，完成任务，发展个性，增长思维能力。

在课程结构中，新课标提倡的是"以自主、合作、探究性学习为主要学习方式"；建议追求语言、知识、技能和思想情感、文化修养等多方面、多层次目标发展的综合效应，而不是学科知识逐点解析、学科技能逐项训练。在每一任务群的"教学提示"中，几乎都主张以参与性、体验性、探究性的语文学习活动为主，增强课程内容与学生成长的联系。比如"当代文化参与"任务群，就建议引导学生创建各类社团，开展各类学习活动，如读书交流、习作分享、论辩演说、诗歌朗诵、戏剧表演等。"整本书阅读"任务群，则建议以课内外自主阅读为主，辅以交流讨论，不以教师的讲解代替或限制学生的阅读与思考。几乎所有的教学活动，都在围绕学生核心素养的自主建构。

这些观点有现实的针对性，有利于扭转当今僵化的应试教育模式。但是，任何理论都有它的形成的背景，所谓"谱系"，而且理论往往也是有其适用面的，超出这个范围，可能就不灵了。

建构主义的理论依据主要是语言学和心理学，而且是儿童语言学和儿童心理学。建构主义比较适用于小学的语文教学，但到了高中，就不见得适合普遍推广，或者说推广要有范围和指向。

比如刚才讲到的任务驱动项目化学习、情境化学习，以语文实践活动为主线，要搞很多活动来取代讲授等，这些我认为都只是一种实施的方法，可以建议，但不宜规定。建构主义有些主张可能适合语文教学的一部分，但不是全部。建构主义是基于语言学和心理学的研究，发现儿童的语言学习的确有自我建构的过程，这是有道理的，值得小学语文重视。但这个语言学习的自我建构不等于语文学习全都得照此办理。特别是高中，没有必要所有的知识全都靠学生自我建构。很多语文知识，主要应当通过老师的讲授让学生掌握，没有必要全都交给活动。活动其实很费时间，往往还会费时低效。

再说"情境化教学"，也要实事求是。小学语言教学可以多用一点，初中慢慢减少，高中没有必要搞很多情境化教学。见到有些高中老师备课，在如何制作多媒体、如何营造课堂气氛上下了很多功夫，都高中生了，有这个必要吗？

我的意思是，建构主义所主张的知识在活动和交往中去自我建构，小学可以多用一点，高中是否要多用，还得看教学内容和学情的需要。

语文学科和其他学科不同，实践性很强，很难指出一条速效的办法去提高语文素养，前面提到的新课标一些新理念都很好，但说来说去，需要回到这个朴素的道理，就是多读书。读书的过程，读书的积累，读书兴趣和习惯的养成，本身就是语文。读书兴趣和习惯的培养，以及读书方法的掌握，远比现在这种面向考试、精读精讲、反复操练的做法要高明，也更加重要。

"双减"背景下的教师行动

——重新审视我们的教学

周 群[①]

摘 要

教育"双减"政策的出台在重构教育生态的同时,也对教育教学提出了新的挑战,如何回应这些挑战是一线教师不得不面对的重要课题。对于一线语文教师而言,需要不断地反思自己的教育教学,从课标精神、教学观念、教学行为、作业、教育发展和学科教学规律到学生与学情等方面都需要进行系统检视。只有这样,一线教师才能真正地在行动中将"双减"政策落地,让教育回归学校主阵地,发挥课堂作为教育教学主战场的作用。同时,不断地进行教学反思,将教学中的问题进行拆解,这本身也是一线教师需要具备的最基本的能力。因此,聚焦"双减",一线教师需要以实际行动抓住教学转型发展机遇期。

关 键 词

"双减"政策 教师行动 语文教学 教学反思

对教学进行审视,就是我们常说的教学反思,即教师运用元认知能力和方法反思

[①] 周群,女,正高级教师,本科毕业,现就职于北京景山学校,研究方向为项目式学习、教材教法和科普科幻教育。

自己的教育教学，从中发现问题，积极寻找与实践解决问题的策略，在此基础上不断总结经验，摸索规律，从而改进教学的行为。在"双减"的大背景下，重新审视教师的教学行为有着极其重要的意义和价值，反思能力也已日益成为今天一线教师最基本的能力，贯穿教育教学始终。一线教师应当认识到学校教育空心化问题的严重性，且应牢记课堂是教育教学的主战场。聚焦"双减"，且行且思，以解决过于繁重的作业问题为突破口，在提高课堂效率的同时向课堂要效益，这既是挑战，也是机遇。能否抓住机遇，迎接挑战，真正地回归课堂，实现"以减负促增效"，既取决于当下的作为，也取决于认识水平和能力。一线教师既要能"动起来"，以实际行动响应"双减"政策，也要能"沉下去"，多做理性的思考，这样才能避免"新瓶装旧酒""一阵风一阵雨""雨过地皮湿"。

那么，"双减"背景下义务教育阶段的一线语文教师应该思考哪些问题呢？我的回答是"一切皆可思"，建议着重从以下几方面入手：

一、重新学习和领会课标精神

在新的义务教育语文课程标准即将出台而尚未出台之际，重新学习 2011 版课标后我们不难发现，这一版课标对改进今天的课堂教学仍会有许多有益的启示。

如关于作业，2011 版语文课程标准提出了以下建议：

重视学生读书、写作、口语交际、搜集处理信息等语文实践，提倡多读多写，改变机械、粗糙、繁琐的作业方式，让学生在语文实践中学习语文，学会学习。善于通过专题学习等方式，沟通课堂内外，沟通听说读写，增加学生语文实践的机会。充分利用学校、家庭和社区等教育资源，开展综合性学习活动，拓宽学生的学习空间。

老师不妨对照上述建议，逐条地追问自己——

课标"提倡多读多写"，我应带着学生多读什么？多写什么？读写如何结合？我自身有怎样的阅读观和写作观？我对阅读教学和作文教学的具体认识与做法又有哪些？

课标要求"改变机械、粗糙、繁琐的作业方式"，我布置的哪些作业属于机械、粗糙、繁琐的作业？抄写性作业完全没有意义吗？怎样把握适合的作业方式的度？

课标提倡"让学生在语文实践中学习语文，学会学习"，语文实践有哪些常见的活动方式？不同类型的活动能够带给学生哪一方面语文素养的提升？

课标提倡教师"善于通过专题学习等方式，沟通课堂内外，沟通听说读写"，我的教学中主张或擅长哪一种方式？是专题学习，群文阅读，还是项目式学习？如何打通课堂内外、听说读写，开展一体化的教学设计？

课标建议教师"充分利用学校、家庭和社区等教育资源，开展综合性学习活动，拓宽学生的学习空间"，学校、家庭和社区等究竟有哪些教育资源可兹利用？对于教材中的综合性语文学习活动，我是如何开展的？效果如何？我还自行开发了哪些综合性语文学习活动？学生的学习空间是否因我的努力而被拓宽？

……

我们若能不断追问，把2011版课标的要求逐一延展成有探讨价值的问题，逼迫自己通过实践与反思形成专属回答，就能把课程标准吃得更透，进而改进教学，甚至推动教学发生变革。比重新学习2011版课标更积极主动的做法则是改变以往"铁路警察各管一段"的做法，通过学习《普通高中语文课程标准（2017年版）》（2020年修订），深入领会语文核心素养的内涵，了解高中学习任务群走进课堂后带来的教与学关系的转变，从而提前做好迎接义务教育阶段语文新课标出台的准备。

二、重新审视自己的教学观念和主张

我们应该思考，今天在大谈特谈回归课堂的时候，我们究竟要回归怎样的课堂。满堂灌、以考定教、教学缩水、照本宣科等陈旧的教学模式与方法仍普遍存在，我们要回归的绝非这样的课堂。不仅要想清楚摒弃何种课堂，还要想清楚应当建设何种课堂，做理想的教育。对上述重大问题的思考同样要能将问题不断分解，一追到底，直至找到答案和充足的理据，以课标为依据，说得清自己的教学观念和主张"为什么是这样而不是那样"。在此基础上开展教学，才有可能真正地发挥课堂主战场的作用。

三、重新审视自己的教学行为

重新审视自己的教学行为，不妨这样追问：我是否能用系统化、结构化思维来理解课标与教材，开展教学设计？开展教学设计时，我的站位如何？是只做"铁路警察"，还是充分考虑了学生的全程发展，考虑了不同学段之间的上下衔接？是否开展了混合式学习？单元整体教学、项目式学习等，我实践过吗？做到了什么程度？我为学生能够在实践中学习语文创设了怎样的情境与任务？这些情境与任务和真实生活的关

系是什么？整合了哪些资源？是否能因材施教，为不同能力层级的学生提供行之有效的学习支架？课堂效率如何？学生通过学习获得感如何？教师与学生在教学上时间、精力以及各种各样的投入，与学生的实际获得、学习产出之间的性价比如何？我的课堂教学是否实现了课堂内外、听说读写的打通？我的教学行为究竟是指向应试，还是指向语文学科核心素养的培养？……教书是个良心活，围绕课堂教学提出的诸多问题，作为一线教师，我们更多地需要扪心自问。

必须强调一点：今天我们在谈教学设计，已经不是指写某一篇课文或一节课的教案，甚至也不等同于某一个单元的整体设计。任何一个具体的教学方案的设计，都必须用系统化、结构化思维模式来对待。先以系统化、结构化思维来理解课标与教材，再根据课标与教材建立教学的"坐标系"——可以将坐标系的提法理解为横向与纵向序列共同构建的框架。这个坐标系或序列框架应当是覆盖小学、初中、高中的。建立起这样一个坐标系或序列框架，才能梳理清楚单元与单元之间、每册教材之间、不同学段之间的关系，找准具体的单元教学、单篇教学、每个教学行为的点位，再结合学情，研判教学的起点和终点——按照这样的方式开展教学设计，你会发现，教学原来是个有着内部严密的逻辑关系、科学性很强的系统工程。大到学期教学计划、单元整体教学设计，小到单篇教学，甚至到具体的作业，其设计与实施的原理都相同，都需要先明确其在坐标系或序列框架中的点位，再做具体的教学设计。

四、重新认识作业

"双减"背景下，学生作业的安排已是全社会共同关注的问题。对于如何定义作业、设计出高质量和体系化的作业，一线教师需要有共识。在此，我想向各位老师推荐上海市教委教研室副主任王月芬撰写的《高质量学校作业体系建构的价值与策略》一文，原文刊载于《中小学管理》2021年第10期上。我对文中的观点深表赞同，故不再赘言。

对我来说，经过统整，能够促进学生知行转换的练习就是作业。关于作业，我同样以追问的方式逼迫自己反思，我对自己提出如下问题：如何设计作业？怎样根据学情设置和调整作业？如何以教学单元为单位，有效控制作业量？作业形式多样化，本学科的作业形式通常有哪些种类？多样化要注意什么问题？作业设计要有个性，谁的个性？为什么要突出个性？怎么设计？个性、创意从何而来？作业设计要有弹性，什么样的作业设计才算是有弹性？作业分层设计，怎么分层？哪些语文作业在课堂上完成？学生大部分作业应在学校完成，课后要开展分层教学或上校本课程、进行社团活动，做作业的时间从哪儿来？"完成作业"这点儿事，牵扯到学生哪些非智力因素？我们在教学中应如何培养和调动学生的非智力因素？不碰批改作业的红线（让学生或家长批改作业），我们该怎么做？如何培养学生的元认知能力？如何对作业质量进行评价？……

我之所以不断地将大问题拆解成小问题，不厌其烦地展示给大家，是因为在我看来，教育原本就无小事。在今天的时间节点下，聚焦教学观念的变革，把教学的每一个环节都放大来研究，把每一个看似很小的问题都当作课题来研究，才有可能将语文课堂教学改革的理念落在实处。

五、重新审视中国传统教育及百年语文发展历程中的经验与教训，体会教育发展和学科教学规律

在当下基础教育发生重大变革的时期，在今天这样一个非常有战略意义的时间节点上，我们有必要重新审视中国传统教育以及百年语文发展历程中的经验和教训，不要走弯路。"重新审视"听起来非常宏大，一线老师似乎不好实际操作，实则不然。以下仅以我个人的反思为例予以说明。

2021年9月至今，我从北京景山学校到前门外国语学校轮岗，正值"双减"，这段特殊的教学经历为我提供了新的反思视角，让我能够"跳出景山"更加冷静地反思景山学校1960年建校以来的教育教学改革。我曾经在轮岗日记中写下这样的文字：

结合当下教育变革的形势，我还想强调一个观点：我们不能不作为，也不能乱作为。

北京景山学校创办于1960年春，是中宣部、北京师范大学和东城区委共同创办的教改试验学校。陆定一当年代表中央和国务院作了题为"教学必须改革"的报告（刊载于《人民日报》1960年4月10日）。毛主席讲，凡是重大的改革必须先经过实验。为此，专门成立了进行教改试验的景山学校。我从成为景山学校教师队伍中的一员开始，接受的教育和熏陶就是如此——教改是我们景山人的神圣使命。具体来说，就是我们要对基础教育中出现的问题进行探索，通过一系列教学实践找寻解决问题的办法，不仅要能做出自己的专属回答，更要能为基础教育提供经得起实践检验的范例。我从来不认为这是空话、大话，因为景山的前辈就是这样做过来的。我一直关注景山学校的优良传统、教改精神、先进的教学理念，关注语文教师队伍代际传承的问题，阅读过大量的文献资料。景山的生命力全在于教育教学上的锐意改革。我想，这应该是每一个景山人的共识，也是我们引以为傲的景山气质、景山风范、景山格局。

"要做教育家，不做教书匠；要做教改的志愿兵，不做奉命的教改人。"这是景山学校教改先驱者童大林、方玄初和龙卧流三位前辈留给我们的宝贵的精神财富。用我的话说，就是不能做"看家守院"型的教师，只会教教材上课，甚至只关注学生成绩搞什么题海战术。不能仅仅"看家守院"，更不能奉命教改，这就意味着在景山学校，教书只是工作的一部分，我们的工作还包括开展课题研究。课题有大有小，研究的水平有高有低，这些都不是最重要的。最重要的是作为景山人，我们继承了教改精神，以强烈的课题意识，把教学班当作改革的试验田，自觉地用课题研究推动教学的变革。

这是我在《一线教师怎样做课题研究》一文中写的话。如何做到与中央"双减"文件的指示精神同频共振、卡点卡位、落实落细？我认为，一线教师要坚持长期主义，必须头脑清醒，并且能抗压。

头脑清醒，要明白中高考究竟意味着什么。如果只认为或只看重作为终结性评价"成绩"的属性，就会过分关注考试成绩，被应试教育指挥得团团转，多种评价方式就会缩水为单一的评价方式，终结性评价替代形成性评价，这种乱作为的危害不言自明。弄清这个问题很重要，因为牵扯到究竟要回归什么样的课堂的问题。

抗压，则是要能在各种压力面前尽可能调整自己，既要努力解决当下问题，又要注意尽量不被压力缠住、拖垮，至少要留给自己做课改、发展个性特长的空间和时间。外部能否减负，各有各的具体情况，但一定要守住自己的初心。至于个人是选择"躺平""吃老本"、不思进取，还是选择做教育改革的排头兵，以实际行动做出回应，归根到底取决于一个人的三观。

六、重新认识学生、重新审视学情

有什么样的教学观念就会有什么样的教学行为，所有的教学行为背后都隐藏着教师的三观、教育观和教学观，每一位教师都应有明确的教学观念和主张。从教学观念的树立到教学思想的形成，这是一个艰苦而漫长的过程，除了不断学习、思考与实践外，没有捷径可言。

不同的教学观念会导致对同样学情的不同研判，主张"精英教育"的人和主张"平民教育"的人，对学生、对学情的看法肯定不同。作为一线教师，我有自己鲜明的主张：

为了实现教育公平，要做公平的教育，力求实现无差别教学。正是基于这样的理念，我认为回归课堂必须在认识学情这个问题上有充分思考，要把学情问题放大、再放大。

我们经常说教育教学要有高度、深度、广度，还要有温度。教育教学怎样才能有温度呢？

最重要的就是要目中有人。把学情问题放大，就是把学生当作独立的、个体的人，放到最重要的位置上来对待。在进行教学设计的时候，我们关注的重心要调整到学生身上，对学情必须进行科学、细致的分析，这是当下提升课堂教学质量的关键。任何不考虑学情，空谈教学理念、教学设计与实施的行为都是不负责任。只有目中有人，"一切都是为了学生"才不会是空话。

一方面，课程标准是教学必须达成的基本要求，同时这些要求又不低，甚至很高——我们了解到的即将出台的新课标理念，更是在向教育的理想之地迈进；另一方面，真实的学情与课标以及实现课标的载体即教材的要求之间普遍存在相当大的距离。学情不理想可能是许多老师都面临的现实问题，但这不是教学不做改进的借口，更不能一说学情如何不理想，就"一推六二五"。不论学情如何、教学的起点是高还是低，教师的职责就是要领着学生从起点走向课标与教材要求达到的目标。这就需要教师对真实的学情有更多深入的了解和钻研，尽可能精准地找到学生学习的最近发展区，通过为学生提供学习支架、整合资源、量身打造教学设计等方式，逐步缩小真实学情与目标之间的差距，帮助学生最终接近或达到目标要求的高度、深度和广度。学情越不理想，越要在搭建学习支架、整合资源上多下功夫、下足功夫。在这个过程中，教师要不断强化自我的支架意识，恪守有效性原则，这样可以保证我们实实在在地搞教学，保证学生的学习真正地发生。所谓支架意识，就是在开展教学设计与实施的过程中，教师要高度重视程序性知识、策略性知识的开发，主动弥补教材因各种原因造成的不足，为学生语文能力与素养的培养提供有效的学习支架。有效性原则，是指提供的学习支架一定要是行之有效的。学习支架的设计要立足能真实有效地帮助学生完成学习任务，甚至要考虑区分度——要考虑是否能满足不同学生的需要，不仅质量要高，数量也要充足。检验学习支架是否有效，则要看学生是否通过我们提供的学习支架能真正学会某项技能，语文能力与素养是否有切实提高。在这一点上，老师们不妨多拿自己做试验，看看"此路是否可通行"，切不可想当然。就我的观察而言，目前老师们对学习支架的开发多停留在阅读教学上，如帮学生深入理解某一篇课文而设计的问题链。仅在这个层面上开发学习支架是远远不够的。老师们只有蹲下身来，多去发现学生从"学"到"学会"、再到"会学"发生转变的关键节点，在这些节点上发力，提供有效的学习支架，才能促成学生更多的知行转换。就语文学科而言，还要格外重视学生从"输入"——读，到"输出"——写的过程。学生从各自学情的起点出发，究竟要经过哪些"站点"才能够到达终点、达成目标，我们需要根据学情，将学习"动作"进行分解。学生的动作与动作之间要形成梯度，环环相扣，且有适合的节奏，我们可以借助长周期作业，调整学习环节推进的节奏。不断给予学生过程性指导。打个比方说，车如果开得太快，有乘客没来得及上车，你就得退回去。学习过程中的指导同此理：如果过于粗略，学习进度有了，但有的学生可能就跟不上，教学就需要返工。

举一个简单的例子。有一个学期，我们将八年级上册教材第二单元中的《列夫·托尔斯泰》《美丽的颜色》这两篇传记与"学写传记"的作文单元整合在一起，设计了一个题名为"我为家人写传记"的项目学习活动。这个项目学习设计的背后其实有很深入的思考，牵扯到对此类非虚构文本教育价值的认识，此处不展开说明。两篇课文都是长篇传记的节选，教学上侧重教学生认识传记的价值和阅读传记的方法；"学写传记"的作文单元则要求写自我介绍以及为同学或家人写小传。阅读和作文的教学看似都是围绕传记展开，但二者之间多少有些不衔接。

如何为家人写小传，教材上是这样要求和提示的：

你和家人朝夕相处，但你知道他们的生日、爱好和经历吗？请为你的一位家人写一篇小传。不少于500字。

提示：

1. 与你要写的家人深入交流，进一步了解他的生活经历。

2. 既要有概括性的介绍，也要选择几个重要事件，描写言行细节，使人物有血有肉，形象丰满。

3. 写完后给传主看一看或读给他听，听听他的意见，做些修改。

基于学情研究教材，我们要考虑学生按照这样的提示一步步做下来，能否写出一篇有质量的小传。针对学情我做了分析，答案是"不能"，需要我为学生提供更多的学习支架，包括要教他们学会做准备。

看似只是写一篇简单的传记，但学生要做一系列的准备工作。第一步，写采访提纲；第二步，对传主进行采访；第三步，整理采访记录，形成传主的生平资料。

我先布置了第一份学习任务单，要求学生列采访提纲，梳理传主基本资料。预设中，学生经过第一单元新闻单元的学习，已经掌握了写采访提纲和进行采访的方法，但实际上这个环节并不顺利——因为一直在练习写作文提纲，许多学生把采访提纲和写作提纲混淆了。

发现了学情上的漏洞，就要及时调整，于是我又设计了"采访环节备忘录"提供给学生。所谓"备忘录"，就是给学生做事情先后步骤的提示，引导学生一步步达到既定的目标。在这份备忘录中，我设计了四个题目：

（1）采访前，你对传主有哪些基本认识？

（2）你最想了解传主的哪些经历？对传主经历的事件有什么特别关注的重点（如与家庭相关的重大事件中传主发挥的作用）？

（3）除了传主，你还计划采访哪些与之相关的人？想了解什么？你要采访哪些问题？

（4）在写作文提纲前，你需要思考：在采访中，传主给你留下的最深刻的印象（什么事、什么品质）是什么？你对传主有了哪些新的了解、新的认识？传主的经历给你带来怎样的启发？

我还写了两点"友情提示"送给学生：

（1）在采访的过程中，你的重心要放在聆听上，听懂了，才有可能追问，深化采访；同时，让你和传主的交流真正发生。

（2）采访的问题要尽可能细致，获得的材料要丰富，足够支持你在传记中塑造传主的形象。已经完成采访的同学，如果效果不佳，则必须进行补充采访。采访时要录音或录像（强烈推荐录视频资料），拍摄照片，积累一手资料。采访之后，要对你获得的原始资料进行整理，写成"传主采访记录"，来梳理传主生平资料。

学情是动态变化的，学习支架的搭建也是动态跟进的，这样的学习支架我前后提供了七个。因为获得了教师的过程性指导，学生做事情逐渐有了章法。在课堂上，我还教了学生如何画鱼骨图（如图 1 所示）或时间轴（横轴、纵轴、S 轴）（如图 2 所示），在图上以时间为主轴，按照时间顺序标注传主的主要人生经历。我将我的父亲的人生轨迹和主要事迹按照时间线，配上老照片和文字，图文并茂地进行梳理，当作例子给学生做示范。我的教学徒弟张晓宇老师则和学生同步进行采访，他采访了自己的姥姥，整理了七千字的记录，从自己的真实体验中提取有效的经验作为学习支架提供给学生。除此之外，我们还遴选了学生同龄人撰写的小传当作例文提供给学生，随时解决学生开展项目学习过程中出现的各种问题。

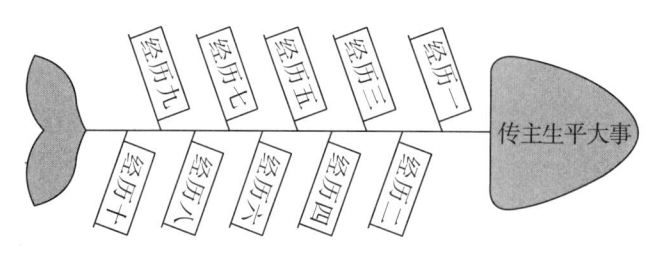

图 1　传主生平大事

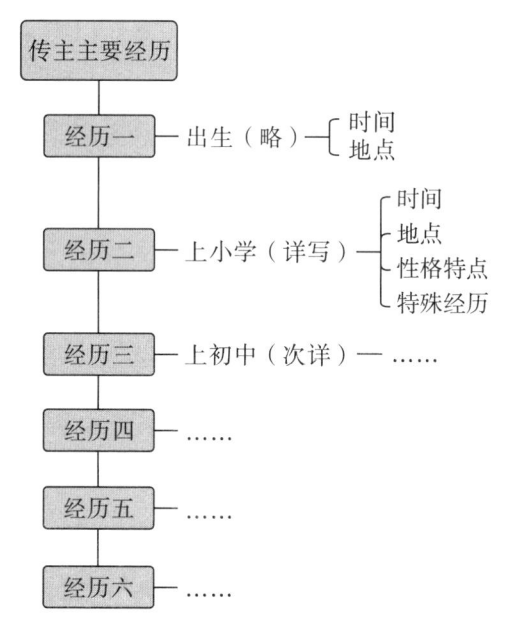

经历一　出生（略）— 时间／地点

经历二　上小学（详写）— 时间／地点／性格特点／特殊经历

经历三　上初中（次详）— ……

经历四　……

经历五　……

经历六　……

图 2　传主主要经历

我根据学情不断进行教学调整，使学生给家人写小传这个项目的任务最终完成情况大大好于以往传统教学模式。在这个过程中，我还特别注意了传记写作对学生精神上的引领作用：学生活动开始前是怎样的思想感情或认知基础，采访之后有什么样的增量，这些都是我关注的重点。有的同学在采访后写下这样的体会："她是我的妈妈，在家里包揽了所有的家务活，可谓是'全能'。她让我更了解了当时那个年代的人，平凡人的生平如果没有那么多大风大浪，也会存在不少磕磕绊绊的小事。但经历了这些后，母亲没有退缩，她依然在积极地生活着。我第一次认识到母亲身上这个不大容易被发现的点。我觉得就应如此，面对挫折不屈服、不低头。"另一位同学写道："传主作为我的姥爷，我却对他知之甚少。他是一位杰出的教育工作者，也是一位颇有声望的数学家，是贵州人大代表、民建会员；在代数领域卓有成就与建树，也是贵州财经大学教授，是优秀的学者。姥爷是一位德高望重的学者。他刻苦钻研学术，不怕困难，不慕名利，放弃升迁。原来他的成就如此之高，他的品格竟然如此高尚。这是我第一次了解到的。我应当继承优良家风，将这种传统发扬光大。"从学生的文字中能够看出，通过"我为家人写小传"活动，不少同学都加深了对亲人（传主）的了解，亲人之间的感情交流明显增多；不仅如此，亲人的优秀品格、优良的家风深深地感染着他们，让他们引以为傲的同时，也引领着他们做人。在活动中，学生不仅增长了语文的素养和技能，同时思想情操也受到熏陶。

以上这个例子，只是一个小体量的整体设计。我认为，以单元为单位进行教学设计或者依据学理重组单元都是切实可行的，但不必刻意给单元贴上"大"的标签，因为体量大小并不那么重要，整合的"整"才是关键属性。整合资源，搭建支架，提供过程性指导，最后，还要在夯实上下功夫。回应前面的观点——当我们用爱心、耐心、诚心帮助学生迈上一个又一个台阶、逐渐走向目标的时候，教学的温度就有了。

最后，想谈谈"双减"背景下教师如何培养反思能力的问题。我有三点建议：

一是教师要不断完善自己的知识结构。我们要想对某一个问题有深刻的认识，必须具备超强的反思能力。具有超强反思能力的前提则是宽广的知识领域、完善的知识结构。这需要老师们打破学科边界，开展跨领域学习，培养自己的跨界思维。只有具备相对完善的知识结构，具有大视野和大格局，才会清醒地认识自我，发现自身的长板和短板，进而补短板、促长板。

二是在反思的方法和路径方面，需要我们追求一个"真"字——真质疑、真研究、真反思、真解决、真实践，通过日常的课题研究，开展教师自我的专项学习等，把这些"真"字做到位。（如图3所示）

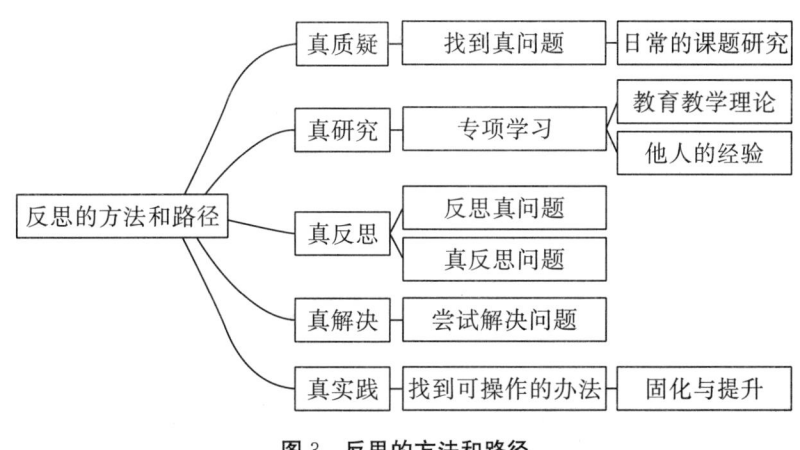

图3 反思的方法和路径

三是教师也需要正视自身发展中的非智力因素。我们同行间常常会谈论起学生的

非智力因素，其实，教师反思习惯的养成过程中也存在非智力因素。（如图 4 所示）

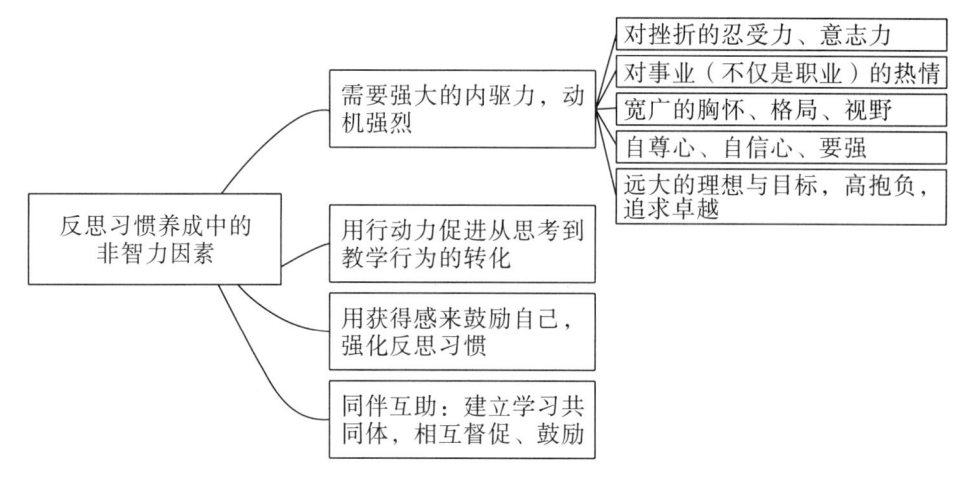

图 4　反思习惯养成中的非智力因素

教师教学工作中的非智力因素至少包括以下几部分：

首先是强大的内驱力。内驱力的构成包括对挫折的忍受力、意志力，对事业的热情与专注，宽广的胸怀、格局、视野，强烈的自尊心与自信心等。教师需要树立远大的教育理想，要有对实现卓越目标不懈追求的内驱力。

其次是行动力。从思考到教学行为之间需要用行动力来落实和转化。

再次是获得感。教师同样需要来自方方面面的激励评价。学生的成长与进步，教师自身的成长，来自领导、同行、亲人、朋友的肯定与赞扬，等等，都足以让教师产生获得感。以精神上的获得感激励自我，同样能强化自我的反思习惯。

最后就是要重视同伴之间互助的力量。不论是利用网络平台还是在现实中的线下，志同道合的教师可以建立学习共同体，在共同体之中大家彼此鼓励，相互促进。之前，我和来自各地的几十位老师组成了教学反思打卡群，大家每天在群里主动分享反思日记，也向同行借鉴好的经验，反思能力均有明显提升。

重新审视我们的教学，重新审视我们自己——"双减"背景下，一线教师在行动。

热点聚焦

Research on Basic Education and Teacher's Development

试论"双减"背景下课堂教学模式的转变[①]

程　翔[②]

摘　要

学校是"双减"工作的重镇。从课堂教学模式转变抓起是学校"双减"工作的突破口。从传统的"预设—讲授"模式转变为"预设—生成"模式是完成"双减"任务的关键。"预设—生成"模式是一个教学理念模式，欢迎教师在这个理念下各展其能。教、学、考一致性是确保课堂模式转变的前提。

关 键 词

"双减"　课堂模式　转变　教、学、考一致性

党中央《关于进一步减轻义务教育阶段学生作业负担和校外培训负担的意见》正式颁布后，基础教育领域发生了很大变化。这次党中央下大力气、动真格来减轻学生过重的作业负担，减轻千万个家庭的经济负担，是很有必要的，也是非常及时的。

基础教育的目标究竟是育人，还是育分？究竟是培养健康人格，还是为了考试升学？其中的矛盾已经到了非解决不可的地步。学生课业负担过重的问题绝不是一件小

[①] 本文系北京市教育科学"十三五"规划重大课题（课题编号：CAMA19055）研究成果。

[②] 程翔，正高级教师，特级教师，全国优秀教师，国家"万人计划"教学名师，享受国务院政府特殊津贴专家，曾任北大附中、北京一零一中学副校长。

事，而是关乎国运的大事，决不可等闲视之。学校是"双减"工作的重镇，理当率先做好这项工作。作为一名长期在中学教书的一线教师和管理工作者，我想从转变课堂教学模式的角度来谈一谈，或许能够发挥一点作用。

一、"预设—讲授"模式的局限

转变课堂教学模式是抓好学校"双减"工作的突破口。为何长期以来学生的课业负担不断加重呢？原因是复杂的。如果站在课堂教学的角度反思一下，我们或许能找到一个答案，就是课堂教学的模式存在问题。就拿语文教学来说，由于应试教育长期占据课堂教学主导地位，相当多的教师认为教学就是为了应试，教师的教就是传授标准答案；学生对标准答案需死记硬背，然后对付考试。从初一开始就为中考而教，从高一开始就为高考而教。教师的备课、教课、辅导都将目标指向考试。课堂上，教师讲考点，讲答题技巧，除此之外的语文内容就很少顾及了。

标准答案不由学生确定，需由教师讲授，学生只管死记硬背。不理解的东西，死记硬背，必然会增加负担。一遍不行，就多遍重复，直到完全记住为止。在这样的教学思想指导下，教师只管奉送现成的答案，讲解答题的思路；学生只管听教师讲析，不必转化成自己的东西。外来知识进入学生头脑后仍然是外来知识，学生没有参与、体验、出错、纠错、内化、生成的过程，学生的学习行为没有真正发生。学生只是一个被动接受知识的容器。课堂上学生没有自主学习的时间和空间，更没有消化、吸收、转化的过程。更为严重的是，学生的思维受标准答案的束缚，即便以高分升入大学，也不适应大学的学习生活。在以获得标准答案为目的的课堂上，学生很难及时消化，只好在课下去做大量的练习题来帮助消化。教师生怕学生对课堂所讲内容消化不了，就布置大量练习题进一步让学生强行消化。这样，学生课上被动听，课下被动做练习题，自主学习的时间和空间完全被挤占了。

我们把这样的课堂教学模式称为"预设—讲授"模式。这种教学模式在我国中小学长期存在。导致这种教学模式长期存在的原因是什么呢？主要是应试。有人要问了，是不是这种模式的确有利于提高考分呢？我们先来看一个实验。钱梦龙老师做过一个实验，他教两个班，学生基础相对均衡。钱老师在 1 班采用以讲为主的模式，即用"预设—讲授"模式教了一篇课文，在 2 班采用以学生自学为主的模式指导学生学习了这篇课文。3 个月后，钱老师出题考试，考查两个班学生对这同一篇课文的学习效果。结果显示，2 班学生的成绩高于 1 班。原因其实很简单，2 班学生对所学内容内化了，不容易忘记。1班的学生虽然当时听得清楚明白，但没有内化为自己的知识，过了一段时间就遗忘了。这个原理早就被"遗忘规律"证明过了，只是很少有语文老师结合自己的学生加以验证。钱梦龙老师的优长在于，他具有科研的眼光，用自己的教学实践又一次验证了"遗忘规律"的正确性。

或许有人要问，如果将考试的时间提前呢？比如第二天就考试，结果还会如此吗？我只能说，钱老师没有第二天就考试，我们看不到教完就考的成绩对比情况。但是我可以说，讲完接着就考，有这样的考试吗？即便有的话又有什么意义呢？教育教学的目的是什么？是为学生的一生奠基，不是讲完就考。再说，无论是中考，还是高考，都不可能讲完就考。三年的课堂学习生活是一段较为漫长的时间，学生对所学内容除了进行必要的记忆，更重要的是需要内化为能力，形成素养。一旦形成了能力素养，无论何时考都能应对，这就是素质教育。

我们还可以从心理学的角度进一步分析讲授式的局限性。讲授是一种教学方式，仅是众多教学方式中的一种。讲授式有其不可替代的作用，但其局限性也显而易见。能力和素养不是讲出来的。讲，是通过声音传递的方式，诉诸学生听觉，时间的暂留性强，不利于学生内化，也不利于学生记牢。年龄越小的学生越不适合听讲。在大学的课堂上，教师多以讲为主，因为大学生作为成年人，自控能力强，尤其是理性思维突出，可以长时间听老师讲。但是中小学生是未成年人，心智发展尚不成熟，尤其是理性思维还比较弱，很难长时间聚精会神听老师讲课。心理学研究证明，一个人精力高度集中的时间很短，年龄越小保持的时间就越短，中学生大约在30分钟，而成年人则可以保持几个小时。中学每节课设定为45分钟，是有心理学依据的。儿童也有长时间精力高度集中的时候，就是各个器官同时发挥作用的时候，尤其是亲自动手的时候。比如学生动手玩乐高积木拼装的时候，可以数个小时不中断，仍然聚精会神。当然，这对身体健康不利，大人会提醒孩子休息一会儿再玩。课堂上，我们发现学生上劳动技术课精力很集中，在电脑制作时很集中，在考试的时候也很集中。也就是说，当学生感兴趣的时候，当学生手、脚、眼、口、耳、脑的功能同时发挥作用时，就不容易分散精力。而单纯听老师讲课，只调动了听觉器官，看似在听，其实心（脑）早跑了，老师讲了半天，学生什么也没听进去，白白浪费了宝贵的课堂时间。

精力分散是导致学习成绩不好的重要原因。我们有这样的经验，学生只要认真听讲，绝大部分内容是能听懂的。但是学生精力很容易分散，导致学习效果不佳。因此，教师要尽量留给学生自学的时间和空间，让学生在课堂上有事干，别闲着，用苏霍姆林斯基的话说就是"有一种健康的疲劳感"。这就需要合理安排学生的课堂活动，改变

"预设—讲授"的课堂教学模式,转变为"预设—生成"的课堂模式。

"预设—讲授"的局限还表现在教师讲的内容不一定适合所有学生。教师备课时写成的教案针对的是一般学生,往往是基础好的学生吃不饱,基础薄弱的学生吃不了。这是以讲为主模式的顽症。加之很多学校班额过大,教师很难因材施教,只好一起讲,省事省力。学生课上吃不饱或不能消化,只好课下来弥补;教师对学生课上究竟听没听懂并无确切把握,不放心,怎么办?只好布置大量作业来强化训练。这样,学生的课余时间被挤占得满满当当,形成恶性循环。这是造成学生课业负担过重的原因之一。

但这不等于说一点办法都没有。学生自主学习就是一个很好的办法。下面就来讲一讲"预设—生成"的课堂模式。

二、"预设—生成"模式的优势

从传统的"预设—讲授"模式转变为"预设—生成"模式是完成"双减"任务的关键一环。当然,"预设—生成"模式不能立竿见影,也不能包治百病,更不是完全排斥讲授。所谓"预设—生成"模式,是针对"预设—讲授"提出的,是建立在教学论基本原理之上的课堂教学模式。

两种模式有共同点,都需要预设。课堂的预设体现在教学设计上。课堂教学需要设计,不经过设计的课堂教学不是真正的教学行为。什么是课堂设计?就是教师科学合理地安排教学内容、目标以及达到目标的手段、步骤和方式。所谓预设,就是教师在备课时以虚拟、预测的方式进行的教学安排,包括对教学效果的预测。之所以称"预设",是因为尚未经过课堂实践的检验。两种模式的不同点在于,实现教学目标的方式不同。前种模式目的在于应试技能培养,在于让学生掌握"标准答案",以获得高分为终极目标,并不在意学生的接受心理以及学习方式和个性化需求,教师只是执行教案,通常以讲授的方式来实现目标。后一种模式则不然,它以提升学生学科素养为目的,关注学生的接受心理,着眼于学生自学能力的提高,着眼于学生解决实际问题能力的提升,着眼于个性的培养和发展。也许后者的考试成绩暂时比不上前者,但发展的后劲肯定超过前者。

之所以叫"生成",是因为学生是学习的主体,教师的作用体现在定向、组织、启发、引导、激励、激活、激发、答疑等方面。教师不是以讲为主,而是以引导启发为主。学生是听、说、读、写、思、练的主人,是动手做实验的主人,小组互动,师生互动,生生互动,始终处于学习的主体地位;凡是学生能独立完成的任务,教师绝不越俎代庖。

　　之所以叫"生成"，是因为学生是课堂学习全过程的参与者。在这样的课堂上，学生首先亲身参与，亲身体验。比如读课文，谁来读？传统的做法是教师示范朗读，或者播放音频、视频，学生只是听或看，并没有亲身体验。不体验，就没有参与。所谓学生深度参与，就是让学生成为听、说、读、写的主人，读课文是学生来读、写字是学生来写、思考是学生来思考等，这些过程教师不能替代，也无法替代。当然，学生读课文远远没有音频、视频读得好，字没有教师写得好。这不要紧，这恰好暴露了学生存在的问题。学生是在哪些方面读得不好——是字音读错了，是节奏掌握得不好，是重音不突出，还是语气语调不合适？问题暴露出来，教学就有了起点和依据。教学论中有一个基本原理，就是从学生的问题入手，作为教学的逻辑起点，而不是机械地执行教案。教学的难点和重点在哪里？教师备课时只能是预测，与实际情况可能一致，也可能不一致。笔者就有过这样的体验，备课时感觉学生不会的地方，其实学生会了；感觉学生容易理解的地方，恰恰是学生的问题所在。为何会出现这样的错位呢？因为教师与学生的身份、阅历、知识以及能力基础不同。因此，教师要想准确把握学生的问题之所在，除了在备课时要尽量预测准确，还要在课堂上随时预测和判断。比如笔者执教《再别康桥》时，问学生喜欢不喜欢这首诗，一个女生突然站起来说，她不喜欢这首诗，她不喜欢徐志摩这个人，因为徐志摩和好几个女人有关系。这个反馈令我很意外。幸亏我备课比较充分，及时化解了这个问题。还有，执教《我的叔叔于勒》时，有一个学生认为菲利普夫妇不认弟弟的做法是对的，这个弟弟就是个败家子。这个观点与我们的传统认知以及小说的创作意图都有明显差距。一直到下课，那位学生都在坚持他自己的看法。还有，执教《在马克思墓前的讲话》一文，大部分学生表示不喜欢这篇文章，认为还不如从报纸上随便找一篇文章看得有趣。学生的这些表现，有时让教师措手不及，一个班几十名学生，总会有预测不到的地方。

　　当我们转变课堂模式，变为以学生自学为主的时候，这些问题就好解决了。教师可以在巡视的过程中及时掌握学生的个性化理解，如果发现有些问题不能在课堂上解决，就可以缓一缓，课下个别解决。更重要的是，教师及时掌握了学生暴露的问题，就能根据这些问题及时调整教学方案。

　　学生暴露问题后，会产生纠错的欲望，学习行为就真正发生了。课堂教学最关键的就是促使学生学习行为真正发生。在"预设—讲授"的课堂模式中，学生的学习行为能否真正发生是一个未知的问题，因为教师是执行教案，按部就班，一步一步推进，重在完成教学进度。这就是我们常说的"课堂两张皮"，师生没有碰撞和交汇。这样的课堂教学效果是要大打折扣的。长期以来，一线教师很少研究学生的学习行为究竟是怎么一回事。一个学生没有按照标准答案回答时，往往意味着他不得分，教师也会说"这样答题是零分"。如此做法，学生内心必然会有波澜，或者尴尬，或者后悔，或者灰心，既造成了学生的思维抑制，也造成了学生的情感抑制。有的学生之所以不喜欢回答问题，一个重要原因就是担心出错后难堪。在这样的课堂上，学生的学习行为就很难发生。

"预设—生成"的课堂教学模式就不同了。它不是以获得标准答案为目的，不是以得高分为目的，而是把"出错—纠错"作为学习的必然过程来理解和对待，将出错视为正常，最后获得的是解决实际问题的能力。教师反复强调，课堂学习的本质是从错误走向正确的过程，是发展提高的过程，是变化的过程。如何才能看出一个学生在课堂上发生了变化呢？很大程度上是看他怎样从错误走向正确。谁不出错？出错是正常的。错误往往是正确的先导，没有错误就没有成长，一个人的进步总是伴随着错误实现的。这样的教学理念与前一种课堂模式截然不同，学生也就不怕出错了，其心理和思维都得到了解放。在这样的课堂上，学生的学习行为就容易发生。

纠错由谁来纠？怎么纠？这是一个重要的问题，关乎"预设—生成"模式的本质。既然学生是学习的主体，既然不能奉送现成答案，那肯定是学生自己纠错。怎么纠呢？我们先来看钱梦龙老师的一个教学片断。钱老师教学《中国石拱桥》，先在黑板上画了一个赵州桥的横面图，然后要求学生用自己的话准确表述大拱和小拱的位置关系。一个学生站起来说："在大拱的上面有四个小拱。"于是钱老师按照他说的又画了一个横面图，在大拱的上面紧挨着画了四个小拱。这显然与第一幅图不吻合。于是另一个学生站起来说："在大拱的两边各有两个小拱。"于是钱老师又画了第三幅图，在大拱的两边各画了两个小拱。其仍然与第一幅图不吻合。这时学生不知道该怎么表述了，于是钱老师要求学生翻开课本，找到《中国石拱桥》这篇课文，看作者茅以升是怎么写的。学生看书的积极性一下子被调动起来，他们快速寻找，很快就找到了，举手说："作者写的是'在大拱的两肩上各有两个小拱'。"钱老师问："哪个词你们没想到？"学生回答说："两肩上。"钱老师又问："这个词用得怎么样？"学生说："很准确。"钱老师接着说："今天要学习的《中国石拱桥》是一篇说明文，说明文的特点之一就是语言的准确性。"（以上内容参看钱梦龙老师《导读的艺术》一书，人民教育出版社出版。）

在这个经典教学环节中，学生出错了，但是钱老师并没有直接把正确答案告诉学生，而是引导学生自己去发现。这就是纠错的方式之一——学生自我纠错，从而实现由错误到正确的变化。这个变化几乎所有的学生都能做到，成功的喜悦感每个学生都能获得。

同样是教学《中国石拱桥》，宁鸿彬老师也有很精彩的设计。我们来看以下内容：

我以"这篇课文的标题是'中国石拱桥'，所写内容是各有特色的赵州桥和卢沟桥，这样看来，课文的标题和所写内容是不一致的"这一问题引导学生思考讨论，并以"这一问题的解决，蕴含着一条认识的科学规律，那就是普遍性存在于特殊性之中"，引导学生读课文，分析具有特殊性的赵州桥和卢沟桥是不是具有中国石拱桥久、坚、美的普遍性特点。学生读课文后指出，"中国石拱桥"并不是哪一座桥的名称，而是中国广袤大地上无数座石拱桥的总称，光说"中国石拱桥"，看不见摸不着，所以作者要举例说明。赵州桥和卢沟桥具有中国石拱桥的普遍特点，又有各自的特殊性和长处，以这两座桥为例说明，可以把中国石拱桥的具体特点说清楚。

以上内容摘自商务印书馆出版的宁鸿彬的《怎样教语文》一书，此书很值得一线教师阅读。宁老师在书中说，关于《中国石拱桥》，他有四个版本的教学设计，反复推敲，精益求精。我们看到，宁老师提出问题，这是明确学习内容，是教学目标的一个组成部分。回答这个问题则是学生的职责。学生回答问题时遇到了困难，老师及时提供教学支架，比如"蕴含着一条认识的科学规律，那就是普遍性存在于特殊性之中"，这是很有必要的，让学生的思维不至于天马行空。最后在老师的引导下，学生顺利解决了问题。这个教学片段，体现了学生的变化——由感性认识发展到了理性认知，这就是我们常说的培养学生的"高阶思维"。

怎么纠错？就是在教师的引导下，学生自己来纠错。这对教师的教学技能提出了很高的要求。如果教师不深入研究学生，不深入研究教法，就不可能有这样的设计，也就不会产生良好的生成效果。从这个角度说，"预设—讲授"对教学技能要求很低，只要不讲错，把"标准答案"以及解题思路讲出来就完事了，不需要考虑其他问题。而"预设—生成"就不同了，他要求教师精心设计教案，并随时随地根据学生的情况调整教学设计。心中有学生，眼中有课本。教师首先深入学生和教材当中，然后引导学生深入教材当中，做到"教师—学生—教材"三者有机融为一体。这是课堂教学的一种境界，不下功夫就达不到这种境界。因此说，"预设—讲授"是既省劲又省力的做法，却不能保证所有学生都有收获；"预设—生成"是既费劲又费力的做法，但学生收获大，教学效果好。在这种情况下，学生不用在课下做大量练习题，当堂就消化了；教师把课余时间还给学生，让他们做自己喜欢的事情。由此我们得出结论：一个教师要深入研究课堂教学模式，从"预设—讲授"转向"预设—生成"，这不仅是"双减"背景下课堂教学转变的需要，更是教师专业发展的需要。

三、转变课堂教学模式对领导及教师的要求

"双减"是要减轻学生过重的课业负担，使学生从沉重的应试枷锁中解放出来，实现全面、健康的发展，尤其重要的是形成健康人格。"双减"给教师提出了要求，每一个教师都必须从应试教育转向素质教育，首先从转变理念做起，进而转变课堂教学模式。

各级行政领导、学校领导要转变教育教学质量观。学校不能用考分来评价教师的教学，而要用核心素养来评价。教师的职称晋升及评优树先不能与考分挂钩。评价教师的标准是"能把课上好，把学生教育好"。也就是说，每一个教师都必须承担既教书又育人的双重任务。那种"只要考试成绩好，一俊遮百丑"的思想必须转变。人民教师既是"经师"，更是"人师"。教师的专业发展必须包括育人这个专业。

学科评价标准要以"课程标准"为依据，而不是中考和高考成绩。各地方、学校均不得公开学生的考试成绩，更不能进行大排队。各学校招生时均不得提前与考分高的学生签约，各学校均不得以考分高低为依据分出实验班和普通班，要均衡分班，师资配备也须均衡。取消月考、周练，低年级可以考虑取消期中考试。期末考试可以闭卷与开卷相结合。将来条件成熟了，可以取消中考，实行12年义务教育。毕业年级要按教材正常教学，不能提前结束课程进入所谓总复习。节假日不布置与常规教学相关的作业，而是提倡学生读点课外名著，帮助家长做做家务，多与亲人交流沟通，也可以适当参加社会实践活动，还可以和家人一起游山玩水，开阔眼界。领导干部转变了观念，才能给学校、教师解除紧箍咒；否则，光打雷，不下雨，一切努力都归零。

教师转变观念同样重要。课堂是学生生命历程中的重要组成部分，课堂上的风风雨雨将会给学生的一生带来重大影响，不要让考分给未成年人的心灵带来伤害。教师要走进学生的心灵世界，通过消除学生心理问题来激发他们学习的积极性。教师节那天，一个班主任要求学生各写一句感激老师的话，一个学生就是不写，显得很冷漠。该生说自己长这么大就没有哪个老师值得感激。该生一定遇到了心理问题，如果不加以解决，必然会越积越深。我对那位班主任说，该生就是你研究的对象，一定要走进该生的心灵世界，让你成为该生第一个值得感激的老师。我们说，当学生内心痛苦的时候，当学生厌恶这个世界的时候，文化课学习就不那么重要了。

考分，只能提供机会，并非人才标签，更不能决定人生价值。看一个人将来有没

有出息，考分不是决定因素。古今中外的人才，都是对社会做出贡献的人。所以，考试成绩差不可怕，家庭贫寒不可怕，长相不漂亮不可怕。但是，要努力学习，要有志气，要具备一技之长。需知，一个人心理变态是可怕的，精神麻木是可怕的，灵魂堕落是可怕的。教师要教育学生不迷信老师、不迷信课本、不迷信权威，要培养学生具有独立人格。教师要有底线意识，无论升学竞争多么激烈，学生的生命健康是不能超越的，学生的人格尊严是不能超越的，学生在智力发展上的个性差异是不能超越的。要让学生自主安排课余时间和空间，培养学生规划人生的能力。教师不要越俎代庖，要允许学生暂时落后。要防止"过度负责"，警惕出现"教育异化"。过多布置作业就是过度负责，无休止地占用学生课余时间就是过度负责，教师代替家长的职能就是过度负责，教学上越俎代庖行为就是过度负责。有的国家明确规定，学生的课余时间教师没有权利随便占用。我们要实实在在研究一下布置作业的权限和范围，不能完全由教师说了算，教师工作是有边界的，布置作业要有法规依据。所谓教育异化，就是教育的结果与教育的初衷背道而驰。比如有的学校教室里挂着"只要学不死，就往死里学"之类的"雷人"口号，有的还挂着"考进北大、清华，嫁个官二代，娶个白富美"。用这种方式激励学生，就是教育异化。如果学校培养出来的是一些精致的利己主义者，就是教育异化。有的学生在大学期间陷入电子游戏不能自拔，最后不能毕业甚至被劝退；有的学生进入高校后，遇到一点挫折就失去生活的勇气，甚至走上绝路，这就是教育异化。

教师要努力探索科学合理的课堂教学模式。"预设—生成"只是一个教学理念模式，不是具体操作的模式。教师完全可以在这个理念指导下设计自己的课堂教学模式，各展其能。教师要善于积累自己的"课堂作品"，早日实现"职业觉醒"，防止"职业倦怠"。所谓课堂作品，就是教师反复实践后总结巩固下来的、代表自己较高教学水平的课例。这是教师的作品，与作家的文学创作、艺术家的艺术创作具有同样价值。钱梦龙老师的《愚公移山》教学设计发表35周年之际，中学语文界举行了纪念活动，有的青年教师借鉴钱老师当年的教学设计执教《愚公移山》，收到了很好的效果。这个现象说明，一个好的教学设计，可以流传下去，可以供广大教师学习、借鉴和使用。"课堂作品"渗透了教师的心血，经过了教学实践的检验，体现了教师对教材和学生的深刻把握，体现了教师的精心设计，体现了师生双方的感情投入，取得了良好的教学效果。每个教师都应该积累自己的"课堂作品"。学校领导要提倡、鼓励教师积累自己的"课堂作品"，每人每学期至少积累一篇，长期坚持下去，每个教师都可以编辑自己的"课堂作品集"。这是教师专业发展的有效途径。在课堂作品中，要体现"双减"精神，把"双减"与课堂教学模式结合起来。总之，应向课堂要质量，把"双减"任务落实在课堂教学中。

四、关于教、学、考一致性的思考

教、学、考一致性是确保课堂教学模式转变的前提。长期以来，由于中考和高考指挥棒的作用太大，课堂教学基本上是考什么学什么、教什么练什么。不考的内容，要么被屏蔽掉，要么被轻描淡写糊弄过去，学生的学科素养并没有得到全面健康的发展。这种局面按说可以减轻学生的课业负担，因为很多内容都不必学了。其实不然，由于升学竞争恶性循环，校内、校外叠床架屋，重复练习，无形之中抬高了升学录取分数线，所谓"一分一操场"说的就是这个现象。事实证明，应试教育不能减轻学生负担，只能使竞争越来越激烈，并带来一系列的严重后果。

转变课堂教学模式，要做到教、学、考相一致。就是说，教师教什么，学生学什么，考试就考什么（当然是抽测）。至于考试的科目，不必全考，可以只考基础的文化课程和身体素质。考试分为多种类型，比如期中、期末考试，属于常规考试，考试内容与平时所学要高度一致，目的在于检验学生所学内容是否达到基本要求；试题命制以学校为单位，由任课教师自己命制，取消区、县教研部门统一命题的做法。命题能力是教师专业发展的有机组成部分，不是可有可无的。试题不能在网上下载成题。各校学生基础有差异，教学要求不完全相同，试题也不应完全相同。备课组要充分发挥作用，抓好集体备课。中考和高考属于选拔考试，考试内容与平时所学可以部分一致，占比控制在60%，让多数学生能够及格，另外的40%是课外内容，有利于甄别和选拔。无论哪种考试，都应避免脱离教材、脱离平时课堂学习的内容去另考一套的做法。考试的功能中有一个核心功能，就是有利于中学教学。

教、学、考相一致，可以让教师静下心来好好钻研教材，琢磨教法；可以让学生静下心来好好学习教材。目前实行的统编教材，是专家精心打磨编写出来的，体现国家意志，不单单是"例子"。学好教材，用好教材，让师生高度重视教材，应是考试命题的指导思想之一。否则，教、学、考相剥离，师生就不会重视教材。如果国家花费巨大的人力、物力、财力编写出来的教材成了"鸡肋"，就太可惜了。要知道，在考试内容与教材内容不一致的情况下，师生一定倒向考试内容。这些年来，我们看到，很多学校不重视语文教材，从初一开始，期中、期末常规考试命题就瞄准中考试卷，从高一开始，期中、期末常规考试就瞄准高考试卷。为考试而教，为考试而学，教师加入大量教材外的内容，什么高考模拟仿真试题、历届考试真题汇编之类的东西充斥在常规教学的课堂上，师生哪还有时间和精力教教材、学教材？教材岂不是多余的？

要做到教、学、考相一致，还必须充分考虑课堂教学模式的转变。传统的"预设—讲授"模式，以教授所谓标准答案为目的，以提高分数为目的，所考内容往往是一些有固定答案的死知识。学生为了掌握这些死知识，出现"思维抑制"和"情感抑制"就不足为奇了，久而久之，学生的学习模式就机械化了、僵化了。笔者曾对考入北大、清华的著名中学毕业生做了一点跟踪调查，发现有一部分学生不能适应高校的学习生活；还有一部分学生出国留学，不能适应欧美国家高校的学习生活。这都反映出中学教学急功近利做法造成的后果是比较严重的。我们研究小、初衔接，研究初、高衔接，还要研究中、大衔接。要做好三个衔接工作，就必须研究课堂教学模式的转变，研究考试命题的转变。

考试命题向什么方向转变呢？当然要考一点"死知识"，要求学生在一定范围内死记硬背。但是，更多的试题要转向考查学生解决实际问题的能力，考查学生思维的宽度和深度。这样的试题答案不是唯一的，没有所谓标准答案。比如字音，在不同语境下，读音会有变化。我们就可以考一考"包扎"和"挣扎"的读音嘛。一首诗究竟好在哪里，见仁见智，只要能从一个方面说透彻，自圆其说，就可以得满分嘛，何必非要设定三五个采分点，答全了才能得满分呢？记得笔者当年参加高考，老师要求我们做简答题时要按照一定的步骤，第一步怎么答，第二步怎么答，第三步怎么答，将答题变成了写"八股文"。还有的试题要求学生运用所谓"排除法"，将答题变成了玩智力游戏。

考试就是要考查学生实实在在的文化基础知识，就是要考查学生解决实际问题的能力，就是要考查学生灵活的思维方式和开阔的视野。在这一点上，我们可以适当借鉴我国台湾地区和法国的做法，也可以借鉴 PISA 测试的内容。（但不要盲目夸大这些试题的作用）有一个口号是"让那些靠题海战术学出来的学生得不到高分"，这话虽然狠了点，但有一定道理。在题海战术下考出来的学生，往往成了做题的机器，遇到实际问题一筹莫展。我们不应再这样培养学生了。

笔者相信，当我们的教学理念发生了深刻变化，当我们的课堂教学模式发生了显著变化，当教、学、考一致性变成现实的时候，学生的负担会有所减轻。但升学竞争是客观存在的，全世界每个国家或轻或重都存在。学习哪能没有压力？中国人口多，望子成龙、望女成凤是中国人的传统心理和价值观念，无法扭转，也不必扭转。但是，影响青少年身心健康成长的不利因素要尽量消除掉，先从学校做起，先从课堂做起。

整肃生态　科学减负　提升质量
——"双减"政策的现实价值和落地策略

何立新[①]

摘　要

我国义务教育已进入了全面普及阶段，但教育生态仍处于失衡的状态，教育产业化和资本的介入异化了教育的初心。"双减"政策的出台直指教育生态和教育初心的回归，通过立足学校教育，在减轻学生学业负担的同时提高课堂教学质量，重塑教育生态。四川省在探索"双减"政策落地的过程中印发了《四川省中小学学科课堂教学基本要求》，从课堂教学准备、课堂教学设计、课堂教学实施和课堂教学评价四个大的方面对课堂教学提出了具体要求，对"双减"政策下提升课堂教学质量具有十分重要的指导意义和实践价值。

关 键 词

"双减"政策　教育生态　义务教育

2000年以来，我国基本普及义务教育，2018年义务教育巩固率达到95%，实现了全面普及。义务教育量的快速增长依然不能满足人们日益增长的对优质教育的需求。资本介入，一定程度上缓解了这一矛盾，起到了"影子教育"的作用。但资本逐利的

---

① 何立新，男，重庆市开州区人，中小学正高级教师，硕士学位，研究方向为课程与教学论（语文）。

本质属性迅速导致校外培训机构野蛮式增长，直接造成了教育生态失衡，使义务教育处于困境之中。

一、生态失衡，初心难继：当前教育的困境

近十年的中国义务教育发展面临着诸多误区和危机。教育应该把学生的快乐幸福、健康成长和全面发展作为最重要的价值追求，而现实中的某些教育模式却是逼着孩子追求分数、名次，追求名校、学历，让学生生涯充满了"学历军备竞赛"，这样的教育模式不断地导致"掐尖""择校""竞争""鸡娃"和"焦虑"等现象产生。

接受义务教育是基本人权，国家实施的是免费、免试，就近入学，它是保障性、奠基性的教育，不是选择性、竞争性、淘汰性的"精英教育"。而现实中某些教育理念一味地鼓吹竞争和淘汰，利用"不能输在起跑线上"等蛊惑性极强的口号，处心积虑地制造焦虑，传递焦虑，绑架家长，进而绑架学生，最终绑架教育。这样的学校和教育完全违背了党和国家的教育方针政策，严重违背了义务教育的基本属性和价值追求；这样的学校和教育无视教育规律，戕害了学生，扰乱了正常的教育改革发展进程，动摇了国之根本。

在这样的思潮中，资本蜂拥而至，校外培训机构体量甚至超过了公办教育机构，一些不良培训机构肆意夸大考试的竞争性，制造紧张气氛，逼迫家长付出极大经济和精神代价，进一步增加了学生的学业负担；校外培训还强化了家庭教育投资的地区和城乡差异，放大了贫富差异，扰乱了教育公平。

新一轮教育产业化和大量资本的涌入，其功利化倾向异化了教育，异化了教师，使原本纯粹的师生、家校关系变得复杂和功利起来，教师在校"应教尽教"的职责和学校教育让学生"学足学好"的职能被弱化。教育被资本裹挟，校外培训行业利用焦虑，在全社会采取"狂轰滥炸"式的过度宣传，严重破坏了教育生态，使义务教育属性丧失，学校教育主阵地沦陷，教师教书育人的初心不再。

二、回归本质，遵循规律："双减"的目标追求

2021年7月，中共中央办公厅、国务院办公厅印发《关于进一步减轻义务教育阶段学生作业负担和校外培训负担的意见》（以下简称《意见》），吹响了"双减"工作的冲锋号角。

"双减"是党中央关心、社会关切、群众关注的重要工作，其直接目标是重塑教育生态。一是在校外，使校外培训机构培训行为全面规范，学科类校外培训各种乱象基本消除，校外培训热度逐步降温。二是在校内，使学校教育教学质量和服务水平进一步提升，作业布置更加科学合理，学校课后服务基本满足学生需要，学生学习更好回归校园。其近期目标是，一年内使学生过重作业负担和校外培训负担、家庭教育支出负担和家长相应精力负担有效减轻，三年内使各项负担显著减轻，教育质量进一步提高，人民群众教育满意度明显提升。

"双减"的终极目标是使教育回归初心，让广大教育工作者牢记立德树人根本任务，摒弃功利主义目的，保障义务教育性质，让学校发挥教育主阵地作用，做好教育教学管理工作，遵循教育规律和学生成长规律，努力提升教育教学质量，特别是课堂教学水平，坚持"五育"并举、全面发展的育人理念，力促学生健康成长。

三、立足学校，减负提质："双减"的落地之路

2021年7月"双减"政策出台以来，全国各地持续规范校外培训，整肃义务教育外部环境；与此同时，四川省省级教育行政部门和教研机构先后出台多项"双减"落地文件，立足学校教育，切实减轻学生过重的作业负担，努力提升课堂教学质量，强化课后服务管理，实现义务教育育人价值。

（一）还作业和考试应有功用

《意见》明确要求"全面压减作业总量和时长，减轻学生过重作业负担"。在持续规范校外培训、整肃义务教育外部环境的同时，有效减轻义务教育阶段学生过重作业负担，成为切实提升学校育人水平的关键环节。

1. 准确把握考试和作业的功能及相互关系

为深入贯彻执行国家"双减"政策，落实教育部办公厅《关于加强义务教育学校考试管理的通知》《关于加强义务教育学校作业管理的通知》要求，减轻学生考试和作业负担，切实发挥考试和作业的育人功能，四川省教育厅于2021年11月15日印发了《关于进一步做好义务教育学校考试和作业管理的通知》（以下简称《通知》），创造性地将考试和作业联系起来，从源头上解决"作业多"的问题。

《通知》指出："义务教育学校考试的主要功能是诊断学情教情、改进加强教学、评价教学质量……""作业是学校教育的重要环节，是课堂教学的必要补充，是学生实

现知行转换、自主学习的重要载体和平台。义务教育阶段各学科作业应有效帮助学生培养习惯、巩固知识、建构方法、形成能力。""考试应侧重于某一学习阶段学习情况的整体性评价，作业应侧重于具体章节（单元）、课时知识掌握、能力形成的过程性学业检测。""学校要加强随堂练习，夯实学生学习过程，当堂过手，打牢基础。随堂练习要学练对应、数量适当，及时讲评总结。"

2. 严格控制考试次数、难度和作业总量

《通知》将考试和作业联系起来考量，目的在于要求各地义务教育学校做到考试和作业协同互补。"双减"前考试次数多、难度大，直接导致一些学校和学生为了应付考试不断刷题，也间接为校外培训机构以帮助学生提高做题、应考能力而逼迫家长、学生"就范"提供了理由。《通知》要求，"双减"背景下义务教育学校应努力做到少考精练，考练互补，统筹规划，科学设计，合理作业，按照国家课程设置的具体情况，对考试次数、难度和作业总量进行具体而科学的规定，如"初中三年的期中、期末考试，可实行学科错位安排，期中考试科目一般不超过五个学科""各学科考试难度系数，小学不低于0.95，初中不低于0.85，初中学业水平考试不低于0.70。考试内容必须以当时教学进度和课标规定为基准，切实做到不超前、不超标，不出偏题怪题，减少机械记忆性试题，防止试题难度过大"。目的在于严控考试次数和难度，努力体现义务教育的基础性和阶段性特征。

《通知》指出，小学一、二年级可安排1~2个科目的书面作业，在课堂内和课后服务时段完成，不得安排学科类书面家庭作业；三至六年级书面作业控制在2科以内，七、八年级控制在4科以内，九年级控制在5科以内。每周的作业中，学科类作业不得超过70%，实践探究类作业不得少于30%。这使得我省义务教育学校的作业管理具体明了，有章可循。特别是"学科轮流作业制度""每周一天'无作业日'"、向家长及时反馈学生在德智体美劳五个方面的发展情况，以及有效消除家长焦虑的"四川省小学一二年级学生发展期末通知单"等措施，是符合四川义务教育学情的创新之举。

3. 科学设计满足学生全面发展的多样态作业

2021年11月16日，四川省教育科学研究院印发《四川省义务教育学校作业设计与使用指导意见》（以下简称《指导意见》），对义务教育学校语文、数学、英语等14门学科的作业设计和使用进行了科学设计和可操作性规划。《指导意见》根据教育部办公厅《关于加强义务教育学校作业管理的通知》要求，摒弃将作业窄化为"做题"，将作业单一化为"书面作业"的陈旧认知和做法，努力将"书面作业"设计为指向义务教育阶段学习的必备知识、关键能力和正确价值观的基础性作业，努力用探究性、实践性作业实现学习过程中的知行转换,形成学科学习的基本思想方法,积累基本实践经验,用跨学科综合性作业突破单一学科壁垒,培养学生综合应用各科知识和技能,建构解决复杂问题的全面素养。

《指导意见》中多样态作业的设计原则体现出密切配合学科教学、突出学科基本属性、凸显学科学习魅力、利于实际使用操作等深层次考量,还通过对"谁用""在什么时间用""怎么用"等问题的回答,具体解决了义务教育学校各科作业布置的弹性、分层和个性化等方面的难题,具有较强实践指导意义和价值。

(二)强化课后服务育人价值

课后服务是让学生从校外培训回归学校教育的重要举措,包括课业辅导和主题活动两个方面。课业辅导包括作业指导和个性化学习辅导,主题活动则通常包括体验活动、兴趣小组、社团活动等。

开展中小学生课后服务工作,是促进学生健康成长、帮助家长解决按时接送学生困难这一难题的重要举措,是进一步增强教育服务能力、使人民群众具有更多获得感和幸福感的民生工程。

《意见》要求"提升学校课后服务水平,满足学生多样化需求。""学校要制定课后服务实施方案,增强课后服务的吸引力。充分用好课后服务时间,指导学生认真完成作业,对学习有困难的学生进行补习辅导与答疑,为学有余力的学生拓展学习空间,开展丰富多彩的科普、文体、艺术、劳动、阅读、兴趣小组及社团活动。"

为此,我省各地义务教育学校应充分发挥中小学校课后服务主渠道作用,主动承担起学生课后服务责任。在课后服务过程中,遵循教育规律和学生成长规律,培养学生良好的学习生活习惯,强健学生体魄,发展学生兴趣爱好和特长,促进学生全面发展,在服务中落实育人价值。对课后服务内容和形式要进行整体规划和系统设计,努力克服随意化、经验化,避免课程内容交叉、重叠,活动类型单一、缺乏序列化等问题。

"课程化"是落实《意见》课后服务政策、提升课后服务质量的现实之选。实现课后服务课程化,需从以下几个方面进行顶层设计和整体统筹:一是立足服务需求,明确课后服务课程的育人目标,构建层次清晰、指向明确、关联课内、覆盖全面的课程结构体系;二是在课后服务过程中,充分发挥教师的组织、指导和帮助作用,努力实现有干预的自主学习、标准导向的体验学习、任务驱动的协作学习和问题解决的项目化学习;三是要建立和健全课后服务课程评审、过程监管、效果评价等质量监测体系和机制；四是学校常规教研活动中应强化对课后服务的研究，提升课后服务课程建设的内在动力。

（三）为课堂教学赋能增效

《意见》要求"大力提升教育教学质量，确保学生在校内学足学好"，特别提出"教育部门要指导学校健全教学管理规程，优化教学方式，强化教学管理，提升学生在校学习效率。学校要开齐开足开好国家规定课程……做到应教尽教"。提升课堂教学质量成为"双减"在减的基础上必须倍加着力的重要任务。

早在2019年，四川省教育厅按照中共中央、国务院《关于深化教育教学改革全面提高义务教育质量的意见》提出的"省级教育部门要分学科制定课堂教学基本要求"有关要求，责成四川省教育科学研究院组织专门力量研制了涵盖小初高三个学段36个学科、共计26万字的《四川省中小学学科课堂教学基本要求》（以下简称《基本要求》），并于2021年4月印发全省，从课堂教学准备、课堂教学设计、课堂教学实施和课堂教学评价四个大的方面对课堂教学提出了具体要求，这对"双减"政策下提升课堂教学质量具有十分重要的指导意义和实践价值。全省各地义务教育学校应深入领会《基本要求》核心意旨，从以下方面着手，提升课堂教学质量，守住学校教育和课堂教学主阵地，确保学生在学校能"学足学好"。

1. 秉持全面育人理念，革除唯分数论行为

《基本要求》要求各学科的每一堂课都应以落实立德树人根本任务为己任，有促进学生全面发展的育人立意和站位，应根据学科特点和学习内容，适时厚积学生的人文底蕴，培养其科学精神，教给学生科学的学习方法，使之形成健康人格和审美意识，不断强化其国家、民族认同和社会责任担当，促进其创新精神的不断形成和实践能力的逐步提升。

2. 激发学生主体意识，避免课堂单调乏味

培养学生自主、独立思考的能力是课堂教学的重要价值追求。只有在把每个学生都当作珍贵的生命存在的基础上，才能实现"主体唤醒，智慧生长"的教育。《基本要求》倡导于无疑处生疑，让学生学会思辨、判断和推理，在饱含意趣、情趣和理趣处流连、咀摸，学会感受、体验和感悟，使课堂教学充满发现、体悟、探索的乐趣和不断深入的动力。

3. 树立教学对标意识，杜绝超前超标现象

《基本要求》提出，课堂教学只有对标课标、教材和学生，树立课程意识、教材意

识和学生意识"三个意识",才能深刻理解学科课程性质,准确把握阶段教学目标内容规定的必备品格和关键能力;才能领会教材的编写特点,创造性地使用教材;才能确定"已有的基础"和"需要的基础"之间的纵向差异,以及学生个体间的横向差异,深入探究消弭这些差异的主客观路径,在此基础上明确教学难点,找到突破的策略,避免枝蔓和超前超标。

4. 提升教学思维含量,免除课堂高耗低效

《基本要求》强调,课堂教学不仅要让学生掌握基础知识,形成基本技能,获取基本实践经验,还应建构基本思想方法。教师应善于利用学习内容和材料对学生进行各种思维方法的训练,不断提升其思维品质,在识记、理解等思维能力的基础上,强化分析、整合、评价、应用、探究等高阶思维能力的培养,从而避免课堂教学的简单重复和高耗低效。

5. 充盈课堂学习活动,避免教学过程虚化

《基本要求》认为,课堂教学的重要内容就是教与学的双边活动。当前的课堂教学必须用教师适时的组织、指导、点拨、评价、检验、反馈和学生有序的阅读、实验、感受、体验、实践、迁移、探究、总结、反思等行为,使整个课堂教学的过程变得有物、有序,充满师生双边互为因果的活动,从而避免教学过程虚化。

6. 恰当选择教法学法,避免课堂千篇一律

《基本要求》要求教师要有意识地在课堂教学中,根据课堂教学的实际情况,分析各种教学方式方法以及学习方式的利弊和适应性,因应学情、学段、内容、课型等现实需求,恰当选择教学方式方法,指导学生选取合适的学习方式,去伪存真,取其实、去其名,合理借鉴、使用各种教学模式和规程。

7. 强化课堂教学研讨,消除教学粗放单干

"双减"背景下的课堂教学必须建立在积极开展资源、成果共享,角色、任务分担的集体备课的基础上。《基本要求》倡导教师集体备课,严格按照国家课程标准课时建议确定章节、单元或学习任务的课时数,根据所教班级学生的认知水平、年龄和心理特点合理确定难度、进度。集体备课应从课程、教材、课时、教法、作业、测评等方面综合思考课堂教学内容和形式,采用单元式备课、问题式备课、项目式备课等方式,消除当前课堂教学无计划、不设计,"放羊式"的粗放、浮泛的教学现象,避免千课一面、课堂教学毫无创意和特色的情况出现。

"双减"背景下学科育人的校本实践

——以四川大学附属实验小学为例

沈 勇[①]

摘 要

全社会对"双减"总体抱以支持和期待,但家长对子女未来高考、就业的隐忧并不会说"减"就"减"。学校如何真正实现"减负不减质",进而让家长放心、让人民满意?在分班分科教学依然是小学教育主流的现实下,需要对新时代学科育人模式进行校本化的探索,实现教育的高质量均衡。基于校情,通过"目标、文化、措施、评价"四维合力,"五育"融通,明确学校的教育主体责任,促进师生在学科学习生活中"情生智长,情智润心"。

关 键 词

"双减" 目标 文化 措施 评价

2021年,"双减""课后服务""五项管理"等一系列文件组合出台,给学校教育带来了前所未有的机会和挑战。特别是"双减",它不仅是基于国情的一项需要落地的教育改革举措,更是党中央部署的一项事关国家未来、民族发展的政治任务,引起了

[①] 沈勇,男,四川资中人,中小学高级教师,四川省特级教师,四川省教书育人名师,研究方向为小学教育。

全社会的广泛关注。从字面上理解,"双减"是减学生过重的校内课业负担,减学生不必要的校外培训负担,但其本质是减去那些违背教育规律、阻碍学生健康成长的认识和做法,让教育回归它本来的样子,让学校的教育主体责任更加明确。

目前看来,全社会对"双减"总体抱以支持和期待,但家长对子女未来高考、就业的隐忧并不会说"减"就"减"。全社会都在期待观望:学校能否真正做到"减负不减质"?这时,最有力的回应就是学校的办学理念真正能如宣传片讲述的和校长演讲的一样能真正着眼于人的一生幸福,坚定执着;学校的育人措施能如课程方案里写的一样系统且落地,让人信服。

正如李政涛教授所言:"当下,在育什么人和为谁育人等已然明晰的情况下,怎样育人以及如何提升育人质量成为未来中国教育改革亟须回答的重大问题。"结合目前小学教育的现实,在将来的较长时间里,由于适龄儿童的政策性增长,要实现小班化个性化学习还比较困难,分班分科统一教学依然是主流,因此,学生在分科学习中获得成长依然是普遍现象。要想让人民真正放心和满意,仅依靠教育主管部门推动的"课改"育人或依靠教师个人认识与自觉来实现"五育"并举显然是不够的。我们只有尊重事实,承认当下育人的主要形式还是分班分科教学,对新时代学科育人模式进行校本化的探索,才能实现教育的高质量整校均衡。本文以四川大学附属实验小学(以下简称川大附小或附小)近年办学实践为例,简述学科育人模式的校本探索与建构。

一、"双减"背景下学科育人模式的校本建构

其实,不论来不来"双减"这一记重拳,一所学校都应有自己基于学科育人的完善育人体系,否则,随着各类评估的实施和观点的兴起,学校极易陷入疲于应对、盲目跟风的境地。近年来,川大附小基于"五育"并举的新时代育人主张,积极探索"五育"融合的学校实践,初步形成课程"五育"实践框架,提炼出了"学科五育·情生智长"的川大附小学科育人模式。该模式通过"确立远大且具体的目标、秉承厚重且灵动的文化、形成系统且落地的措施、实施全面且务实的评价"四维合力,"五育"融通,促进师生在学科学习生活中"情生智长,情智润心"。

(一)确立远大且具体的目标

教育的初心,是想让每一个独一无二的人更加闪亮,成为更好的自己,而非让学生在人类已知已会的基础知识领域严重地内卷。这也是党和国家要整治、规范校外培

训机构的原因之一。对于一所学校来说，与党和国家教育方针保持高度一致，再结合自己的校史校情，梳理并明确校本化的教育初心非常重要。校本化的育人初心，更容易取得教师、学生、家长的共识，进而形成校本化的育人目标。

1908年，在首任校长徐炯的倡导和践行下，"学生事大"成为川大附小教育的源点和主张[1]。一百多年来，在一代又一代附小人的践行中，"学生事大"已成为学校教育的初心。那学生究竟什么事最大呢？1918年，川大附小时任校长邓胥功主张"你需要做一个堂堂正正的人"，这便是对"学生什么事最大"的最好回答。在这样的初心之下，我们再来思考和回答"怎么全面贯彻新时代党的教育方针""怎么落实立德树人根本任务"时，便会有更足的底气和信心。而将这些回答聚焦汇总，就是学校的办学目标。因此，我们回望川大附小百年办学征程，提炼出了"做堂堂正正中国人、成和善创造生活家"这一传家宝式的附小育人目标。"做人成家"，连接川大附小教育的过去、现在和将来。同时，我们结合当前需求，把"培养具有良好素养，鲜明个性，在真实成长中成为共同创造和享受美好生活的新生代小公民"作为新时代附小的育人的阶段目标，让附小育人目标具体化。通过确立这样远大的育人目标，引导师生不再拘泥于成长中的小得小失；通过这样具体的阶段育人目标，激励师生努力做好成长中的每一件事。

（二）秉承厚重且灵动的文化

现代学校的一个重要功能就是将上一代的文化内容进行教育价值判断、教育需求改良后，帮助下一代认识与理解。而要达成这一功能的前提就是学校本身有自己独特的学校文化。

川大附小位于锦江之滨，望江楼侧，置身于环境优美的百年名校——四川大学校园内。学校前身为国立四川大学附属小学。百年附小向上向好的进化品质，四川大学海纳百川的精神气质，生活教育行知合一的个性特质，铸就了附小教育的坚实基础和独特文化。"大学中的小学"，是对学校地理环境的描述，而"小学中的大学"，则是对学校办学定位的自我期许。

我们坚持"顶天立地、守正创新"育人原则。我们把近年特别是2018年以来党中央、国务院、教育部关于教育的大政方针进行连续性解读，以此为天；我们尊重儿童

---

[1] 据四川大学档案馆史料记载，百年前某日，川大附小首任校长徐炯先生正带领孩子们锄地，时任四川总督的赵尔丰前来，徐炯以"学生事大"为由拒而不见。

身心发展规律，尊重教师工作生活现实，重视基础常识，以此为地；我们坚守教育初心，探寻教育规律，传承学校优秀经验成果，以此守正；我们变革育人方式，变革学习方式，变革思维方式，以此创新。

在育人价值上，既注重外在形象的文化大观，更重视内在神态的精神气韵。我们从首任校长徐炯先生"学生事大"的办学主张出发，传承吴玉章校长对实践与体验教育的重视，践行陶行知先生的生活教育思想，不断丰富更新生活教育思想内涵。经过二十多年的教育实践与研究，我们在对附小教育文化思想系统总结提炼中，提出了新时代学校的办学思想，形成了"因现代生活而教育、在生活中教育、用生活来教育、为美好生活的向上向好而教育"的现代生活教育核心主张。这一核心主张，对教育的源点、方法、内容、目的进行了附小式的回答。兼具百年名校的厚重和现代校园的灵动，是川大附小教育文化的独特之处。

（三）形成系统且落地的措施

有了目标的引领、文化的浸润，还须有系统而且可落地的措施。

1. 课程与学程双程共生

课程是国家意志达成的关键载体，也是实施和落实的一个进化过程，更是文化的生活体验形态。

生活是教育的源点、依存和归宿，生活是教育的大课堂，教育是促进生活向上向好的关键和动力，生活成就教育，教育创造生活。

课程的规划与实施，必须基于儿童全面而有个性地真实成长的前提，也要基于学校时空现实，还要基于接受各级主管部门"管评导"的现实。现实中，我们经常在报告会上听到校长口中"体态丰满"的课程介绍，但在真实育人过程中看到的却又不乏"骨瘦如柴"的课堂学习。让"课程理想"落地，在"双减"背景下更显重要。对课程的理解，不能仅局限于开设国家、地方、校本三级课程，而要更多从师生实际情况出发。我们把各级课程进行反思性与实证性系统重构，从育人的角度进行整合而非任务式地简单"开齐开足"。

从学校课程的服务对象来看，课程分为学生成长课程、教师发展课程和家长发展课程。学生成长课程是学校的核心课程，家长、教师发展课程是辅助课程。学校课程的落实路径在于课堂，一是重在落实与生长学科课堂，二是重在体悟与创造活动课堂，三是重在润化与支持环境课堂。通过"学科、活动、环境"等课堂的协调配合，最终形成支持学生"全面发展、兴趣扬长、个性成长"的生态发展课程格局。

学校核心课程"学生成长课程"的中观设计中，形成了基础课程和兴趣课程两大层面。基础课程根据统一课表按年级、班级全员参与，确保一个现代公民保底的学习；而兴趣课程则尽量满足每个学生兴趣和潜能的需求，让学生根据个性选择。按照育人的目标、侧重与实施方式的不同，基础课程又分"学科落实、活动体验和综合发展"三类课程，兴趣课程又以"百合社团课程、社区研学课程、在线拓展课程"三种形式实施。

在现实办学中，国家、地方、校本"三级"模式虽是开齐开足课程的保障，但也容易人为让学生的学习被学科割裂，因此，把三级课程与课后服务融合为学校课程，是"双减"背景下学校课程设置的一个利好。

课程体系再完备，也还只是成人的预设，如何让这个体系能真正为儿童成长服务呢？我们聚焦儿童"德、智、体、美、劳"的发展需求，组织项目组攻关，形成心理健康、心智实验、综合实践和情智附小四环建设，系统优化改造形成川大附小学程体系，形成川大附小儿童发展的过程性学习生活的情景与场景。通过"儿童与自我、儿童与同伴、儿童与家庭、儿童与附小、儿童与川大、儿童与社会、儿童与天府、儿童与中华、儿童与天下、儿童与星空、儿童与创造、儿童与健康"三段六年十二层级的融合课程设置，沟通相连，形成了儿童德性生活、儿童情智生活、儿童健康生活、儿童艺术生活和儿童劳动生活的学程系统。

课程与学程双程共生，认识与措施同步前行，促进学校所有工作都从儿童出发。大到从校长理想到家校共谋共研的学校章程、规划，小到从写台词到设计学习活动的教师备课，不仅仅关注形式的改变，更注重贴近教育的本质。

2. 学科课堂、活动课堂、环境课堂三堂并行

育人，主阵地是课堂。但如果我们局限于狭义"40分钟一节的课堂"，很显然难以真正实现学科育人。我们根据儿童校园生活的现实场景，形成了"学科课堂、活动课堂、环境课堂"的大课堂观。学科课堂落实的深度与真实程度决定着学生学习的品质，活动课堂体悟与环境课堂润化的持续性则影响着学生发展的品位与品相。我们把"学科课堂落实与生长、活动课堂体验与体悟、环境课堂润化与支持"三堂并行，进而形成川大附小"现代生活·情智课堂"的基本样态。

3. 学校、家庭和社会育人三位一体

"双减"，于学校、家庭、社会来说，需更加明确边界和职责。我们既强调学校教育的核心作用，也重视家庭教育的摇篮作用、社会教育的保障作用，真正实现三位一体。

"双减"背景下，学校除了要确保原有课程能让绝大多数学生觉得"既有营养又有味道"，更要提供高质量的课后服务和假期托管，满足学生个性化和多样化学习需求。只有学校真正承担起教育的主体核心作用，家长才能够放心地"双减"。而家长则需要在学校的引导下，从过去的"陪刷题获高分"转型为"陪阅读陪运动养习惯"，真正起到其作用。再加上社区学校、少年宫的同步转型，多部门的持续联动整治规范，教育就能在三方合力之下回归本位。

课程、学程双程共生，学科、活动、环境三堂并行，学校、家庭、社会三位一体，确保学科育人措施系统且落地。

（四）实施全面且务实的评价

基础教育评价的根本目的，是促进成长而非简单评选。评价必须与学校提倡的目标高度一致，让师生能从评价中知不足、明原因、获认可。是否能实施全面而务实的成长评价，将是"双减"能否真正实现政策目标的重要决定因素。

现行不少关于教师的评价考核，除了各类获奖、论文发表、荣誉称号，在指标中更以教师过程性工作为项目，考核指标涉及"出勤率""听课节数""完成教育随笔篇数""参加教研活动次数"等。这种考核，是希望通过落实过程性工作来带动最终的学生发展结果，但这只是一种工作思路，不是考核思路。基础教育的考核，应是运用特定的标准和指标，对教职工过去的工作行为及取得的工作业绩进行评估，并运用评估的结果对员工将来的工作行为和工作业绩产生正面引导的过程和方法。其核心是对工作业绩进行评估。而教师这一特殊职业，其工作业绩就是学生的发展成效，在现代教育中，就是学生全面发展的成效，即可以用"效果导向性评价"。川大附小的"CTT"[①] 评价系统，核心是以班级为单位进行班级任课教师的联动考评，使学校改变主要以组织发展带动个人发展的推动方式，改为以完善个人考评落实个体工作带动组织发展的方式。每个教师在年级教育主题统领下，根据课程分工和班级学生特点，在班级中具体实施，实现共同育人。

对学生的评价，过去主要是对学生的学习考核结果的显性认可。这种评价只突出对知识的评价，忽略对人综合发展更多影响因素如意志品质、文明养成、发展潜力、身心素质、情感态度等的评价引导。为确保儿童全面而有个性地成长，客观评估我们

---

① "Class""Teacher""Team"的首字母缩写，指向"班级""教师个体""教育教学团队"三大板块考评内容的教师考核系统。其中，班级占比50%、教师个体占比20%、教育教学团队占比30%。

的育人行为的效果，我们建立起了"三可质量观"[①]，对学生的"体质健康达标""家庭锻炼情况""心理健康个案转化""班级文明情况""学科综合实践""校内校外获奖"等进行导向鲜明的评价。在操作层面上形成整个班级发展和各学科教育都聚焦于学生全面发展的细则，并通过在不同学段设定不同的权重，全面形成川大附小学生综合素质发展评价体系，进而增强教师与家长抵挡"学得越多越好，科科考第一才放心"的教育内卷压力的能力，着眼于儿童一生的幸福，为儿童回归学习的真实、回归生活的真实创造成长生态。

二、基于校本模式的学科育人实践

在"学科五育·情生智长"的学科育人校本模式大框架下，"学科"强调的是本体性、专业性和系统性，"五育"强调的是开放性、融合性和生长性，过程中关注人的自主自然和自信健康成长，结合学科、年龄段特点和儿童身心发展特点与情智成长规律，努力实现学科"五育"的功能。

我们主要通过"三个融合"来实现变革突围。

（一）主流教育理念与校本经验融合

我们把1982年的"尝试教育"、1990年的"先学后教"、1999年的"生本教育"、2011年的"学本教育"进行比较性研讨，提炼这些主流教育理念的共性；我们也把2008年川大附小提出的生活化学科课堂的六个特质[②]、2011年强调的川大附小一节好课的标准[③]、2014年强调的川大附小学科课堂三大核心要素[④]、2018年进行的自导式课堂实践经验、2019年进行的学本课堂实践经验进行校本化反思提炼，最终形成川大附小情智课堂新样态。情智课堂以"情智并重"为课堂主张，以"温暖人心，扶正人性，传递信念"为根本价值，以"儿童感、生活味、思维度、创新性"为课堂关键，以"学习方式的与时变革、学习资源的开发建构、学习过程的真实发生"为实施载体，

[①] "三可质量观"指可持续发展的学习动力、可外显观察的综合素养、可量化检测的学业成绩。
[②] 六个特质指建构符合儿童现在和未来生活的学习目标，创设生活化的学习生活情境，调动儿童已有的生活学习经验，利用儿童生活学习的逻辑，生成儿童新的生活学习经验，使儿童获得课堂学习生活的快乐。
[③] 一节好课的标准指吸引人、激发人、生长人、走出人。
[④] 三大核心要素指生活味、儿童感、思维度。

直指新时代川大附小育人目标。

（二）教学常规与学校常态融合

我们组织全体教师对教学常规进行研讨，达成了"敬畏规矩，尊重规律"的共识，形成了适合川大附小师生真实工作成长情境的新常规。特别是对于争议最多的备课，在一线教师那里早已有比较成熟的思考与实践。只是困于各级教育管理部门对教案的标准化要求，以及担忧在各类评优晋级时变革的教案不被认可，这些民间智慧还处于"地下"状态。究竟什么是常规？这个"规"是否合理，谁说了算？常规，应该是常态化的职业规矩和教育规律。说是规矩，即是说上课前得有准备，得进行备课，得努力把课上得有水平，这是不容商量的。但既然备课的目的是为了把课上好，就不能只是简单地通过查教案的字数多少、是否翔实来判定教师是否认真备了课。说是规律，即是说儿童在不同阶段会有相应的特点，不同的学习内容对应儿童的特点，一定会呈现规律性的东西。经过了检验，进行了修改，也就是经过上一届教师用过的教案是不是更靠谱？正是基于这样的思考与变革，我们传承创新，建立了能真正帮助教师上出好课的川大附小框架式集体备课模式，让教师们从困倦走向自由，从知重行滞走向行知合一。

（三）经典活动与学科课堂融合

"双减"之下，学生从相对繁重的课业和培训学习负担中解脱出来，但这个减，可不能是单纯减少。怎么样才能让这些时光更有味道和营养呢？我们把学校的经典活动与学科课堂学习融合。在川大附小，有一个非常经典的综合实践活动叫"72行社会实践活动"，这个活动已经举办了十多年。活动当天，校园俨然成了一座城市，不仅有摆饮食摊的，做手工作品的，做义卖的，也有管理城市的"行政部门"。每一个"商家"开业之前，需要到"卫生局""工商局""税务局"等部门办理审批手续。所有的小学生都有各自喜爱的模拟职业。然而，这个活动却一直停留在角色体验这一层面。同时，为了开展这个活动需要做大量的准备工作，也对学校正常的作息造成了很大的冲击。如何把这个活动与"双减""课后服务"贯通思考呢？

在大课堂观下，我们把"72行社会实践活动"的准备工作分解到各学科的常态教学中。以五年级某班要开展的"美味鸭脖子"活动为例，如果仅是体验卖"美味鸭脖子"，那它的育人价值与平时购物没有太多的区别。我们把关于川菜文化的理解和表达与每周一次的语文实践课融合起来；把对鸭脖子的口味需求、成本预算放在每周一次的数学实践课中进行项目式学习；把对鸭脖子制作的体验放在每两周一次的科学实践（劳动）中实施；把商品的前期宣传工作放在每两周一次的艺术实践（美术音乐）中实施……按照这样的整合思路，把活动准备工作与学科课堂学习融为一体，化解德育搞活动的"鸡飞狗跳"与教学抓质量的死气沉沉之间的对立，在活动课堂中帮助学生形成具有学科特征的必备品格。

三、反思与展望

模式，往往是指事物的标准样式，而教育的模式很难实现一般性与特殊性的完美衔接，所以很多教育模式都是"生得轰轰烈烈，死得无声无息"，但我们的进步，又常常是在批判、剖析模式的过程中实现的。在社会需求与教育目的之间还存在一定落差的客观现实面前，我们更需要勇敢地建构起校本化的学科育人模式，让文化生根、理念落地，真正实现学科"五育"融合发展。

教育与教学

Research on Basic Education and Teacher's Development

以"变"应"变"：
改革中等教育结构　促进基础教育均衡化

汪明义[①]　靳　彤[②]

摘　要

近期国家出台的一系列教育改革政策，触动了许多积弊已久的基础教育问题。但应当看到，中华人民共和国成立至今关于中等教育结构的政策存在着"三个不变"，造成我国教育生态已经不能适应时代和社会发展的需求，这可能是当今社会普遍的教育焦虑，以及其他诸多教育问题的根源。从调整中等教育结构入手，废除"双轨制"，大力发展普通高中教育和高等职业教育，或许是解决问题的有效途径。

关 键 词

中等教育　"双轨制"　调整结构　变革

2021年7月中共中央办公厅、国务院办公厅印发《关于进一步减轻义务教育阶段学生作业负担和校外培训机构负担的意见》，一石激起千层浪，"双减"成为2021年度的热词。"双减"前，参加校外培训机构的学习几乎与学校教育一样成为家长和学生不

[①] 汪明义，男，四川师范大学校长，教授，博士生导师，研究领域为数学、教育学。
[②] 靳彤，女，四川师范大学基础教育研究院教授，博士生导师，研究方向为中小学课程与教学、语文教育、教师教育。

可或缺的选择，甚至刚进幼儿园的孩子就开始在培训机构学习学科类课程。校外培训引发的教育生态恶化、家长的集体焦虑、学生学习负担的加重有目共睹。校外培训机构的责任不容推卸，但问题的根源不在此。要根本解决社会的教育焦虑，需要从更深层次上优化教育生态，需要重新审视我国基础教育结构，特别是中等教育结构。

一、政策反思：中等教育结构政策层面的三个"不变"

从公民受教育的过程看，我国现行国民教育体系分为学前教育、义务教育、中等教育（含中职）和高等教育（含高职）几个阶段。在这个纵向的教育体系中，中等教育向下对接学前教育、义务教育，向上对接高等教育，承前启后，牵一发而动全身，最能体现我国教育结构的特性和复杂性。

中华人民共和国成立后，我国中等教育结构规划有两个影响深远的时间节点：一是1951年，这一年第一次全国中等教育会议召开，《政务院关于改革学制的决定》颁布；二是1980年，这一年国务院批转了教育部、国家劳动总局《关于中等教育结构改革的报告》（以下简称《报告》）。这一"会"两"文"，规划了我国中等教育建设的基本思路和结构，这个思路和结构沿袭至今。

1951年3月教育部召开了中华人民共和国成立后的第一次全国中等教育会议，专题讨论、分析我国中等教育发展问题。这次会议以1949年12月第一次全国教育工作会议提出的教育要服务于国民经济的恢复和建设，要为中华人民共和国建设培养急需的人才的精神为指导，明确提出在今后若干年内，中等教育应着重发展中等技术（教育），以大量培养中级建设干部[①]。会议认为："对中等技术学校应采取整顿和积极发展的方针，对师范学校应采取整顿、巩固并发展的方针，对普通中学则应以整顿、巩固和提高为主。"[②] 简单地说，中等技术学校重在量的"发展"，普通高中学校重在质的"提高"。这次会议确定的方针和任务成为"文革"前我国第一、二个五年计划期间中等教育建设的方针。经过两个五年计划，我国中等教育基本形成了普通基础教育＋中等专业教育（含中等专业技术学校、中等师范学校）的格局，当时还包括了特定历史背景下，为尽快扫除文盲、提高国民素质举办的各类暂时性速成学校。

1951年10月1日《政务院关于改革学制的决定》颁布，明确将我国的学制划分

---

① 何东昌. 中华人民共和国重要教育文献（1949—1975）[M]. 海口：海南出版社，1998：7-10.
② 何东昌. 中华人民共和国重要教育文献（1949—1975）[M]. 海口：海南出版社，1998：87.

为幼儿教育、初等教育、中等教育、高等教育。其中结构最为复杂的就是中等教育，除了普通中学，还包括工农速成中学、业余中学、中等专业学校；中等专业学校又分为技术学校（工业、农业、交通、运输等）、师范学校（又分师范学校、初级师范学校、幼儿师范学校）、医药及其他中等专业学校（贸易、银行、合作、艺术等）。这个学制体现了中华人民共和国成立初期国家建设的时代需求，也体现了国家对未来国民教育体系建构的长远考虑。在这个学制中，"职业学校"尚未以明确的概念列入文件，但中等教育结构体系中的中等专业学校已经具有"职业学校"的特点和功能。

"职业学校"和"职业教育"正式进入官方文件，是在第二个五年计划的开局之年，即1958年。中共中央、国务院发布的《关于教育工作的指示》（以下简称《指示》）明确提出"职业教育"的概念，指出办学形式应该是多样性的，普通教育与职业（技术）教育应并举。但第二个五年计划期间，专门的职业学校建设并未得到充分的重视。1963年5月13日至18日，教育部和劳动部联合召开了一个调研性质的城市职业教育座谈会，与会代表对第二个五年计划期间职业教育的情况进行了研讨，最后形成共识："其一，职业教育工作中贯彻两条腿走路的方针不够，只举办了中等专业学校和技工学校，而对于作为一般劳动就业训练的职业教育则考虑得很少。其二，将县镇以下的部分初级中学、基本普及了初中教育的大城市的一部分初级中学、一部分矿厂企业办的普通中学改为职业学校。其三，明确职业学校的任务是培养具有初级技术的工农业劳动者或技术后备力量。其四，提出职业学校要依靠业务部门办学。"[1] 但紧跟着"文化大革命"开始，专门的"职业学校"仍然未能得到很好的建设。

"文革"结束不久，1980年国务院批转教育部、国家劳动总局《报告》，认为我国中等职业技术教育的基础十分薄弱，"文革"破坏了刚刚建立起来的教育结构，中等教育结构改革势在必行。《报告》指出："中等教育结构改革，主要是高中阶段的教育，高中要逐步增设职业（技术）教育课，将部分普通高中改办为职业（技术）学校、职业中学、农业中学，各行各业举办职业（技术）学校，及发展和办好技工学校，努力办好中等专业学校。"[2]《报告》提出的中等教育结构改革思路与1963年座谈会的思路基本一致，再次提出将部分普通中学改为职业中学，不同之处在于改建职业中学的学校由初中改为高中，这为1986年正式实行九年义务教育奠定了基础。

在此基础上，1983年5月9日教育部、劳动人事部、财政部、国家计委联合发布

---

[1] 何东昌. 中华人民共和国重要教育文献（1949—1975）[M]. 海口：海南出版社，1998：1191.
[2] 何东昌. 中华人民共和国重要教育文献（1976—1990）[M]. 海口：海南出版社，1998：1856.

《关于改革城市中等教育结构、发展职业技术教育的意见》（以下简称《意见》），部署城市中等教育结构改革工作。这次改革的主导思想是改革高中阶段的教育，发展职业技术教育。主要做法是将部分普通高中改办为职业中学、职业（技术）学校或在普通高中设职业班。《意见》要求力争到 1990 年各类职业技术学校在校生与普通高中在校生的比例大体相当①。这份意见的基本思路，在 1985 年颁布的《中共中央关于教育体制改革的决定》中再次得到强调，发展职业技术教育要以中等职业技术教育为重点，要有计划地将一批普通高中改为职业高中，力争五年左右时间，使大多数地区的各类高中阶段的职业技术学校招生数相当于普通高中的招生数，扭转当时中等教育结构不合理的状况②。

我国第一、二个五年计划期间，尽管专门的"职业学校"建设并不充分，但中等专业学校获得了较大的发展，成为具有中国特色的"职业教育"。"职业教育"已实际成为我国教育结构中的重要组成部分，成为我国中等教育的重要类型。"文革"后，专门的"职业学校"建设走上正轨，职业学校与中等专业学校在培养对象、培养目标、学制等方面也有了区分，它们与普通高中一起，构成了延续至今的我国中等教育的基本结构。

中华人民共和国成立至今，关于中等教育类型讨论得最多的其实是职业教育，从国家政策来看，国家针对中等教育领域的职业教育出台的政策也远多于普通高中。在政策的引导下，职业学校获得了很大的发展。中等职业学校从 1950 年的 507 所（包括 73 所初级学校）发展到 2020 年的 9 896 所（占高中阶段学校的 40.4%）；在校生人数从 11.03 万人发展到 1 663.37 万人（占高中阶段在校生数的 39.2%）；中等职业学校的类型也从单一的中等技术学校发展为普通中专、成人中专、职业高中、技工学校等多种形式③。

回溯中华人民共和国中等教育建设史，至少有三个"不变"值得思考：其一，不变的呼声。七十多年来，中等教育改革、发展过程中一直有一个呼声——职业教育薄弱，需要大力发展。这个呼声从第一次全国教育工作会议、第一次中等教育会议一直持续到今天。其二，不变的奋斗目标。不变的呼声中，七十多年的中等教育改革一直在追求一个奋斗目标——职业学校与普通高中的在校生数大体相当。其三，不变的结

---

① 何东昌. 中华人民共和国重要教育文献（1976—1990）[M]. 海口：海南出版社，1998：2090.
② 何东昌. 中华人民共和国重要教育文献（1976—1990）[M]. 海口：海南出版社，1998：2287.
③ 1950 年数据来源于 1958 年 6 月 12 日曾昭抡在第一次全国中等技术教育会议上的报告，2020 年数据来源于教育部《2020 年全国教育事业发展统计公报》。

构。中等教育（高中阶段教育）由普通高中加职业教育（还有少量成人高中）构成，在中华人民共和国成立初期即形成，这样的结构中，学生在初中毕业时即进行分流。

而现实的情况是，数据越来越接近普职"大体相当"的奋斗目标，社会和家长的焦虑也越来越严重，政策层面的这三个"不变"值得反思，或许问题的症结即在此。有一个值得注意的问题，在不断加强中等职业教育的呼声中，中等师范学校却消失了。

二、现实困境：三个"不变"政策的四个不适应

中国有句老话，叫以不变应万变。但 20 世纪中后叶确定的中等教育格局已不能适应 21 世纪我国国家建设、经济发展对教育和人才的需求，上述的三个"不变"实难应对日新月异的时代变化。

第一，不适应稳定、持续发展的国家建设需求。前文提及，中华人民共和国中等教育结构政策制定的两个关键时间节点都是当代中国历史的重要转折点，面临的问题有相似处：国家建设百废待兴，专业人才急缺，职业教育严重滞后。1951 年中华人民共和国刚刚成立两年，新的社会主义制度建设刚刚起步，中华人民共和国建设最大的困难就是缺乏专业人才，各行各业急需有知识、有文化的建设者。1980 年，党的第十一届三中全会开过后两年，中国步入改革开放和社会主义现代化建设的新时期。这时的中国刚刚经历了历时十年的"文化大革命"，国民经济濒临崩溃，十年动乱期间我国的人才培养体系也遭到严重破坏，经济恢复期面临的严峻问题也是各行各业专业人才的匮乏。此时把中等教育结构改革重点放在包括中等专业学校、职业高中的职业教育，有很强的政策急迫性和现实需求性，即要在短时期内尽快解决急缺人才的培养问题，以满足国家经济建设的需求。今天，已进入 21 世纪的第三个十年，我国已全面建成小康社会，国民经济建设开始了第十四个五年计划，国家建设、社会经济、科学技术、人才培养稳步发展，与百废待兴的中华人民共和国成立之初、改革开放之初有了天壤之别，需要与之相适应的人才培养机制。根据我国目前的实际情况，改革中等教育、调整中等教育结构已迫在眉睫。

第二，不适应知识经济时代对人才的需求。人类社会经历了农业化、工业化、信息化三个阶段，我国也已步入以信息化为主要特征的知识经济时代，改革开放以来，我国国民经济、产业结构、居民个人收入等也发生了巨大变化。2020 年国内生产总值为 1 015 986 亿元，其中第三产业增加值比重为 54.5%；新产业新业态新模式逆势成长，全年规模以上工业中，高技术制造业增加值比上年增长 7.1%，占规模以上工业

增加值的比重为15.1%；包括新一代信息技术产业在内的战略性新兴服务业企业营业收入比上年增长8.3%；全年高技术产业投资比上年增长10.6%[1]。截至2020年，我国农村贫困人口全部实现脱贫，贫困县全部摘帽，绝对贫困历史性消除。随着国家经济和科学技术的发展，社会各行各业对人才的起步要求也相应提高，对公民的受教育程度的要求也相应提高，接受完小学或初中教育，即进行职业技术学习，在知识结构上有很大局限，已很难适应时代的需求。近年基础教育课程改革从能力走向素养，从单一的学科知识学习走向跨学科、跨领域的综合知识的学习，强调学生综合素质的培养，都是为培养适应当代社会需求的人才做出的调整。

第三，不适应教育自身的发展。到2019年我国已全面普及九年义务教育，2019年初中阶段毛入学率为102.6%，九年义务教育的巩固率为94.8%。按照目前的教育政策，我国学生最重要的分流时间是义务教育后，即初中毕业。以2019年为例，2019年初中毕业生数为1 454.09万人，普通高中招生数为839.49万人，中等职业教育招生数为600.37万人，即初中毕业生的57.7%进入普通高中学习，41.3%进入中等职业学校学习，这是全国的平均数。按照教育部公布的统计数据，2019年普通高中招生数在当年初中毕业生数中的占比超过70%的只有两个省（市），即黑龙江（70.5%）和北京（70.1%）；占比最少的是河南（53.1%），其次是浙江（53.3%）。有20个省份的占比为50%～59.9%[2]。从这个数据可以看出，高中招生比例与经济发展水平并不是正相关，但这个逼近普高职高招生数"大体相当"的占比，给家长带来了极大的压力，社会和家长的焦虑主要源于此——担心孩子考不上高中，将来上不了大学；担心孩子进了职高一生就毁掉了，因为目前职业高中的办学情况令人担忧，家长的忧虑并非庸人自扰。随着义务教育的全面普及，普及高中教育应提上日程。

第四，不适应家庭和个人对教育的需求。2020年全年我国居民人均可支配收入为32 189元，全国居民人均可支配收入中位数为27 540元，城镇居民人均可支配收入中位数为40 378元，农村居民人均可支配收入中位数为15 204元。随着经济条件的改善，国民对教育的投入有了保障，人们的教育理念也在发生变化。特别是温饱问题得以解决后，人们更愿意对孩子的教育进行投入，这与改革开放初期形成了鲜明的对比。笔者亲历了20世纪80年代改革开放初期的中等教育，那时很多经济困难的家庭子女多，在孩子初中毕业时首选是中等职业学校，希望孩子尽快就业，帮助家庭减轻经济负担。

---

[1] 数据来源于国家统计局《中华人民共和国2020年国民经济和社会发展统计公报》。
[2] 本段数据来源于教育部网站公布的2019年教育统计数据。

很多家庭的孩子高中毕业后，首选专业好、学制短的中等专业学校，也是为了尽快毕业，分到一个好的单位，以减轻家庭经济负担。这样的需求，在今天已经大大缩减。随着教育观念的改变，即便家庭经济困难，家长也更愿意勒紧腰带，供孩子读大学，家长的需求实际反映的是社会的需求。

职业的选择应当在孩子对世界有基本认知和基本判断力，对社会对职业有基本了解的前提下进行。从学生个体成长看，小学或初中毕业即进行职业性分流为时过早。初中毕业的学生年龄在十三四岁，身心发展不成熟，这个时候让他们做出对未来职业的选择和规划是不科学的。初中毕业的学生，有很多在学业上的潜力尚未显露，义务教育阶段成绩并不突出，进入高中阶段，成绩大幅上升，这样的例子并不鲜见，这是符合学生身心成长规律的，特别是发育较晚的男生。以中考的形式进行筛选，以一次考试成绩决定未来，更是缺乏公平性。因此，初中毕业甚至小学毕业就进行分流，学生人生选择的机会很可能因暂时的成绩不佳而过早被剥夺，不仅对学生个人来讲缺乏公平性，对国家来讲也有可能造成后备人才的损失。

三、应对之策：六大举措

自1951年第一次全国中等教育工作会议后，按照既定的中等教育格局，定期不定期召开普通中学或中等专业学校、职业中学的专门会议，很少召开综合性的全国中等教育工作会议。从三个"不变"可以看出，七十多年来我国中等教育基本延续的是中华人民共和国成立初期便划定的结构，各时期强调的工作重点也都基本一致。始于21世纪的基础教育改革，重点是课程与教学改革，这是必要的、及时的，但宏观或中观层面的教育结构不变，直接进入课程、课堂的改革，成效有限。基础教育课程改革进行到今天，已经暴露出包括教育焦虑在内的诸多问题，单靠课程和教学改革很难解决，有些问题的根源在教育结构。只有以"变"应"变"进行教育结构改革，特别是改革居于承上启下位置的中等教育结构，才能应对这个时代日新月异的变化，才能从根本上解决问题。

第一，从理念上明确（普通）高中教育应是国民成长必备的基础教育，是普及性的，而非提高性的。我国一直都把普通高中与中等职业教育笼统地称为中等教育，双轨并行。普通高中指向大学，职业教育指向就业。在这样的中等教育结构中，普通高中带有大学预科、精英教育的色彩；读高中是为了考大学，为进一步深造打基础，是为了成为高级人才、社会精英。改革开放四十多年来，我国的高等教育从精英教育走向了大众教育，2020年我国高等教育毛入学率是54.4%，已步入普及化教育轨道。我国高等教育发展水平区域差异大，普及高等教育道路还很漫长，但高等教育大众化已是事实。中等教育直接接轨高等教育，但目前精英化的普通高中教育与普及化的高等教育已不匹配，衔接不良。21世纪以来，"基础教育"一词被频繁使用，它包括了义务教育和普通高中教育，这是对大学教育以下教育的准确定位。社会发展到今天，需要每一个公民都接受完整的包括高中教育在内的普及性的基础教育；接受完这样的基础教育的学生，也才能适应当今的包括职业教育在内的高等教育。

第二，改"初中后"分流为"高中后"分流，落实高中教育的"基础"教育地位。1985年《中共中央关于教育体制改革的决定》颁布，我国开始实行九年制义务教育，同时该决定指出，"根据大力发展职业技术教育的要求，我国广大青少年应从中学阶段开始分流：初中毕业生一部分升入普通高中，一部分接受高中阶段的职业技术教育"。从文件的表述即可看出，该项政策的制定是为了大力发展职业技术教育，是为了"逐步形成一个与普通教育并行又相互沟通的职业技术教育体系"[①]。前面已经论及这样过早分流的弊端，不再赘言。如果承认普通高中教育是每一个国民都应当完成的基础教育，那么学生的分流应当放在完成高中教育之后。具体的分流是高中3年完成之后，还是"2+1"分流，可根据地区、学校和学生的实际情况，自主选择。高中后分流，学生身心逐渐成熟，对社会、对世界的认知也逐渐丰富，个人兴趣、个人特长逐渐明晰，下一步不论是选择职业教育还是进行学术教育，对个体、对国家都更为有利，社会和家长的焦虑也可得以缓解。

第三，小学压缩1年，建设完全中学，整体规划中学阶段的课程内容。中小学学制长短，是近年受关注较多的一个问题，缩短学制的呼声不断。2020年两会期间已有代表提出"关于将普通高中教育纳入义务教育范围的建议"，教育部会同财政部对此议案的答复是"条件尚不成熟"，主要原因是义务教育具有普及、免费和强制的特点，我国目前仍处于社会主义初级阶段，财政收支矛盾突出[②]。鉴于这样的形势，2021年有人通过网络向刚刚上任的教育部党组书记怀进鹏建言，将小学改为五年，初中改为两年，高中保留三年，将整个基础教育压缩至十年，实现包括高中在内的十年义务教育。

---

① 何东昌. 中华人民共和国重要教育文献（1976—1990）[M]. 海口：海南出版社，1998：2287，2280.

② 中华人民共和国教育部. 对十三届全国人大三次会议第9090号建议的答复[EB/OL].（2020-11-10）[2022-02-20]. http://www.moe.gov.cn/jyb_xxgk/xxgk_jyta/jyta_jijiaosi/202012/t20201211_504969.html.

建言同时提出，将专业教育和职业教育前置到中小学阶段，大量设计相关课程让学生根据兴趣自主选择。建议有积极的一面，但忽略了一个根本性的问题，基础教育的重要价值在于全人教育，包括基本知识结构的全面性。基础教育要解决的是从基础上让学生获得全面发展，为未来的专门发展、专业发展奠定扎实的、全面的基础。学生如果过早依据兴趣偏科学习，确定职业方向，很可能导致知识结构的欠缺，不利于全面发展和长远发展。进入大学之后，学生很难再有机会进行全面的基本知识建构。

所以，学制改革不能轻言缩短基础教育的年限，但目前6+3+3的小、初、高学制划分可以适当调整。有效地解决问题的思路，可能是小学缩减到五年，建设六年制完全中学，通盘规划中学教育，将初中、高中课程规划的权限下放到地方或学校，打通六年中学教育（4+2或2+4或3+3或3+2+1），完全中学的学段时间划分可由学校根据本校的整体规划、课程计划、学校特色等灵活处理，结果达到国家规定的普通高中毕业水平。最终形成学前教育＋小学教育＋中学教育的普及性基础教育结构。

第四，将职业教育融入中学教育，废除普通高中＋职业中学的"双轨制"。从世界各国来看，中等教育大致有三种模式，单一普通型、普通与职业双轨制、综合型，都是从各国的实际情况出发探索出的道路。我国中等教育结构的改革在参照国际经验的同时，更多的要考虑国情，以我国历史、政治、经济、文化等方方面面的实际情况为基础，制定符合中国特色，有利于国家建设，能让学生真正获得成长的模式。以"融入型"的方式建构中学教育可能更符合中国实际。中学阶段不再设专门的职业中学，将职业教育融入中学教育，即从初中开始适度开设有系统、有梯度的专门领域的常识性课程和职业技术课程，加强与社会和时代的接触，帮助学生认识社会，逐步明确个人兴趣与职业兴趣，进行人生规划，在全面发展的基础上获得真正的自主发展。即便是未来选择学术道路，也应当接受过常识性的职业教育，职业教育应当成为其知识结构的一个部分。

第五、第六大举措为改革中等教育结构的同时，需要辅之以高等职业教育和高考招生制度的改革。其一，提高职业教育的层次，以大专为起点，形成职业技术大专、应用本科、专业硕士、专业博士一体化的职业教育体系。随着科学技术的快速发展，人工智能的生活化，简单的技术工作逐渐被机器取代，未来的技术工人也需要有相当知识储备和专门领域一定深度的系统学习。这对职业教育提出了更高的要求，需要受教育者进入职业教育之前接受过系统的基础教育，具备健全的知识结构和自主的学习能力，高中毕业后接受职业教育，也才能适应社会发展的需求。因此，中等教育阶段不再设置专门的职业高中，职业教育放在高中之后进行，起点为大专。这样也可在一定程度上改变社会对职业教育的歧视。同时可适当保留部分中等专业学校作为补充，用以解决往届初高中毕业未升学学生、城乡劳动者、退役军人、退役运动员、下岗职工、返乡农民工等学历提高的问题。其二，改革高考招生制度，放权给高校，改变优质教育资源向重点中学聚集的状况，让普通高中校校平等。高考的本质原本是高等院校选拔人才，理论上讲选拔什么样的人才应当由高校根据自己的办学特色和人才培养方向自主选择，是甄别性的、选拔性的。但目前的高考招生体制，学校的选择权有限。未来新高考改革也不能仅仅停留于命题改革，高考录取制度的改革可能更为根本。可逐步放权给高校，不统一举行高考，"双一流"高校的相关专业和国家一流专业建设点的专业招生按一定规则，在每个中学的前 X% 中选拔自己的新生，省级一流专业建设点的专业招生在每个中学的前 Y% 中去选拔，以此类推。先选后选的资质和比例只是为了方便说明改革的思路，真正实施尚需进行充分的调研和论证。现代的信息技术手段完全能够实现这样的高考招生制度设计。这样的制度设计将会真正实现基础教育的均衡发展，特别是在促进学生身心健康发展和促进乡村振兴战略实施方面发挥重要的作用，使得教育真正成为每个区域发展的动力源。这是需要系统设计的另外一个话题，此文不赘言。

十年树木，百年树人。教育是百年大计，一次教育改革影响的是一代甚至几代人。在自媒体发达的时代，改革的声音强而杂，落实到国家政策的制定和实施，需要充分论证和前期试验。尽管中等教育改革已迫在眉睫，但如何"变"还要慎之又慎。

中小学法治教育的整体设计与策略体系

孟宪云[①]　余宏亮[②]

摘　要

全面开展与落实中小学法治教育，提升学生法治素养，是建设社会主义民主法治中国、推进国家治理体系现代化的重要议题。而中小学法治教育的协同推进，需要建构符合时代发展境遇、与时俱进的整体性设计思路与策略体系，以实现对法治教育的价值引领与实践指引。

关　键　词

法治教育　整体设计　策略体系

作为人类的一种政治理想，一种具有灵性的实践追求，"法治"俨然已经成为引领时代思潮和国民愿景的现代化当然指标，成为世界各国共同追寻的核心价值目标和全球共享的意识形态。我国要想在未来世界民族之林立足，必须紧跟时代的步伐，建设社会主义法治中国。经过长期的努力，我国已经进入中国特色社会主义新时代，建设特色社会主义法治中国已成为法治在当下中国的政治表达，并正在从一个理论命题具

[①]　孟宪云，教育学博士，人民教育出版社在站博士后，主要从事课程与教学论研究。
[②]　余宏亮，教育学博士，教授，人民教育出版社课程教材研究所研究员，主要从事中小学教材基本理论、课程与教学论研究。

体化为全面改革的行为逻辑，预示着中国法治史上的一次重大飞跃的来临，必将对中国的法治与社会发展产生重大影响①。法治中国理想的有效达致，离不开兼备法治思维、法治意识以及法治践行能力的社会主义合格公民。作为提升社会公民法治素养的核心路径，法治教育是延续与发展业已生成的法治意识、法治信仰、法治精神，塑造具有现代性特质法治文化的价值媒介，离开法治教育的法治传播终将落空。然而，囿于既定教学价值观与教学形态的束缚，传统中小学法治教育强调人的附属性存在，忽略人的主体性发展和主动性生成。此即造成中小学法治教育教学过程的支离破碎与教学效果的成效不彰。"新时代中国特色社会主义教育体系的深化发展，必将面临重大的机遇与挑战，而我们能不能准确把脉时代境遇、与时俱进调整改革思路，关乎教育的发展品质，更关乎教育的未来路向。"② 有鉴于此，我们有必要设计与新时代发展相契合的法治教育发展思路，以实现对中小学法治教育的价值引领和实践指引。

一、理论教育与实践引导的统筹兼顾

"法是人们赖以导致某些行动和不作其他一些行动的准则或尺度。因此，法从本质上来看就包含了理性认知和行为尺度的双重含义，理论教育引导人们获得理性，法治实践引导人们践行理性。"③ 由此来看，法治是由理性认知和行为尺度共同组成的联合体，两者齿唇相依、和合与共，共同构成了法治的内在机理，共同作用于法治的运行机制。中小学法治教育是一种传播法律知识的教育，是一种协调法与人之间关系的教育，是一种培养人们践行法治能力的教育，法治理论认知和法治实践引导的协同推进，是法治教育有效推进的关键所在。一方面，法治理论知识教育是培养学生法治素养的认知前提，是践行法治行为的知识保障。对知识的掌握与理解是人们认识世界的阶梯，是人们从事社会实践活动的逻辑先在。"一个人只有知道了应该怎样做、不应该怎样做、可以怎样做和必须怎样做以及从事这些行为的意义和后果时，才有可能自觉地产生相应的行为。"④ 在中小学法治教育进程中，法治的历史、本质、价值、文化需要通过知识化的内容加以呈现，而学生对法治的理解、认同和内化建基于法治知识基础之

---

① 汪习根. 论法治中国的科学含义 [J]. 中国法学，2014（2）：108.
② 靳玉乐，张铭凯. 努力探索新时代中国特色社会主义教育思想体系 [J]. 西南大学学报（社会科学版），2018（1）：6.
③ 梁治平. 法辨：中国法的过去现在与未来 [M]. 北京：中国政法大学出版社，2002：184.
④ 江必新. 法文化的建构及法制教育工程 [M]. 北京：中国人民公安大学出版社，1993：41.

上。因此，中小学法治教育需要加强法治历史、法治制度、法治原则、权利和义务等法治核心知识内容的教学，以通过能够对灵魂构成征服的法律知识、法律精神和法律原则的传达与讲述，来完成将法律构成人们意义世界的一个部分的任务[①]。另一方面，法治实践引导教育是培养学生法治素养的核心立足点。作为社会性实践，中小学法治教育的根本目的在于培养学生的法治践行能力。这就要求中小学法治教育在强调学生基本法治理论知识学习的同时，更应该加强引导学生参与法治实践，以建立法治理论知识和法治实践能力共同构成的、全面协同的法治教育良性运作机制。这就要求中小学法治教育应摒弃传统知识线性灌输与机械传递的单向度教育模式，强调师生教学过程中的多元互动，注重教师引导者角色以及学生主体能动性的充分发挥，以促使学生积极接触法治事件、参与法治实践，进而提升法治践行能力和培养法治素养，此对于法治理论知识的"转知成智"具有重大裨益。

法治是理论理性与实践理性的价值统一体，法治理论是法治实践的认知基础，法治实践是法治理论的行为指向。在中小学法治教育进程之中，法治理论知识是逻辑前提，法治实践引导是核心立足点，只有做到法治理论知识与法治实践引导的统筹兼顾，才能实现中小学法治教育的有效落实。第一，完善法治教育知识内容体系。中小学法治教育知识的本质是以个体经验作为法治教育知识的来源和基础，以个体对于法治教育知识的理解为核心，以个性化的法治教育知识为最终目标。然而，囿于传统价值理念的思维桎梏，人们普遍将知识视为一种科学的、确定的客观实在，教育的目的即是通过知识的线性传授实现学生对知识的占有，而置学生的整体生活经验于不顾。此种知识形态由于脱离学生的实际社会生活经验，导致学生的学习呆板而又僵硬。学生的主体性不断消弭、灵动性不断遮蔽，知识成为禁锢个体发展的锁链。此与法治教育所要达致的个体主体性全面发展的价值旨归所需的知识体系是相悖的。从本质上来讲，法治教育所需的知识，应是依据"建构主义知识观"形成的具有动态性、生成性、开放性特质的知识体系。此种知识是以"人与知识的理解和交互"为核心的一种信息组织，强调知识不是简单地单向度灌输与线性传授，而是从个体经验中不断"生长"出来的。然而，既定的法律知识是一种理性知识、抽象知识、陈述性知识，此即导致法治教育知识体系很难与学生的个体生活经验相结合，进而造成中小学生对法治知识的学习产生抵触情绪，导致学习效果不佳。在此现实境遇之中，中小学法治教育的知识

---

① 张晓燕. 国家治理背景下公民身份及法治教育[J]. 云南师范大学学报（哲学社会科学版），2015（5）：97.

呈现样态应实现转化,即将"理性知识"转向"感性知识",将"抽象知识"转向"具体知识",将"陈述性知识"转向"程序性知识""策略性知识"。通过此过程可以将复杂的、抽象的法律知识,转变为与学生实际生活经验相契合的简单的、易懂的法律知识。因此,知识学习的首要环节就是获得,而知识获得的途径就是"直观和概括",中小学法治教育知识只有是"感性的、具体的、程序性的",才能更好地促进个体对于知识的直观和概括,才能实现知识的有效学习。第二,创新法治教育实践形式,发挥学生的价值主体性作用。"长期以来,我国的教育过程中存在着教育纯粹知识化问题。就是说,把本应生机盎然的教育过程简化为几个方面,再简化为几条原理,最后变成几个概念。然后,一两个概念加上一两个例子就得出一两个结论,一两个结论就直接灌输给受教育者。"[1] 此种将教学过程异化为"条件化"形态的衍生与发展,势必造成学生主体性的退化与失落,导致法治教育成效不彰的现实窘境。法治教育是一门实践性很强的学科,法治教育效果的达到必须与学生的实际生活情境相联系,必须与学生的社会经验相结合。此即要求教师在教学中创新法治教育实践形式,使法治教育充分融入课程与教学之中。从本质上来讲,教师为学生法治素养的提升提供了现实可能性,而学生法治素养的真正提升则需要充分发挥学生的内在主体性作用。因此,在课堂教学过程之中,应始终秉持"以学生为本"的教育教学理念,通过创设情境,建构学生喜闻乐见的教学内容和教学方法,激发学生的学习兴趣和学习主动性,加强学生的实践参与和体验,以促进学生理论知识和实践能力的有机融合。一方面,可以寻求机会,让学生通过参观律师事务所、旁听审判等法治实践活动,增强学生对法治的体验与理解。另一方面,可以通过模拟法庭、模拟审判等多元实践形式创设教育情境,增加教学的活动性、实践性与趣味性,以实现学生经验学习的循环。

二、规则遵守与价值指引的系统整合

在信息化、后工业化的现代社会,复杂社会网络的良性运作与有效维持依赖于庞杂、冗多的社会规则和规范体系[2]。从某种意义上而言,规则与社会发展相伴相生、共生共荣。诚如法国著名法学家弗里德里希·卡尔·冯·萨维尼(Friedrich Carl von Savigny)所言:"每个个人的存在和活动,若要获取一安全且自由的领域,须确立某

---

[1] 邢国忠. 社会主义法治理念教育研究 [M]. 北京:中国社会科学出版社,2011:227.
[2] 陈洁. 我国大学生法治教育研究 [D]. 上海:复旦大学,2012.

种看不见的界线，然而此一界线的确立又须依凭某种规则。"① 党的十八届四中全会提出了深入开展法治宣传教育的伟大战略，把法治教育作为"引导全民自觉守法、遇事找法、解决问题靠法"的重要途径。由此可以看出，在全面推进依法治国，建设中国特色社会主义法治国家的新时代，加强对中小学生的法治规则教育，深化中小学生对法律规则的基本认知与遵从，是法治教育的时代使命和内在诉求。美国著名心理学家阿尔伯特·班杜拉（Albert Bandura）通过对儿童品德发展阶段的研究发现，儿童品德的形成经历了依从、认同、内化三个螺旋上升的环节。置换到法治教育场域，法治规则的遵守教育能够实现学生对法治的依从和认同，是提升法治践行能力、塑造法治信仰的逻辑前提。这就要求中小学法治教育应积极开展法治规则遵守教育，以为中小学生知法、懂法、守法、用法奠定认知基础。

从本质上来讲，法治国家的有效建构基于人们对法治的认知内化和价值信奉，亦即塑造符合法治国家发展要求的法治价值体系。"任何值得被称为法律制度的制度，必须关注某些超越特定社会结构和经济结构相对性的基本价值。在这些价值中，较为重要的有自由、安全和平等。……一种完全无视或根本忽视上述基本价值中任何一个价值或多个价值的社会秩序，不能被认为是种真正的社会秩序。"② 由此，中小学法治教育的有效展开不能仅仅停留在规则宣扬层面，而更应指引学生建构符合社会发展特质的法治价值世界。换句话说，想要让学生达致法治内化并形成法治信仰的价值愿景，需要法治规则遵守基础之上的法治价值引导。通过法治价值引导，可以让学生从"顺民"走向"公民"，从"犯罪预防"走向"问题解决"，从"知法""守法"走向"用法""护法"，实现学生法治信仰的塑造。然而，通过系统检视可以发现，目前中小学法治教育呈现出过度强调学生法治规则遵守教育，而忽视法治价值引导教育的实践样态。此种境况的异化发展，导致中小学法治教育呈现出"外强中干"的状况，致使法治教育流于形式、浮于表面。具体来看，我国中小学法治教育在课程编制和教学实施过程之中，普遍以规则遵守教育为核心导向，强调学生法律知识的重复记忆和机械背诵，侧重于"犯罪预防"式的教育。此种忽视学生身心差异和主体性发展的"一刀切"式、程序式的教学方法，将法治教育等同于标准化的守法教育。在此现实境遇中，学生异化为法律的"奴隶"，成为规则的"顺民"。在具体社会生活中，学生只会盲目地

---

① 哈耶克. 自由秩序原理（上）[M]. 邓正来，译. 上海：三联书店，1997：183.
② 博登海默. 法理学：法律哲学与法律方法 [M]. 邓正来，译. 北京：中国政法大学出版社，2004：5-6.

守法，而并未将法治内化为信仰，此即严重降低了法治教育的教学效果，阻碍了学生法治素养的塑造。

在中小学法治教育进程中，法治规则遵守教育是前提基础，法治价值引导教育是根本旨归，只有两者的系统整合与有机融合才能充分实现提升中小学生法治素养的价值理想。一方面，需要中小学法治教育以"自由、平等、公正、民主"为基础法治规则，以为形塑符合民主法治社会旨要的法治信仰提供价值基础。首先，自由是保障学生合法权益的核心灵魂。然而，法治规范下的自由不等于放纵，其根本目的在于引导学生形成对法治的正确认识，进而实现法治的内化与认同。其次，平等是一种社会人际关系的和谐状态。作为社会性实在，学生不是孤立的个体，此即要求学生以平等规范规约自己的行为习惯，以促进社会关系的和谐发展。再次，公正是一种判定准则。在社会人际交往过程中，需要公正法治规范判定人们的行为结果，以通过符合社会大众的普遍利益达致社会公正的状态。最后，民主是和谐社会的理想状态。中小学法治教育应唤起学生的主体意识和公民身份，通过积极的社会参与实现国家的民主化进程。另一方面，中小学法治教育应以"权利"本位为核心价值取向。从本质上来讲，以"权力"为核心取向的法治教育，强调学生对法治规则的简单依从，强调学生对法律的刻板遵守。此种将人与法相互剥离的教学形态，亵渎了法治的权威性和神圣性，忽视了学生的主体性和生成性，亦对学生法治素养的塑造毫无益处可言。"权利"本位的教学价值取向强调学生在遵守法律规则、法律界限基础上的权利运用，以增强学生对法治的本质理解与价值内化，对提升学生的规则意识、塑造学生的法治精神具有重要的积极作用。有鉴于此，在中小学法治教育进程中，应始终秉持"权利"本位的教学价值取向，以促进中小学生生成适切的权责意识和法治价值理念。

三、个体发展与社会观照的辩证统一

作为一种复杂而又开放的社会系统或社会活动，教育的根本目的在于促进人和社会的协同互构发展。在社会发展的历史长河中，个人与社会的关系问题始终是社会学研究领域的核心焦点和中心议题，产生出社会唯名论与社会唯实论、个人本位论和社会本位论、个人主义与极权主义等多元论断。在教育场域之中，亦即产生了个人本位教育目的论和社会本位教育目的论的划分。个人本位教育目的论主张教育应以学生的个人价值为核心指向和行为尺度，强调个人权利的至高无上，主张人是万物的尺度，认为教育的根本目的在于实现学生潜能的充分挖掘和人性的本真发展。社会本位教育

目的论主张教育应以社会发展为价值中心和逻辑出发点，认为社会是确定教育目的、开展教育实践、衡量教育结果的唯一指征，人只是社会外在的被动性依附。从认识论上来讲，无论是个人本位论抑或是社会本位论，都未能从整体上对教育进行理性认识和把握，这严重阻碍了中国特色社会主义教育体系的良性建构与有效发展。"个人本位论强调个体价值，却反对个人发展服务于社会发展，事实上消解了个体发展的社会条件的创造；社会本位论强调社会价值至上，反对或忽视个体价值，只把个体作为一种社会工具来对待，事实上消解了社会价值的精神实质。"① 马克思主义唯物史观在论述社会发展时，即已充分论证了个人发展与社会发展的两个尺度，认为个人构成了社会，社会是个人的存在方式，两者互构共变、不可分割②。"人既需要社会化，又需要个性化；既必然社会化，又必然个性化。从这个意义上说，个人的发展一方面是社会化的过程，另一方面又是个性化的过程。或者说，个体的社会化同时也就是他的个性化，反之，个体的个性化同时也就是他的社会化。真正现实的人，都是作为社会的人与作为个体的人的统一，都是作为受社会制约、规范的人与作为受个体需要和追求驱动的人的统一。"③ 有鉴于此，教育教学应当避免将人的发展和社会的发展对立起来，努力实现人的个性化与社会化的统一。因此，教育的发展无法脱离社会和人而独立存在，此即要求教育既要加强对学生发展潜能的现实观照，也要发展学生的社会品格，以实现教育主体在多元主体、多维时空中的互构共变，进而实现学生的和谐、完善发展。由此来看，民主法治社会的理想达致，既需要从个体层面发展学生的法治能力，也需要从社会层面实现学生对法治社会的参与和贡献。质言之，只有社会的安定，才能保证个体的安全；只有个体的价值实现，才能推动社会的法治发展。综上所述，在中小学有效推进法治教育，必须实现个体发展与社会观照的辩证统一，方能促进法治中国价值理想的有效达致。

　　为实现中小学法治教育个体发展和社会观照的辩证统一，我们既要关注学生的个体发展，亦要关注学生的社会化过程。第一，法治教育应实现教育中的人性复归，促进学生个体的全面发展。人是教育的出发点和落脚点，"出于人性、顺应人性、适合人

---

① 王本陆. 教育崇善论 [M]. 广州：广东教育出版社，2001：101.
② 郑杭生，杨敏. 社会互构论：世界眼光下的中国特色社会学理论的新探索 [M]. 北京：中国人民大学出版社，2010：532.
③ 扈中平. 教育目的中个人本位论与社会本位论的对立与历史统一 [J]. 华南师范大学学报（社会科学版），2000（2）：92.

性与发展人性"[1]是教育的根本价值旨归和实践诉求。法治教育的逻辑展开，必须充分发挥学生的个体价值，弘扬学生的主体性，实现学生的人性复归。从某种意义上来讲，人的本质是一种两面性的客观实在，亦即人性之中包括"性善"和"性恶"两种样态，此即要求法治教育既要顺从人性善的自然发展，也要强调对人性恶的纠正。一方面，法治教育应强化人性中的至善，通过培养学生尊重人、关怀人、与人善处的品德，引导学生生成适切的法治意识。古希腊哲学家柏拉图秉持教学先验论，认为人的一切知识都由天赋而来，它以潜在的方式存在于人的灵魂之中。因此，知识不是对世界物质的感受，而是对理念世界的回忆。教学目的是恢复人的固有知识，教学过程即是回忆理念的过程。从某种意义上来看，此种唯心主义教学观虽看似荒诞，但却是引导人性至善的一种解释。有鉴于此，中小学法治教育应强调教学的引导性和启发性，以促进学生主体性的生成和人性意识的觉醒。另一方面，法治教育应强化对人性恶的纠正。在西方法治进程之中，性恶被认为是法律产生的人性本源，由此倡导用法律来剔除人性的罪恶根源，以及防止自然性所导致的权力滥用。可以推断出，法治是一种对人性恶的规约，其通过打击犯罪、惩治违法，维护契约尊严，使人充满对罪恶的恐惧和对正义的向往，从而自觉接受法律的约束[2]。第二，人是一种社会性实在，是一切社会关系的总和，人的全面发展离不开个体的社会化过程。从本质上来讲，人和社会相伴相生、荣辱与共。一方面，社会是由单位人组成的客观实在，没有个人就没有社会存在。另一方面，人是社会性的人，脱离社会的个人不能称其为人。人的个体社会化是自然人成长为社会人的过程。所谓个体社会化，是指个体在与社会的互动过程中，逐渐养成独特的个性和人格，从生物人转变成社会人，并通过社会文化的内化和角色知识的学习，逐渐适应社会生活的过程。正是通过个体的社会化过程，"社会文化得以积累和延续，社会结构得以维持和发展，人的个性得以形成和完善"[3]。具体而言，人不是孤立的个体性存在，人作为社会性实在必定与社会发生交互关系，在此相互影响、相互作用、相互交往过程中，个体得以塑造具有稳定社会文化特质的心理品质。作为社会规范的重要组成部分，法律必定是个体社会化过程的重要组成部分。因此，人们只有将符合社会规范的法律体系内化于心，以塑造社会认同的法治品质和法治意识，进而为践行法治实践奠定基础。

---

[1] 张中原，扈中平. 教育人性化的三重遮蔽与敞明［J］. 华东师范大学学报（教育科学版），2015（2）：3.
[2] 陈福胜. 法治：自由与秩序的动态平衡［M］. 北京：法律出版社，2006：175.
[3] 郑杭生. 社会学概论新修［M］. 北京：中国人民大学出版社，2003：82-105.

现阶段中小学课程建设的基本路径

李松林[①]

摘 要

建设好公平优质课程是现阶段中小学课程建设的核心任务,核心素养则是现阶段中小学课程建设的基本导向。以此为基础,中小学校需要引入顶层设计的理念与方法,着重做好培养目标、育人理念、课程结构和教学改进四个方面的统筹规划。而在具体实践中,价值育人的立德树人课程、差异取向的个性发展课程、回归实践的优势学科课程和广泛整合的综合实践课程则是学校特色课程开发建设的四大着力点。

关 键 词

现阶段　中小学课程建设　路径

令人欣喜的是,时下很多中小学校将课程建设作为优化学生学习与发展质量和谋求学校发展突破的关键抓手。然而,缺乏方向引领的盲目和随意选择,缺乏整体设计的零散和错乱现象,忽视内在品质的规模和数量追求以及丧失自我意识的从众和跟风心理等问题又在中小学课程建设实践中大量地存在。面对办好公平优质教育的核心工

[①] 李松林,四川师范大学教育科学学院教授,院长,博士生导师,主要从事课程与教学论研究。

作、落实立德树人的根本任务、构建全面发展的教育体系和聚焦核心素养的课改导向，中小学校究竟如何推进课程建设？本文拟就这个问题做些探讨。

一、公平优质：学校课程建设的核心任务

学校究竟需要建设出什么质态的课程？这是学校课程改革向纵深推进必须首先明确的方法论问题。回答这个问题的关键，则是准确把握目前学校教育改革和发展的阶段性特征。在宏观上，党的十九大报告明确指出，中国特色社会主义进入新时代，我国社会主要矛盾已经转化为人民日益增长的美好生活需要和不平衡不充分的发展之间的矛盾。相应地，民众对公平优质教育的需求和不平衡不充分的教育发展之间的矛盾成为新时代中国教育发展的主要矛盾。这个主要矛盾反映了现阶段中国教育发展的阶段性特征，即发展的不平衡不充分。基于这种战略判断，十二届全国人大五次会议政府工作报告将"办好公平优质教育"作为今后教育发展的核心任务和关键工作。这意味着，现阶段中小学课程建设必须解决好学校课程发展不平衡、不充分的问题，以满足学生日益增长的享受更公平更高质量教育的需求。一句话，公平优质乃是现阶段中小学课程建设的核心任务。

作为现阶段中小学课程建设的核心任务，建设好公平优质课程究竟意味着什么？这又需要我们站在现阶段中小学课程发展的高度，来把握它们的实质内涵。所谓"公平"，其基本内涵是指平等地对待相同的学生、有差别地对待不同的学生以及对弱势群体学生进行补偿。在实践操作中，建设好公平的课程体系就是需要学校做好三件事情：一是面向全体学生。即满足学生的共同需要，着眼于学生的全面发展和共同发展，建设好共通性课程。二是尊重学生差异。即适应学生不同的兴趣偏好和智能优势，满足学生的个性化学习与发展需求，建设好选择性课程。三是照顾弱势群体。即满足残疾智障学生、学习困难学生、农村留守儿童和城乡困境儿童的特殊需要，建设好补偿性课程。

所谓"优质"，其字面意思是指优良的质量。作为一个相对的概念，"优质"的内涵大致可以从两个方面加以把握：一是指基于标准的优质，即相同却更优之处；二是指基于特色的优质，即独特且优胜之处。着眼于学生学习与发展质量的提升，学校课程的优质性集中体现在四个维度：一是基础发展—高阶发展维度上的奠基性与挑战性。优质的学校课程既要为学生打好做人、为学、做事的基础，又要为学生的高阶学习和高阶思维创造可能的空间，以充分发掘学生的发展潜力。二是完全发展—整体发展维

度上的均衡性与综合性。优质的学校课程既要"五育"并重,以促进学生德智体美劳五个基本面的完全发展,又要"五育"融合,以促进学生德智体美劳五个基本面的整体发展。三是全体发展—个体发展维度上的普惠性与特惠性。优质的学校课程既要致力每个学生的共同发展,又要满足学生的差异化需求,促进每个学生的差异化发展,让每个学生都能各尽其兴,各得其所,各享其成。四是当前发展—持续发展维度上的适应性与前瞻性。优质的学校课程既要适应学校、教师和学生的实际情况,切实解决学生的当前发展问题,又要为学生的后续学习与持续发展提供有力的支持。就目前中小学课程建设的实际情况而言,建设优质课程需要学校着重解决好三个实践问题:一是顶层设计。即在合理确定学生培养目标和学校育人理念的基础上,从整体上对学校的课程开发、教学改进、教师发展、资源建设和管理创新进行统筹规划,以改变学校课程建设中的盲目性、随意性和零散性等问题。二是提升内涵。即在理性思考"什么课程最有价值"的基础上,超越单纯追求规模扩张和数量增长的课程建设倾向,精选、设计对学生学习与发展有益且有内涵、品质和深度的课程。三是聚敛特色。即基于学校、教师和学生的实际情况,紧紧围绕学生核心素养的全面发展与个性发展,分别从分科课程和综合课程两条路径,开发建设出独特且出色的特色课程。

二、核心素养:学校课程建设的基本导向

进入新的发展阶段,国家将立德树人作为教育的根本任务,将核心素养作为新一轮课程改革的基本导向。这即是说,无论采取何种路径和选择何种方式,中小学校的课程建设都必须回到学生的核心素养发展上来,都必须以学生的核心素养发展作为根本目标。从表面上看,核心素养只是学校培养目标和课程目标的新表述,强调的是若干关键能力和必备品格。但从深层次上讲,无论是学生发展核心素养还是课程核心素养,恰恰又为学校课程建设提出了若干新思想、新课题和新要求。这意味着,如果要发挥核心素养在学校课程建设中的指导性作用,就有必要对核心素养背后所蕴含的问题指向和思想内涵有所把握。

概括起来,以核心素养作为学校课程建设的指导思想,就是要着力解决学生学习与发展的四大问题:一是聚焦核心。教师在实践中习惯于四面出击,以便将所有的知识和技能都一网打尽。学校在课程建设中常常"不分轻重""平均用力"和"眉毛胡子一把抓"。强调核心素养,就是要突破"一把抓"情结,将学校所有的课程建设工作聚焦于学生关键能力和必备品格的培育。二是整体生成。教师在实践中格外强调所谓的

要点、重点、难点和考点，这在很大程度上使学生只见树木而不见森林。强调核心素养，就是要突破"知识点"情结，提升学校课程的整体性与综合性，以促进学生的整体建构与综合理解。三是深度建构。核心素养不是一个表征学习与发展数量的概念，而是一个表征学习与发展质量的概念。强调核心素养，就是要突破"短、平、快"情结，为学生开发建设出更能激活深层动机、展开深切体验和高阶思维以及促进深度理解和实践创新的学校课程，以超越浅层的课堂学习。四是广泛适应。学校在课程建设实践中常常关注的是学生的当前学习和眼前发展。强调核心素养，就是要突破"顾眼前"情结，将学生的后续学习和持续发展纳入考量之中，着力培养学生在后续学习、持续发展和未来社会发展中具有广泛适应作用的知识建构力、问题解决力和责任担当力。

另外，与单个、具体的知识和技能不同，核心素养一定具有独特的发展机制和培育路径。那么，核心素养究竟是怎么发展起来的？核心素养培育的基本路径又是什么？对于这两个问题的思考与回答，又为学校课程建设实践提供了直接的思想资源。我们认为，核心素养导向的学校课程建设首先需要确立四个基本认识。

（一）实践参与：核心素养发展的根本途径

一方面，作为一种具有广泛适应性和迁移力的素养，核心素养绝对不是简单的知识获得和技能训练的结果，需要学生在实践参与过程中不断体验和反思才能获得。另一方面，任何实践都不能脱离特定的问题情境。问题情境成为学生核心素养发展的母体和场域。而在学校教育条件下，强调学生的实践参与，并不是一定要让学生上山、下田、到工厂，其实质乃是引导学生在问题解决中学习。可以说，问题解决学习是发展核心素养的基本学习模式。相应地，学校课程建设应当着眼于学生的实践参与，将"主题—问题—活动"作为校本课程的基本样态，以改变"知识主线"和"学用分离"的课程习惯。而在操作中，学校课程建设的重要工作则是将课程目标和课程内容改造为等待学生去解决和完成的主题—问题—活动序列。

（二）整体建构：核心素养发展的基本样态

作为对知识与技能、过程与方法和情感、态度与价值观三维课程目标的进一步整合和凝练，核心素养实际上是对学生整体发展质量的刻画与描述。尽管我们能够从分析的意义上提取出核心素养的若干构成部分，但核心素养本身又是一个由各个层面、各个因素和各个成分构成的有机整体。作为具体素养成分的统摄器与整合器，核心素养不是单个具体素养成分的机械总和，而是经验、知识、技能、能力和品格等各种素养成分有序聚集和交互整合的产物①。这意味着，零敲碎打、肢解分割而缺乏整合的课程教学极不利于学生的核心素养发展。鉴于此，学校应当以课程核心素养作为核心，开发建设出更具有统摄力和整合性的校本课程，并展开更具有统摄力和整合性的课堂教学。

（三）深度学习：核心素养发展的内在要求

作为一个测量学生学习与发展质量的标尺，核心素养的发展不仅与学生学习过程的质量高度相关，而且与学生学习结果的质量高度相关。用时下人们正在谈论的一个热词来说，深度学习乃是核心素养发展的内在要求。试问：为什么知识难以转化成学生的能力？为什么知识难以转化成学生的美德？为什么很多学生有知识却缺乏能力？为什么很多学生有知识却缺乏美德？一致的答案是：浅层学习。这意味着，学生核心素养的生成与发展，需要提升学生学习的内涵、品质与深度，需要在激活学生深层动机的基础上，引导学生展开切身体验和高阶思维，最终促进学生的深度理解和实践创生。鉴于此，学校优质课程建设的重要任务便是促进学生展开更有深度的学习。

（四）综合实践：核心素养发展的大熔炉

作为具有广泛适应性和迁移力的核心素养，从一开始就天然地与复杂的问题情境紧密地结合在一起②。换句话说，复杂的问题情境不仅是核心素养的最佳用武之地，而且是核心素养的最佳发展场域。再形象地讲，复杂的问题情境乃是学生核心素养发展的大熔炉③。鉴于此，核心素养的培育不仅需要基于问题的课程，而且需要基于复杂问题的课程。为此，我们可以采取课题研究和项目创作两种课程形态，开发建设出更具有挑战性的综合实践课程，最大限度地提升学生的核心素养。比较而言，课题研究与项目创作在学习方式上都强调探究，但前者更强调让学生去发现，后者更强调让学生去创作；课题研究与项目创作在学习结果上都强调整体认知、综合理解与融合创生，但前者更强调让学生发现有理有据的结论，后者更强调让学生创作实际可见的作品。

---

① 李松林. 学科核心素养的发展机制与培育路径 [J]. 课程·教材·教法，2018，38（3）：33.
② 杨九诠. 学科核心素养与高阶思维 [J]. 教师教育论坛，2017，30（10）：26.
③ 李松林. 学科核心素养的发展机制与培育路径 [J]. 课程·教材·教法，2018，38（3）：36.

三、顶层设计：学校课程建设的基本方法

一般说来，学校课程建设会经历从盲目到自觉、从尝试到反思、从借鉴到创生、从零散到整合等持续探索过程。在这个过程中，学校课程建设实践不断走向深入，随之而来的便是各种影响因素、制约条件和现实矛盾的不断突显。在这种情况下，如何从最高层次上找到学生学习与发展的问题解决之道？如何从源头上促进学校课程的整体优化？如何在重点工作和核心环节上取得突破？要解决这些问题，就必须对学校课程建设进行顶层设计。

"顶层"是指从最高层次上找到问题的解决之道。对于"培养什么样的人""如何培养人"两个问题的理性回答，则是学校课程建设中的两个顶层。所谓学校课程建设的顶层设计，就是在学生培养目标和核心育人理念两大顶层的指导和统领下，自上而下地对学校课程建设的各层次、各环节、各方面和各要素进行统筹规划，经过相互融合和优化组合而产生聚集效应，以最大限度地提升学生学习与发展的质量[1]。一般说来，学校课程建设的顶层设计主要包括三个子系统的设计：一是目标与理念子系统设计，主要涉及学生培养目标的确定和核心育人理念的确立；二是课程与教学子系统设计，主要涉及课程结构的建立、特色课程的选点以及教学改进的谋划；三是保障子系统设计，主要涉及教师发展设计、管理制度设计与资源建设设计。就其方法论而言，学校课程建设的顶层设计需要把握住三个基本原则：一是底层冲动。学校课程建设的顶层设计不是高端设计，而是必须基于学校发展的文化母体和现实基础，必须回应师生的心声和诉求，满足师生的愿望和需要。二是顶层统整。学校课程建设的顶层设计不是条块设计，而是在学生培养目标和核心育人理念两大顶层的统领和指导下展开的系统思考与整体规划。三是自上而下。学校课程建设的顶层设计不是平行设计，而是沿着从顶层到底层、从构想到实践的路线，采取顶层决定底层、底层支撑顶层的思路而展开的不断具体化设计。

回到实践操作中，学校在展开课程建设的顶层设计时尤其需要做好四个方面的设计。

---

[1] 李松林，贺慧. 中小学课程建设的顶层设计[J]. 课程·教材·教法，2015（6）：8-11.

（一）学生培养目标的确定

学生培养目标是学校课程建设的基本依据。学校需要在遵循国家教育方针、教育目的和教育改革价值潮流的基础上，根据实际情况明确、具体地确定学生培养目标：一是定位学生的发展样态，即着重希望学生呈现出来的发展样态。例如，成都七中育才学校学道分校在衔接教育实践中将学生的发展样态界定为"整体发展与持续发展"。二是定位学生的核心素养，即着重培育学生的关键能力和必备品格。例如，成都市娇子小学在博雅教育实践中将学生的核心素养界定为"基础厚实、视野开阔、气质优雅和行为雅正"。三是定位学生的个性特质，即从整体上明确学生的鲜明个性特征。例如，山东省威海市新都小学将学生的个性特质凝缩为"灵动"。

（二）核心育人理念的确立

学生培养目标是回答要"培养什么样的人"的问题，核心育人理念则是回答"如何培养人"的问题。在实践中，核心育人理念是学校课程建设的基本思想主张和终极价值追求，学校课程建设则是核心育人理念的实践转化和具体落实。根据中小学校的课程建设实践经验，学校可以采取五种路径来凝缩核心育人理念：一是回归社区文化，从社区文化特质中挖掘出学校的核心育人理念，如成都市清泉中学从泉文化中凝缩出"体验式教育"这个育人理念。二是发扬传统优势，从传统优势中提炼出学校的核心育人理念，如双流艺体中学发扬艺体教育优势，凝缩出"适性育人"的育人理念。三是聚焦突出问题，如成都市东升二中针对学生课堂学习的突出问题，凝缩出"唤醒沉睡的心灵"这个育人理念。四是升华教育理想，从校长自己的教育理想中升华出学校的核心育人理念，如成都市娇子小学从又全又专的教育理想确立起"博雅教育"的育人理念。五是借鉴教育理论，从教育理论中选择出适合学校的核心育人理念，如成师附小万科分校借鉴生命教育理论，将"知识为公，爱满天下"作为学校的育人理念。

（三）课程基本结构的搭建

形象地说，课程结构是学校课程建设的图纸，它不仅规定着学校课程建设的框架和路线，而且还表征着学生学习与发展的样态、内涵与品质。然而，学校在搭建课程结构时又普遍存在三个不足：一是分类标准混乱。学校常常在课程板块和课程门类的分类标准上相互交叉、界限不明。例如，很多学校错误地将活动课程与特色课程、特色课程与特长课程、拓展课程与活动课程、探究性课程与选择性课程并列起来。二是二级结构缺失。很多学校在一级结构下开发建设了若干课程，但缺乏对这些课程的进一步整合和归并。三是差异关注不够。着眼于学生的个性化学习与发展，学校需要基于学生的兴趣爱好差异和优势智能差异（学科优势差异），搭建起"尽其兴、扬其长"的课程结构。

（四）课堂教学改进的谋划

学校课程建设不是单纯的课程开发，也包括教学改进的谋划。在实践操作中，学校可以集中围绕教学特色的营建来谋划学校的教学改进。为此，学校需要在准确诊断传统优势和突出问题的基础上，分别从三个方面来谋划教学特色的营建：一是定位学校的教学特色。例如，很多学校将自己的教学特色定位为"生命课堂""主体学堂""灵趣课堂""深度教学""对话式教学""整合性教学""参与式教学"等。二是凝缩教学的基本理念。例如，成都七中育才学校学道分校将自己的教学理念确定为"让学生在体悟中学习"。三是建立基本的实践框架。学校需要界定教学改进的着力点，明确课堂教学的核心环节，甚至提出基本的教学策略。

四、特色营建：学校课程建设的着力点

学校一旦完成了课程建设的顶层设计，接下来要做的重点工作便是特色课程的开发建设。在很大程度上，学校特色课程的开发建设决定着学校特色发展和学校课程建设的内涵、品质与深度。而在坚持立德树人根本任务、强调学生核心素养和学生适性发展的今天，学校需要着重围绕四个实践着力点，来开展特色课程的开发建设工作。

（一）价值育人的立德树人课程

一般说来，特色立德树人课程的开发建设有两个基本路径：一是专题式，二是渗透式。无论是专题式还是渗透式，学校的特色立德树人课程开发建设都需要以价值观为核心，以培育和践行社会主义核心价值观为根本导向，紧紧围绕个体修养、社会责任、国家认同和国际理解四个目标维度，认真挖掘最具品格培育价值的社会文化资源，开发出具有针对性和实效性的德育活动序列。根据学生活动的层次及其方式，特色立德树人课程可以设计成四个具有层次性的活动序列：体验性课程—理解性课程—实践性课程—探究性课程。其中，体验性课程重在让学生展开真实的道德体验，理解性课程重在让学生展开清晰的道德认知，实践性课程重在让学生身体力行，探究性课程重

在让学生探究真实而复杂的道德现象及道德问题。

(二) 回归实践的优势学科课程

开发建设若干有内涵和品质的特色学科课程，是学校特色课程建设的第二个实践着力点。正如前文所言，实践参与不仅是学生德、智、体、美、劳五个基本面整体发展的根本途径，而且是学生核心素养生成与发展的根本途径。这意味着，特色学科课程建设需要聚焦学生核心素养的培育和提升，最终建设成充分突显实践性的优势学科课程群。应该说，从紧密联系实际到注重学生体验，从强调从做中学到重视知识运用，从加强综合实践活动到引入项目式学习，都是学校课程建设在这个方面所做出的努力。但是，"谈论实践不是一件容易的事，除非从反面谈论它；特别是谈论实践之看似最机械、最违背思维及话语逻辑的东西"[1]。实际上，教师常常容易把抽象的运用、重复的训练、简单的操作甚至是草率的行动错误地理解为实践。为了将学生学习中的运用、训练、行动和操作提升为学生真正的实践活动，回归实践的特色学科建设首先要回到学科发展和生产生活的真实场景，选择出与学校学习高度相关的真实事情。例如，与语言学习高度相关的真实事情有主持、辩论、推介、演说、创作等，与数学学习高度相关的真实事情有测量、统计、核算、审计、建模、设计等。

(三) 广泛整合的综合实践课程

学校特色课程建设的第三个着力点是围绕科学精神、人文底蕴、健康生活、学会学习、责任担当和实践创新六大学生发展核心素养，整合运用校内校外课程资源，采取主题整合的实践方式，开发建设跨学科、跨领域甚至是超学科的特色综合实践课程。国内很多学校开展的创客教育、项目式学习、STEAM 课程和场馆学习等实践探索，就是特色综合实践课程建设的积极尝试。根据整合的范围与层次，综合实践课程可以设计成跨学科综合与超学科综合两种类型。前者主要是引导学生探究解决多个学科共同关心或者是学科交叉处的问题，后者主要是引导学生探究解决生产、生活和学生自我成长中完全真实的问题。根据学习的目标和方式，综合实践课程又可以设计成课题研究与项目创作两种类型。前者重在让学生围绕课题展开探究并发现有理有据的结论，后者重在让学生围绕项目展开探究并形成实际可见的作品，具体又包括科技创作和艺术创作两个亚类。

---

[1] 布迪厄. 实践感[M]. 蒋梓骅, 译. 南京：译林出版社, 2003: 124.

（四）差异取向的个性发展课程

差异取向的个性发展课程是学校特色课程建设的第四个实践着力点。为了尽可能地适应每个学生的个体差异，让每个学生公平地享受优质教育，学校需要在个性发展课程的开发建设上有所作为。个性发展课程建设的前提，是全面地分析和把握学生的个体差异。正如前文所言，学生的个体差异既包括兴趣偏好的差异，又包括智能优势（学科优势）的差异。相应地，学校既需要为学生开发建设指向兴趣爱好差异的尽兴类课程，又要为学生开发建设指向智能优势差异的扬长类课程。为了给学生创造足够的选择空间，同时为学生打开层层递进的发展空间，无论是优势学科课程还是综合实践课程，都可以依次设计成丰富体验、增进理解和促进创生三个层次。其中，丰富体验这个层次侧重于丰富学生的活动经验，增进理解这个层次侧重于增进学生丰富的理解、深刻的理解和整体的理解，促进创生这个层次侧重于引导学生创造地分析和解决复杂问题。

鲁迅的语文：有难度的跨越

——兼及鲁迅之于当代基础语文教育的价值

李 怡[①]

摘 要

"鲁迅语文"近年来在基础教育领域中存在颇多争议，围绕其价值的论争也存在较大分歧，无论肯定或否定，都离不开文言与白话、传统文化与现代文化这样的话题。关于"鲁迅语文"的论争早已深深地嵌入中国现代文化发展的内部，鲁迅本人也参与其中，并展现出一种处理文言与白话、传统文化与现代文化、中国与西方之间的"跨越"视角。他试图建构一种新的语文表达，将典雅与精密统一于现代语文之中。诚然，"鲁迅语文"的探索是艰难而曲折的，其丰富遗产和宝贵传统并没有得到充分的理解和继承，我们仍需要在自我反省和自我批判的基础上肩负起现代语文建设的历史使命。

关 键 词

"鲁迅语文" 语文教育 现代语文 价值

基础教育中的"鲁迅语文"在最近十来年存在很多争议。围绕中学语文教科书中

[①] 李怡，男，重庆人，文学博士，教授，四川大学中国现当代文学专业博士生导师，四川大学文学与新闻学院院长，中国现代文学研究会副会长，中国鲁迅研究会基础教育分会会长。

鲁迅选文的种种变化，关于鲁迅作品所谓种种不适合基础语文教育的观点也层出不穷：不规范、晦涩、不切合时代要求等。大约在20世纪90年代后期，在部分语文教学杂志上，对鲁迅作品进行"语言纠偏"的论文不时出现，所谓："鲁迅先生作为一代文学巨匠，其可师法之处确实甚多。但是，先生离我们而去已经六十多年了，若以当代之语法标准——现代汉语语法标准——来衡量其作品，则其作品有些不够完美了。"[1] 有人还具体作出了概括归纳，得出诸如"字词使用不规范、句子搭配欠佳、复杂句太生硬、人物语言夹带书面语、古语、残留'日本味''翻译腔'之类"[2]的结论。如果说囿于某些意识形态方面的安全考虑，纸质期刊上刊发的这类言论还数量有限、措辞节制，那么出现在互联网与自媒体上的批评言论则数量巨大，且无所顾忌。

有意思的是，今天我们对"鲁迅语文"价值的质疑和挑剔又往往与另外一种文化动向联系在一起，这就是在"传统文化"复兴、"国学热"升温的氛围中，我们将鲁迅当作背弃传统、损伤所谓母语教育的典型。例如有"国学院长"与"儒家文化研究会副会长"尖锐地提出："鲁迅的文字佶屈聱牙，学生不爱读，教师不爱讲，却偏偏是教师、学生绕不过去的大山，岂非咄咄怪事？""母语教育必须回到几千年来教育的正轨上来，即通过念诵的方法学习古代经典，用对对子、作文等方式训练其母语运用能力，让学生不仅能亲近母语，更能亲近中国传统文化。"[3]

将"鲁迅语文"当作破坏传统文化的典型也就是视鲁迅的语言为白话文的典型，这样的逻辑虽然未必代表了鲁迅质疑者的共同逻辑，但是，我们却能够进一步发现，对"鲁迅语文"的批评绝对不是最近十多年的新鲜事。回看近一个世纪的鲁迅研究史，我们既能够在沈雁冰、瞿秋白、毛泽东等处读到对鲁迅思想的大力肯定，在李长之等处读到对鲁迅文体、语言的赞扬，也能够在梁实秋、创造社成员那里发现种种语言文体批评，一句话，对"鲁迅语文"之于现代中国的意义，其实一直都存在明显的分歧，而且，无论肯定还是否定，人们对"鲁迅语文"的分析都离不开文言与白话、传统文化与现代文化这样的话题。

今天的我们，也就宿命般地跳脱不开国学与西学、国文与语文、传统语文与现代

---

[1] 白祯才，李淑春. 鲁迅作品之语法不足为训 [J]. 语文教学与研究，1997（10）：32.
[2] 韩守烨. 语文教材中鲁迅作品的用字也应该规范 [J]. 文字改革，1983（4）：3；徐开质. 关于教材中鲁迅作品用字（词）问题 [J]. 运城师专学报，1987（3）：68-69；赵巨源. 鲁迅作品的语言问题刍议 [J]. 胜利油田职工大学学报，2002（3）：3；朱迅垚. 读鲁迅，不必从娃娃抓起 [N]. 南方日报，2013-09-05（2）.
[3] 徐晋如. 语文需要恢复为国文 [J]. 新民周刊，2013（37）：52.

白话以及传统教育与现代教育等纠缠不休的主题。

重要的是，一个世纪以前的鲁迅也早就亲身参与了世纪之交的语文论争：他积极地回应了一次又一次的语文论争，公开声张自己的立场和追求，不断阐述自己的语文思想，其中，也包含与基础教育的对话。1923年的《时事新报·学灯》上，就有署名Y生的人提出将《呐喊》编入中小学课本："我觉得，如《呐喊》集这类作品，虽不能当作地理与历史课本看，至少也可以用作一部作文语法修辞学读，比较什么国文作法，实在高出十倍。"[①] 而孙伏园则告诉我们鲁迅的另一番态度：听说有几个中学堂的教师竟在那里用《呐喊》做课本，甚至有给高小学生读的，这是他所极不愿意的，最不愿意的是有人给小孩子选读《狂人日记》[②]。

这些事实说明：关于"鲁迅语文"的争议不仅由来已久，深深地嵌入了中国现代文化发展的内部，鲁迅本人也早已主动介入了这样的问题，以自己的智慧思考着这样的难题，以自己的实践展示着现实的可能。离开对鲁迅本人语文思想与语文实践内在逻辑的剖析，单凭我们今日一己的愿望或想象，根本无法触及这一宏富追求的内核。

纵观鲁迅的语文思想与语文实践，我们曾经习惯于在一种非此即彼的二元对立中"征用"鲁迅——或者是彻底的不妥协的反封建斗士、现代语文革命的先锋，或者是割裂中华文化传统、偏激的语言进化论者——其实，鲁迅是同时把握和征用了多种艺术资源、文化资源与语文资源，在传统与现代、白话与文言、西方与中国之间做出了多种复杂的认同、继承、参证和修葺、创造，鲁迅的现代语文创作实施着一种"有难度的跨越"——在传统语文通向现代语文的道路上，几乎就是现代语文创作史上绝无仅有的跨越。这样的跨越并不一定完美无瑕，但却足以抛下大量的人，也成为许多人（包括作为后人的我们）难以效仿甚至难以理解的复杂事实。

一方面，鲁迅始终坚守着白话文写作的大方向，认定"我们要说现代的，自己的话。用活着的白话，将自己的思想感情直白地说出来"[③]。他一再明确表明在文言与白话之间的态度："我总以为现在的青年，大可以不必舍白话不写，却另去熟读了《庄子》，学了它那样的文法来写文章。"[④] 另一方面，正如人们发现的那样，鲁迅对白话

---

① Y生. 读《呐喊》[N]. 时事新报·学灯，1923-10-16 (3). 同年由胡适、王云五、朱经农校订的商务印书馆出版新学制《国语教科书》，第1册收入鲁迅翻译俄国作家爱罗先珂的《鱼的悲哀》，第4册收入《孔乙己》。
② 曾秋生（孙伏园）. 关于鲁迅先生 [N]. 晨报副刊，1924-01-12 (4).
③ 鲁迅. 无声的中国 [M] //鲁迅. 鲁迅全集：第4卷. 北京：人民文学出版社，1981：12.
④ 鲁迅. 答"兼示" [M] //鲁迅. 鲁迅全集：第5卷. 北京：人民文学出版社，1981：358.

文现代发展方向的坚定维护与他在语言实践层面上对旧有语言资源的审慎留用同样引人注目。前文引述 Y 生建议将鲁迅作品引入中小学课文，Y 生所看重的恰恰就是鲁迅文学中呈现的那种留存文言余韵的简明流利，认为就是这样的文字与"近今语体文"颇有不同，"使人得到无限深刻的印象"。今天的学者，也不难从鲁迅的文字中读出所谓的古雅与简洁的传统精神，甚至发现其中对古典文化的某种沉湎，例如周楠本先生就考察过鲁迅对"古字"的特别兴味①。

但是，鲁迅维护白话文现代发展的态度又是十分明确的，明确到令当今一些"国学"崇拜者很不舒服，以致再也不提"鲁迅语文"如何"古雅"的基本事实。那么，鲁迅究竟是怎样完成从传统到现代的这种目标明确却又韵味古雅的语言跨越的呢？我觉得关键就在于，鲁迅从一开始就不是白话文革命理论的倡导者，而是身体力行的语文实践家，他以写作人的需要尝试着白话文学的可能，又以文学家的敏锐处理着新的语文表达的各种困难，以自己的艰难探索的历程铺砌着新的语文的发展之路。鲁迅语文实践体验的深度，使得他与胡适简捷的白话文理想区别开来，与某些白话文提倡者的"口语崇拜"或"语音中心主义"的思维区别开来。准确地说，鲁迅并不是在文言与白话的二元对立中径直奔向白话文的康庄大道，而是努力探索着一种能够最大限度地传达现代中国人思想感情的语言方式。这种方式需要以对白话文的充分肯定和全面提升来改变文言文占压倒优势的语文格局，但并不是以白话口语至上，它同时包含了对各种语言资源加以征用的可能。从本质上说，鲁迅所要建构的并不是胡适那样逻辑单纯、表达清晰的白话文，而是能够承载更丰富更复杂的现代情感的语言方式，我们可以称其为现代语文。在"五·四"语言革命的宣传中，文言与白话诗针锋相对，今天的"国学"崇拜者也继续沿着这样一种对立思维，只不过颠倒了价值取向。然而在鲁迅的现代语文实践中，文言与白话的关系更为复杂，现代的语文实践，其根本目标自然是更为准确地承载现代人的思想与情感，它不会也不可能以消灭传统语文方式为目的，这就如同中国现代文学创立的意义是传达现代中国人的人生体验，而不是为了对抗中国古典文学一样。

当然，一旦进入实践领域，鲁迅所要建构的现代语文就远较作为理论宣传的白话文论述更为艰难。值得注意的是，鲁迅本人对这样的艰难性早有相当自觉的认识，可以说他一进入文坛就开始了这样的探索，并不断摸索总结，品味建设的艰辛，提炼成功的心得，同时还得随时回应同行的质疑和批评。

---

① 周楠本. 门外说文·简化字、古今字辨析举例 [J]. 鲁迅研究月刊，2008（10）：92-96.

鲁迅尝试白话的时间远在"五·四"语言革命之前。1903年，他试图用白话来翻译《月界旅行》和《地底旅行》，然而却因为感觉不佳而放弃了，他那时的体会是："然纯用俗语，复嫌冗繁。"① 这样的文言实践一直持续了到1918年的《狂人日记》。而他在同一年翻译的《察罗堵斯德罗绪言》，依然使用了文言。所以说，文言与白话的选择，在鲁迅那里不仅是一个文化观念革新的问题，同时更是一种现代语文的复杂实践问题。

以白话文为表征的现代语文，根本的改变就是能够传达复杂多变的现代人的思想与情感，这样的白话自然有别于传统白话而容纳了若干欧化的成分，成为"一种特别的白话"②，于是，西方语言元素的进入成为可能："欧化文法的侵入中国白话中的大原因，并非因为好奇，乃是为了必要。……要说得精密，固有的白话不够用，便只得采些外国的句法。比较的难懂，不像茶泡饭似的可以一口吞下去是真的，但补这缺点的是精密。"③ "必要"而非"好奇"，这就道出了欧化白话出现的深层缘由——绝非一时的冲动或意气，而是建立新的语文表现的准确形式："竭力将白话做得浅豁，使能懂的人增多，但精密的所谓'欧化'语文，仍应支持，因为讲话倘要精密，中国原有的语法是不够的，而中国的大众语文，也决不会永久含胡下去。"④ 1935年，李长之考察了鲁迅在语言文字层面的独特性，他在《鲁迅批判》中特别指出鲁迅作品尤其是杂文对"转折字"的出神入化般的使用：

"虽然""自然""然而""但是""倘若""如果""却""究竟""竟""不过""譬如"……他惯于用这些转折字，这些转折字用一个，就引人到一个处所，多用几个，就不啻多绕了许多弯儿，这便是风筝的松线，这便是流水的放闸。可是在一度扩张之后，他收缩了。那时他所用的，就是："总之"。

李长之从鲁迅作品中发现的"转折字"也就是加强现代汉语精密表述的虚词，这些虚词恰恰是古代汉语表达所要避免和删减的。正如鲁迅所说："中国的文或话，法子实在太不精密了，作文的秘诀，是在避去熟字，删掉虚字，就是好文章，讲话的时候，

---

① 鲁迅. 二十四孝图［M］//鲁迅. 鲁迅全集：第2卷. 北京：人民文学出版社，1981：251.
② 鲁迅. 关于翻译的通信［M］//鲁迅. 鲁迅全集：第4卷. 北京：人民文学出版社，1981：384.
③ 鲁迅. 玩笑只当它玩笑（上）［M］//鲁迅. 鲁迅全集：第5卷. 北京：人民文学出版社，1981：520.
④ 鲁迅. 答曹聚仁先生信［M］//鲁迅. 鲁迅全集：第6卷. 北京：人民文学出版社，1981：77.

也时时要辞不达意……这语法的不精密,就在证明思路的不精密,换一句话,就是脑筋有些胡涂。"① 李长之发现了虚词之于鲁迅语文的力量,这是他在立足现代语言新质的立场上观察鲁迅,其结论也就与1923年Y生的赞赏大相径庭了。

进入白话文写作时代之后的鲁迅也清醒地意识到了写作中"大众语"与"口语"的局限性,他提出"博采口语",但反对"成为大众的新帮闲"②。"至于对于现在人民的语言的穷乏欠缺,如何救济,使他丰富起来,那也是一个很大的问题,或者也须在旧文中取得若干资料,以供使役。"③ 作为"口语"的对应面,他提出的概念就是"语文":"语文和口语不能完全相同;讲话的时候可以夹许多'这个这个''那个那个'之类,其实并无意义,到写作时,为了时间、纸张的经济,意思的分明,就要分别删去的,所以文章一定应该比口语简洁,然而明了,有些不同,并非文章的坏处。"④

这种"比口语简洁"的语文理想,其实反过来也就为某些文言资源的调用留下了可能,虽然鲁迅一再警惕将自己对文言的保留当作现代写作的样本,但实际表达的需要却也让他意识到:"没有相宜的话,宁可引古语。"⑤ 自然,并非所有的"古语"都可以理直气壮地进入鲁迅的语文,鲁迅对传统语文也加以鉴别区分,对其不同类型的语言资源的生命力做出鉴定:"成语和死古典又不同,多是现世相的神髓,随手拈掇,自然使文学分外精神。"⑥

辗转于外来语言资源与古典传统之间,面向未来的开放、自我改造的勇气与历史韵味的回旋,鲁迅语文在各种语言资源中游走往返:"采说书而去其油滑,听闲谈而去其散漫,博取民众的口语而存其比较的大家能懂的字句,成为四不像的白话。"⑦ "四不像"就是一种充满难度的语言跨越。

不过,典雅与精密未必都那么容易统一,欧化语法的繁复与文句的简古也各有魅力,努力耕耘的鲁迅并非总能将这样一种复杂关系处理得恰到好处、无懈可击,所以他的表述不时也透露出某些矛盾,而实践也不时被同代人所质疑。但重要的是,鲁迅已经执着地展开了自己的实践,而这实践的最终指向是建立一种全新的有力量的表达,"原先的中国文是有缺点的……现在又来了'外国文',许多句子,即也须新造,——

---

① 鲁迅. 关于翻译的通信 [M]//鲁迅. 鲁迅全集:第4卷. 北京:人民文学出版社,1981:382.
② 鲁迅. 门外文谈 [M]//鲁迅. 鲁迅全集:第6卷. 北京:人民文学出版社,1981:102.
③ 鲁迅. 写在《坟》后面 [M]//鲁迅. 鲁迅全集:第1卷. 北京:人民文学出版社,1981:286.
④ 鲁迅. 答曹聚仁先生信 [M]//鲁迅. 鲁迅全集:第6卷. 北京:人民文学出版社,1981:77.
⑤ 鲁迅. 我怎么做起小说来 [M]//鲁迅. 鲁迅全集:第4卷. 北京:人民文学出版社,1981:512.
⑥ 鲁迅. 何典题记 [M]//鲁迅. 鲁迅全集:第7卷. 北京:人民文学出版社,1981:296.
⑦ 鲁迅. 关于翻译的通信 [M]//鲁迅. 鲁迅全集:第4卷. 北京:人民文学出版社,1981:384.

说得坏点，就是硬造……只有这样，才能保存原来的精悍的语气"①。没有语言实践的挫折，也永远不会有现代的新语文建立，所以他在翻译中也不避"硬译"之嫌，"宁信而不顺"。他相信，在越来越多的现代语文的创造实践中，"其中的一部分，将从'不顺'而成为'顺'，有一部分，则因为到底'不顺'而被淘汰，被踢开。这最要紧的是我们自己的批判"②。

的确，鲁迅的语文实践并非现代语文建设的终点，"这最要紧的是我们自己的批判"，他本身就是在"自己的批判"中摸索前行。有意思的是，今天以传统语文立场攻击鲁迅和"五·四"语言革命的人们，不仅没有真正理解"鲁迅语文"的丰富遗产和现代语文运动的宝贵传统，通过"鲁迅语文"别出心裁的炼字造句进入一个极具独创性的奇崛瑰丽的语文世界，更重要的是完全丧失了自我反省与自我批判的能力。最终，也是逃避和推卸着现代语文建设这一历史的使命。

在这个意义上，重读鲁迅的语文，重拾鲁迅的现代语文之路，不能不说就有着特殊的价值。

---

① 鲁迅. "硬译"与"文学的阶级性"［M］//鲁迅. 鲁迅全集：第4卷. 北京：人民文学出版社，1981：200.

② 鲁迅. 关于翻译的通信［M］//鲁迅. 鲁迅全集：第4卷. 北京：人民文学出版社，1981：383.

历史教学应注重理解历史中的人

——从 2020 年高考全国卷文科综合 III 卷第 42 题展开

华黄来[①] 李 继[②]

摘 要

在历史教学中注重对历史中人的理解，对于促进学生对自我生命与社会历史之间关系的省思具有重要意义。在历史教学中理解历史中的人，既要理解人所生存和发展的社会历史条件，又要理解在社会历史条件下人的主体能动性，还要理解在共同历史背景下不同的人所承载的群体特殊性。历史学科育人的一个重要方面就是引领学生将自我命运与国家命运和人类命运相关联，引领学生在社会历史的视野中去选择和实践人生的价值。历史教学注重理解历史中的人是实现历史学科的育人价值的必然要求。

关 键 词

历史中的人 社会历史性 主体能动性 育人价值

只有理解了人，才能真正地理解历史。无论是对微观历史事态的探究，还是对宏大历史变迁的叙述，要在历史教学中引导学生实现对历史事态、现象以及规律的理解，

[①] 华黄来，成都七中实验学校，高级教师。
[②] 李继，成都师范学院史地与旅游学院讲师，成都七中实验学校历史教师。

必然需要注重理解社会历史中的人。如何兆武先生所论，历史的主人是有血有肉的心灵，而不是抽象概念的化身或体现，历史研究最后总需触及人们的灵魂深处，才可能中肯。对历史学家而言，理论思想的深度和心灵体会的广度要比史料的积累重要得多。对人生有多少理解，就有可能对历史有多少理解。对人生一无所知的人，对历史也会一无所知；虽说他可以复述许多词句，但是历史学乃是一种理解，而绝不是以寻章摘句为其能事。强调对历史中人的理解，有利于激发学生对历史的学习兴趣，有利于促进学生对自我生命与社会历史之间关系的省思，对青年学生的生命成长具有重要的意义，是实现历史学科育人价值的必然要求。

2020年高考全国卷文科综合Ⅲ卷第42题，是一个关于人与社会历史关系的问题。试题材料选自周晓红先生所著的《传统与变迁——江浙农民的社会心理及其近代以来的嬗变》的第五章"剧变，或向现代化的进一步迈进"中的调查资料。该调查聚焦于改革开放过程中农民这样一个特定的社会阶层，探讨在改革开放背景下江浙地区农民社会心理的变化。试题如下：

下表摘自1995年7—8月对江苏昆山、浙江乐清的部分农民进行的调查统计，调查对象中近60%为18—35岁的青壮年。

表1　1995年7—8月江苏昆山、浙江乐清部分农民调查统计　　单位:%

选择意向明确的统计结果					
你是否同意以下说法	很赞同	比较赞同	说不准	不太赞同	很不赞同
农民的孩子应以种地为本	2.9	4.3	8.2	23.0	61.1
父母在，不远游	7.2	15.1	21.8	34.9	20.8
改革虽然有风险，但比吃大锅饭强	45.4	29.2	17.5	5.0	2.6
富贵贫贱是命定的	6.8	11.2	15.4	25.1	41.2
重新选择职业意向明确的统计结果					
	经商	去乡镇企业工作	读书上大学	去大城市打工	继续种田
如果有机会重作选择，你将选择	35.2	14.1	31.8	2.7	8.5

试题要求学生根据材料并结合所学知识，就材料整体或其中任意一点拟定一个论题，并予以阐述。从试题应答的角度来看，作为开放性问题，学生可以拟定多种合理的论题，具体内容灵活。但无论拟定何种论题，大体都应在"社会历史变迁中的人"这一总的话题下立论，在此话题下立论又可具体聚焦于人的生存发展受社会历史条件

的影响,在社会历史变迁中人的主体能动性,以及社会变迁中区域和阶层的特殊性等三个方面。试题以及试题所选取的视角启示我们,在历史教学中应充分理解人,既要理解人所生存的社会历史条件,又要理解在社会历史条件下人的主体能动性,还要理解在共同历史背景下,不同的人所承载的区域和阶层特殊性。这既是真正理解历史的需要,也是实现历史学科育人价值、达成立德树人教育目的的需要。

一、理解个体人生存和发展的社会历史性

社会历史条件是历史人物所处的经济状况、社会制度、时代观念的综合,在很大程度上影响着个体的人生轨迹,影响着他们的思想、选择和行动方式。马克思指出,"全部人类历史上的第一个前提无疑是有生命的个人的存在"[1],其具体存在方式则受社会历史条件的影响,"这些个人是从事活动的,进行物质生产的,因而是在一定的物质的、不受他们任意支配的界限、前提和条件下活动着的"[2]。自1978年启动的改革开放以及由此推动的社会变迁,构成了中国农民的社会观念嬗变的宏大背景。家庭联产承包责任制解放了农村生产力,同时也释放了大量的农村富余劳动力。1977年恢复高考带动了整个教育秩序的迅速恢复,适应了培养现代化建设人才的需要,同时也保障了"读书上大学"这一农民向上流动的重要渠道。20世纪80年代乡镇企业的崛起,城市经济体制的综合改革,非公有制经济的发展以及各项建设事业的开展形成了巨大的劳动力需求。1992年邓小平"南方谈话"就"三个有利于"标准、社会主义的本质、计划与市场的关系等重大问题进行了深刻论述,在困局中进一步解放思想,由此开启了新一轮的经济增长。快速的经济体制改革和对外开放以及由此带动的城市化浪潮刺激了千百万进城务工人员向经济发达地区流动。上述社会历史背景决定了这个调查的特定选项。无论"经商""去乡镇企业工作""读书上大学""去大城市打工"还是"继续种田",调查所示的农民都已不再是传统意义上的旧式农民,他们的人格和社会行为模式正在经历剧烈的转型[3]。这种选项是改革开放赋予那个时代的农民的机遇,宏大历史时代背景在此具体化地表现为个体将自我命运与时代命运关联的特定方式。

---

[1] 中共中央马克思恩格斯列宁斯大林著作编译局. 马克思恩格斯选集:第1卷[M]. 北京:人民出版社,1995:67.
[2] 中共中央马克思恩格斯列宁斯大林著作编译局. 马克思恩格斯选集:第1卷[M]. 北京:人民出版社,1995:71-72.
[3] 周晓虹. 传统与变迁[M]. 北京:生活·读书·新知三联书店,1998:268.

显然，社会背景对人的影响是历史性地存在的。这些选项在改革开放之前计划经济体制中城乡严格分界的条件下不能成立。同理，在 21 世纪和中国特色社会主义新时代，农民又会有新的机遇，他们的选择也会有新的变化。较之于前，农民的选项更为丰富，这是时代的机遇；较之于后，社会也无法提供超越时代的选项。具有历史意识的人对事物的认识，会利用时间的观点来判断，并会思考过去与现在之间的关系[①]。过往、当下和未来构成了一个连续性的时间脉络，历史变迁的过程正是从过往到当下，再到未来的演进过程，未来会成为当下，当下会成为历史，历史逐渐沉淀。在这连续性的时间脉络中，每一个时间点或时间段都是历史性的。

社会历史条件总是特定民族、国家、社会的社会历史条件。社会历史条件不仅具有时间性，也具有共同体性质，认识个体生存的社会历史性是凝聚社会、政治和文化共同体意识的重要方式。民族国家是当今时代最重要的社会组织，人的存在从政治上、伦理上、精神文化上依附民族国家。在公共教育领域所研究和传播的历史，是民族共同体的集体记忆。历史教育并不在意特定个人或组织的私密过往，历史教育所关注的人、事、物具有一定的公共性，对共同体的存在和发展变迁产生了重要影响，是了民族精神脉络的重要组成部分。从这个意义上，历史教育就是一种民族共同体教育，通过历史教育，共同体成员对共同体形成政治的认同、精神的发扬、文化的传续。虚化了个体人存在的社会历史性，就是在人们的观念中将民族国家的存在从时间维度上抽空，失去了对过往的传承，就失去了现时存在的依据，也失去了面向未来的方向。

个体社会成员对民族国家的深厚情感在很大程度上来源于对其共同体历史进程、共同体历史与现实关联性的深刻体认。人们通过回忆将自己融入一个共同体，在这个共同体中，对自己的生活具有重要意义的因素长久存在，具有永恒的价值或者至少可以贯穿数代人的链条，延续到未来[②]。历史不是单个个体的历史，即便个体的回忆也只有置于社会之中才能阐述清楚，得到理解。广为传诵的历史是社会共同体的历史，是社会共同体的经验结构和意义脉络。换言之，历史是个体的人在社会共同体中认识自我和确证自我的方式。个体需要在社会共同体的历史记忆中实现个体的共同化。这种共同化就是要在社会共同体中认识个体的人，让个体人的价值、意义脉络投入社会历史中。综上所论，从历史的视野来看，人总是特定历史境遇中的人，任何人的思想

---

① 李帆，马卫东，郑林. 21 世纪全球历史教育的发展与挑战［M］. 北京：社会科学文献出版社，2018：73.

② 吕森. 历史思考的新途径［M］. 綦甲福，来炯，译. 上海：上海世纪出版集团，2005：15.

和行动都对应它所处的时代。理解历史中的人应当理解人所处的社会历史条件,理解了社会历史条件,才能真正理解那个时代的人。

二、理解社会历史条件下个体人的主体能动性

当时代赋予人选择的机会时,如何选择就涉及人的主体能动性。在共同的历史条件下,不同的人会有差异化的立场、主张和行动,这种差异也正彰显着人的主体能动性。在人类社会实践中,"一切对象对人来说,成为他自身的对象化,成为确证和实现他的个性的对象"[1]。在调查的选择意向的四个问题中,从"很赞同"到"很不赞同"的五个选项,每一个选项都涉及比例不等的选择。

每个独立的生命都具有自身的主体意志,在社会关系中,这样的主体意志发生碰撞与协作,由此构成了社会关系的各式样态,如何在这各式样态的社会关系中把握自身,也是个体人的终身问题。显然,我们不必也不能在这种差异化的选项中去判断怎样的选择才是正确的。在共同的社会历史条件下,差异化的选择作为合理的存在正表达着个体人的主体能动性。从对"农民的孩子应以种地为本"一项的选择可以看出,在改革开放的大潮中,江浙农民对土地的依赖意识已经急剧减弱,这体现出一种经济体制改革和城市化进程下的总体取向。但即便如此,仍有7.2%的人表示了"比较赞同"或"很赞同"。这或许是传统观念的延续,也或许是农民自身知识与能力结构所致,其中缘由有待细察,但无论如何,可以看出在共处的社会历史条件下,人们基于自我的境况、观念等因素作出了不同的选择。又如,即便是经济体制改革激发了实现物质利益的愿望并提供了向外流动获得经济上成功的可能,但对"父母在,不远游"表达"很赞同"和"比较赞同"的相加超过了20%,可见孝道与亲情在时代变迁中仍具有深刻的影响,在市场经济大浪潮中养子防老的价值观念仍在延续,对精神和道德的坚守仍然深刻地影响着农民的行动选择。大量农民离开家乡进城务工后,每年春节返乡与家人团聚,也充分体现了家对农民的重大意义。历史终究是人创造出来的,不能领会前人的思想感情,那么最多只能说他知道了历史事实,但不能说他理解了或懂得了历史[2]。历史中的人是具体的人,具体的人生存于社会历史中,在社会历史中表达自我理解,满足自我需要,实现自我价值。理解到历史中人的主体能动性,才能在

---

[1] 马克思. 马克思恩格斯全集:第42卷[M]. 北京:人民出版社,1979:125.
[2] 何兆武. 可能与现实——对历史学的若干反思[M]. 北京:北京大学出版社,2017:24.

历史的空泛叙述中获得真切性、生动性和丰富性。"在社会历史领域内进行活动的，是具有意识的、经过思虑或凭激情行动的、追求某种目的的人；任何事情的发生都不是没有自觉的意图，没有预期的目的。"① 历史的过程就是人们在一定历史条件下，基于自身的现实与可能，为了开创美好生活而不懈地进行创造性的实践过程。社会实践中的人不仅是历史条件的承受者，为了推进个体和社会整体的进步，他们不懈地基于自身的条件来认识和改造世界，创造一个通达理想的生存状态。

社会历史中人的主体能动性还集中地体现在将个体的人自觉地与社会历史发展关联起来，将个体的需要转化为对社会的价值。调查结果显示，有74.6%的人"很赞同"或"比较赞同""改革虽然有风险，但比吃大锅饭强"，有66.3%的人"不太赞同"或"很不赞同""富贵贫贱是命定的"。经济条件的改善、受教育程度的提高以及外出经商和做工的经历，使得农民的自信心和自我效能感有很大增长，在自己和命运之间他们宁可相信前者，并对国家的公共和政治事件表现出了从未有过的关心②。农民不同的"选择"，从表面看是对职业或发展道路的选择，在本质上是对个体生命需要与社会需要关联方式的选择，是对个体生命价值向社会价值转化方式的选择。经由个体人与社会历史的自觉关联，个体满足了自我的需要，实现了自我价值；同时也为建设国家、贡献社会、推进历史的变迁与进步做出了贡献。个体无论是作出怎样的意向选择，都积极地成为社会的建设者，是推动历史前进的力量。从这里可以看到，个体人的主体意志是如何转化为推动社会历史发展的力量，个体生命的奋斗史是如何汇聚为波澜壮阔的社会发展史。今天的各领域的蓬勃发展都是由上一代人奠基而成的，或由此而推论，是一代又一代人所呕心沥血奋斗而来的。

历史是文明的表达，历史必然地承担着传递民族精神、凝聚社会或国家的力量、培育公民责任的功能。历史教育本就应该承载凝聚群体、社会或国家成员和公民认同的责任；历史课程中应该教导这个社会或者国家或者某个群体共享道德文化遗产，因此加强同一感和促进团结，以便维系成员的认同和情感③。但若为此功能而将历史作为一种宣讲，则不仅不能增益文明的传承和公民培育，反而可能因削弱历史所具有的反思性，而让具有批判性思维的青年学生感到困惑。从学科育人的角度来看，历史教学应引导学生

---

① 中共中央马克思恩格斯列宁斯大林著作编译局. 马克思恩格斯选集：第4卷[M]. 北京：人民出版社，1995：247.
② 周晓虹. 传统与变迁[M]. 北京：生活·读书·新知三联书店，1998：276.
③ 李帆，马卫东，郑林. 21世纪全球历史教育的发展与挑战[M]. 北京：社会科学文献出版社：2018：21.

认识到，每代人、每个人都是社会历史的承受者，又同时都是历史的参与者和创造者。将历史的视角指向个体生存的社会历史性，进而培育学生对社会历史的关怀，同时又启发学生理解社会历史中人的主体能动性，这样才能增强学生的时代使命感。

三、理解社会历史条件下个体人的社会普遍性与特殊性

普遍性是在一个政治、经济和文化共同体中的共有特征和宏大背景，这种宏大背景在社会成员个体上获得了丰富性的体现。关注宏大背景往往会将个体的人遗忘，而个体的人则又常因不能穷尽而落入抽象，在宏大背景和微观个体之间，历史中的人常常体现出鲜明的区域和阶层特征。尤其是在中国这样一个地域广大、人口众多的国家，由于地理条件、经济状况、文化观念的不同，在社会变迁中，沿海与内地之间、城市与乡村之间、不同社会阶层之间总会体现出一定的特殊性。这在近代以来的社会变迁中有非常显著的体现，成为理解中国近现代发展历程的一个重要问题。

以该调查为例，这项调查面向江苏省昆山市周庄镇的村民和以浙江省乐清市虹桥镇村民为主形成的北京"浙江村"村民。从区域比较来看，江苏昆山周庄和浙江乐清虹桥相比，虹桥的村民"很愿意"和"比较愿意"到一个条件差、风险大、挣钱多的地方去发展的比例分别达到16.1%和34.8%，远高于江苏昆山周庄[1]。结合其他方面的调查，可以发现，这与周庄与虹桥的区域条件有密切关系。江苏昆山周庄的自然和区位条件相对较好，人们在本地谋业的机会更多、意愿更强，所以人们承担向外流动风险的意愿偏弱。而来源于浙江乐清虹桥的"浙江村"人在家乡感受到较大的压力而不得不奔走他乡。虹桥不像周庄那样傍依上海、苏州等大中城市，它发展乡镇工业的基础差、储蓄水平低，加之人地关系紧张程度高于周庄，因此"离乡又离土"成为许多虹桥人谋求生存、开创新生活的主要方式[2]。

从阶层特殊性来看，调查面向的是处在改革浪潮中的农民以及正在从农民中分化出来的进城务工人员。这种阶层特征在江浙农民中体现得尤为突出。由浙江地区流动到北京务工的浙江人在北京集中居住生活形成的准社区，称为"浙江村"。这些区域分布在北京的朝阳、海淀、丰台，其中最大的一个社区在丰台区的南苑乡。一方面，社会主义市场经济体制逐步建立，城市建设和工商业经济的快速发展对在农村中已经解

---

[1] 周晓虹. 传统与变迁 [M]. 北京：生活·读书·新知三联书店，1998：272.
[2] 周晓虹. 传统与变迁 [M]. 北京：生活·读书·新知三联书店，1998：29.

决温饱但处于半就业状态的农民构成了巨大的吸引力。另一方面，社会的变迁既是剧烈的也是缓进的，户籍制度以及城市各项保障政策的改革都不可能一蹴而就，加之农民自身因素的影响，进城务工人员是一个生活和工作于城市但却不能融入城市的群体，在社会身份判定上，他们仍然是农民，在城市中处于"边缘"地带。他们的观念和社会心理，与城市工人、与留守农村的农民相比都体现着一种特殊性。正是在这样一个群体中，他们面向社会转型中提供的多种机会都保持着一种积极开放性，有留守农村种地的，有离土不离乡到乡镇企业工作的，有到城市打工的，有独立经商的，还有读书上学的，这是一个社会转型中的转型群体。概言之，理解社会历史中人的特殊性，应当理解特定的人或者其所属的阶层的历史处境、价值观念等。由此可见，历史中的个体人也承载和表达着地域、阶层等特定的群体性特征。

可见，理解个体与社会历史的联结，需要理解在社会历史条件下个体人的主体能动性，避免陷入历史变迁的机械叙述。社会历史是在具有主体能动性的人与历史境况的互构中演进，在这互构的过程中，社会历史境况是个体主体动能性的宏大背景，个体的主体能动性是社会历史背景下的微观表达。个体的生命并不意味着单个人的个体性的存在，而同时并且更原始的是那种联结人的生命的共同性；生命并不意味着孤立的主体性，而是那种包括自我与世界之间的关系的整体性；生命并不意味着无形地流动着的某样东西，而是那种在历史过程中自我展开的诸生命层级整体[①]。这种宏大背景与微观表达，往往以特定的区域和阶层作为中介。在历史的变迁中，由于条件的差异，不同区域、阶层在适应时代变革的强度和方式上会呈现出一定的差异，宏大历史背景在区域与阶层中体现出了特殊性，个体往往正是区域与阶层的缩影。

四、余论：正确理解个体人与社会历史的联结是实现历史教育价值的必然要求

理解了个体与社会历史的联结才是透彻的历史学习，才能实现历史教育的价值。人具有内在同构性，现实成长中的学生与历史中的人，虽然时间相隔久远，但理解是可以达成的。理解的难与易，在于历史事实与学生经验之间的距离的长与短，教师的教学活动正是要缩短这样的距离。好的教学将看似遥远的距离拉近，而不好的教学则将本身并不太远的距离推远，让学生对于知识的学习心生畏惧，逐渐失去了对历史的兴趣和理解历史的勇气，甚至在学习领域形成负面的自我认知，损害健康人格的养成。

---

① 高桦. 狄尔泰的生命释义学 [M]. 上海：上海人民出版社，2018：94-95.

求知是人的本能，每个人都本能地希望了解自身所生活的世界，人通过探求未知来减少生活中的不确定性，从而拓展能力边界，获得新的掌控感。学生所学习的历史知识不在于多而在于透彻，透彻地理解历史在于透彻地理解历史中的人。看上去教师教给学生很多历史知识，但如果这些知识没有上升到对历史中的人的理解，没有能与实际生活经验的关联，不能解释和指导实际生活中的困扰，那么这些知识就不能真正转化为自己的知识，不能对学生的生命成长产生正面积极的意义。可以认为，透彻地理解了历史知识意味着将历史知识与自身的生命经验进行了对接，学生获得了新的视野，对自己的生命经验进行了重组，对自然、社会和自我获得了新的理解，在历史的学习过程中获得了成长，从这个意义上讲，对历史知识的学习才是透彻的。

历史教育的目的绝不仅限于在学校课堂中，以教材为载体，教授学生系统的历史知识。更为根本的是要面向课堂之外，超越历史教材，培育超越知识建构的知识运用，以及在知识建构运用中形成历史意识，指引生命的成长。理解个体与社会历史的联结，要理解个体的人所处的社会历史条件，避免脱离历史条件的主观主义，避免陷入历史虚无主义。历史学科核心素养所主张的家国情怀也正是要通过历史教育延续民族国家的共同体记忆，传承民族国家的精神与文化。中国古代社会是建立在宗族之上的"天下—国—家"的社会组织结构，在统一的中央集权之下，家隶属于具有天下视野的朝廷，以天下太平、天下繁荣为共同价值。新航路开辟以后，近代西方民族国家逐步形成并对外扩张，由此，对于亚、非、拉美地区而言，西方民族国家的侵入，在破坏其原有的社会组织形态和世界观念的同时，也促进了这些地区在捍卫自身文明存续的需求下，按照西方民族国家的观念和组织形态构建起了近代意义的民族国家，非此不能保证自身文明的存续，非建立民族国家不能生存。民族国家将地域的文化共同体转变为一个政治共同体，并塑造共同体成员的国民意识，建立近代化的权利和义务关系。正是在这样的历史变迁中，历史学和历史教育应运而生，近代学者梁启超所提出的新史学正是要回应建立近代民族国家的需要。

理解历史中的人，不是说要对历史中的人给予一种确定性的裁断，从某种意义上讲，理解的价值不在于结论，更在于理解本身，在一定的范畴中探究对历史中的人的理解，既促进着学生对历史的理解，也促进着学生对自我的理解。人在具有历史性的时代背景中实现自我，并参与和创造历史。历史学科育人的重要方面就是引领学生对社会建立自觉的关怀意识，再将自我命运与国家命运和人类命运相关联，能在社会历史的视野中去选择和实践人生的价值。

基于理解的美术大单元教学设计

——以"校园的水稻"为例

李力加[①]

摘　要

2014年4月，教育部印发的《关于全面深化课程改革　落实立德树人根本任务的意见》，首次提出了"核心素养"。"核心素养"这一概念已经伴随美术教师7年多时间，那么新时代中小学美术教学究竟该以怎样的课堂形态呈现？应是对照立德树人根本任务要求，思考核心素养的本质意义，尝试核心素养本位的、基于深化理解的美术大单元教学设计。

关 键 词

核心素养　课程改革　理解　单元课程　教学设计

2014年4月，教育部印发的《关于全面深化课程改革　落实立德树人根本任务的意见》，首次提出"核心素养"，明确把核心素养的内涵界定为"学生应具备的适应终身发展和社会发展需要的必备品格和关键能力"。核心素养被置于深化课程改革、落实立德树人根本任务的首要位置，标志是核心素养成为普通高中修订课程方案、课程标准和研制学业质量标准的重要依据。《普通高中美术课程标准（2017年版）》（2020年

---

① 李力加，浙江师范大学教师教育学院、美术学院教授。

修订）提炼、确立的美术学科核心素养之"图像识读、美术表现、审美判断、创意实践、文化理解"，是我国美术学科基础教育发展历史中的里程碑。美术学科核心素养是新时期学生全面发展和美术学业质量评价的标尺。

一、核心素养目标指向的基础美术课程改革

对于从20年前的"双基"到走向文化，再从"三维目标"到核心素养本位的美术课程，一些人提出质疑：美术学科知识技能难道就不是素养了？没有美术学科知识哪来美术学科核心素养？为什么深化课程改革的要求，是越来越弱化美术学科知识技能的传递？这些问题的本质，是知识与素养的关系问题。究竟如何才能把美术学科知识和技能转化为美术学科核心素养呢？长期以来，学校美术课教学设计和课堂实施存在的误区是偏重"聚焦活动的教学"和"聚焦灌输的教学"。前者，没有明确视觉感知体验如何帮助学生达到美术学习目标；后者缺少明确的艺术本质观念来引导教学，缺乏为确保学生美术学习效果而进行设计的过程。在新时期深化课程改革，聚焦核心素养，落实立德树人根本任务背景下的美术课，要衡量学生对美术学科核心素养是否真正达成理解，基本指标是看学生是否能够把所学的知识迁移到新的生活环境和挑战中，而不仅仅是对学科知识的回忆和再现。如，"图像识读"关联"审美判断"以及对社会生活、历史文化、美术现象的"文化理解"，经过美术欣赏感知学习，学生对扑面而来的社会生活视觉图像信息，能够有自己的洞察、分析、阐释、应用等。学生具备上述能力，才是基于理解的美术学习。

新颁布的义务教育课程方案和各科课程标准又提出一个新概念，叫作课程核心素养，如艺术课程素养。无论核心素养、美术学科核心素养，还是艺术课程核心素养以及艺术课程核心素养下的美术学科关键能力，均是以核心素养为核心的一种综合育人的教育理念，是新时期落实立德树人根本任务的美术育人规格要求。核心素养，作为育人规格要求，作为推进当下和未来基础教育发展的重要教育理念，不仅仅是课程目标问题，其理念首先体现在教育价值观上。教育的本质是促进学生对生活世界的理解并指导学生解决问题，而不是仅仅让学生把所谓美术学科知识记到脑子里面去。而且，从学生心理和生理发展规律讲，他们也很难轻易记住美术学科知识，把握住某些造型表现技能。核心素养是一种学科高级能力，美术学科核心素养就是美术学科的理解力。美术学科知识、技能的本质是美术学科核心观念，核心素养本位的美术单元课程，倡导让学生把美术学科知识和技能运用到真实生活实践当中。教师在课堂中需要引导学

生探索美术学科核心观念，运用美术学科核心观念，指导学生行动，解决生活中的真实问题，经历美术学科实践，展开美术学科系列活动。

其一，美术学科知识和技能只是形成美术学科核心素养的载体。"一课一练"的课堂教学无法形成美术学科核心素养，唯有以观念为中心、对单元主题的核心观念进行探寻的课堂，才能帮助和引导学生获得对美术学科知识和技能的概念性理解。学生会利用概念性视角来聚焦大单元课程内容学习，开展对于某主题单元释放出的事实层面和概念（观念或道理）层面的思考。当教师利用事实性、概念性、继发性和辩论性问题，激发（刺激）并扩展学生的思考，从而促进学生进行结构化的探究。因而，单元化、多层面的美术学科活动才是形成美术学科核心素养的渠道。

其二，美术学科知识和技能是不能直接转化为素养的。简单复制（临习）、记忆和掌握知识的课堂样态，不能让学生形成美术学科核心素养。学生主体的感知体验是核心素养本位美术单元课程的主轴，美术学科活动意味着学生对美术学科知识和技能的加工、消化、吸收以及在此基础上的内化、转化、升华。这其中，原本三维目标中的"过程和方法"起着重要的作用。对于美术课程来说，关注学生理解的单元模板，可以协助教师设计课程与评估，教师围绕单元主题核心观念、基本问题和评估任务，提出如何把教学主题单元放在更大、更连贯、更结构化的课程和项目框架中进行设计的思路与方法，在课程实施和评价中实现学生美术学习质量控制的设计标准。

其三，核心素养本位的美术单元课程理念必须转化为学生身心全方位体悟的行动。如，美术学科核心素养"图像识读"引出的"行动"，指的是在日常课堂上每天与学生互动的教师在主导教学中的具体行为，是怎样启发学生关注、分辨自己生活中可视化信息，生发个体独立思维或质疑。自2014年教育部第一次提出"核心素养"后7年多时间，中小学美术教师关于如何培养学生核心素养的困惑一直存在。虽然有着20年基础教育课程改革的切身经历，但美术教师当下无法再满足于对"是什么"和"为什么"的解读，他们亟待解决的是美术学科核心素养落实在不同年段学生身上时究竟"如何做"的问题。

二、育人导向的美术单元课程设计

（一）设计缘起

水稻文化，是一个宏大的人文性主题。重庆市两江新区童心小学、杭州市未来科技城海创小学、浙江慈溪市实验小学教育集团，围绕种植水稻展开了系列教学（教育）

活动。童心小学、海创小学的种水稻、收水稻活动成为学生劳动教育的重要内容，获得各级主流媒体高度关注与报道，特别是重庆市两江新区童心小学收水稻活动，还被中央媒体专题报道。浙江慈溪市实验小学教育集团则是围绕"水稻"主题，从观察水稻、用写生方式记录水稻生长状况，到版画主题创作，开展美术主题单元教学活动，取得不错成果。三所学校开展种水稻、收水稻活动，需要思考一个重大问题：让小学生种水稻、收水稻究竟为了什么？学生们在兴奋、快乐中也必须深度思考：自己在与水稻的相遇和相识中获得了什么？三所学校的校长都有美术教师学科背景，都在带领学生画水稻、记录水稻生长、创作水稻主题的美术作品，但需要思考：为什么要让学生们画水稻？画水稻对学生全面发展有何作用？目前看，三所学校围绕"水稻"开展的劳动教育和美术活动，包括制作糙米饭、用稻穗制作花束、工艺编织稻草人等手工活动，尚未以结构化课程形式，构成学校育人体系中大单元、大项目、大任务、大问题、少而精的美育单元课程。

（二）案例："校园的水稻"单元设计

1. 单元概述

你见过水稻吗？你种植、管理、观察、收获过水稻吗？水稻就生长在我们的校园，种水稻是我们的劳动生活，与水稻生长相伴的日子让我们更珍惜生命的价值，收获水稻让我们获得丰收的快乐。在满目金黄的水稻田图景中，我们可以认识和理解一位终生与水稻相伴的人。在种植、观察、管理、收获水稻的过程中，你能否用艺术的方式表现水稻主题？能否用某种美术语言塑造水稻造型？能否在表现的水稻主题中寄托自己的某种情感？能否在表现水稻主题的过程中获得思想的升华、精神的提升？

2. 核心观念

（1）中国是水稻的故乡。

（2）中国杂交水稻的成功为减少世界贫困人口做出重大贡献。（人文概念）

（3）河姆渡文化的当代教育传承。（人文概念）

资源素材：最能证明"中国是水稻的故乡"的是浙江余姚的河姆渡遗址，河姆渡人在世界上最早种植水稻。

3. 知识点

河姆渡文化至今约 7000 年历史，遗址位于浙江余姚河姆渡村；河姆渡人居住干栏式房屋，会饲养家畜，普遍使用磨制石器，会挖掘和使用水井等。

4. 关联艺术发生学

人类生存发展的视觉造物活动，造物的艺术论。

5. 学生前测

（1）之前的你是否知道"中国是水稻的故乡"？

（2）你知道或了解河姆渡人的生活状态与创造活动吗？

（3）你有过水稻种植、管理、收获等劳动经历吗？

（4）美术课与种水稻以及小学阶段学习生活有什么关系？

6. 设计讨论

在核心素养本位的美术单元课程与教学中，一个主题单元有若干美术学科知识点，教学需要回归到真实的生活情境中，探寻其蕴含的美术学科核心观念。课程实施过程中，教师引导学生围绕真实情境问题，运用某项美术学科核心观念，在解决问题中实践、操作，以验证这一项美术学科核心观念。每个学科都有核心观念，"水稻"作为多学科交叉的大主题、大单元、大项目、大任务、大问题，由美术学科核心观念进入时，与其他学科建立所有可能的相关联系。在多学科线索联系（联结）过程中，回到"水稻"单元主题核心观念——"中国是水稻的故乡，河姆渡人7000年前最早种植水稻"，提炼出少而重要的观念，彼此建立联系，形成跨学科联结。因而，"校园的水稻"美术单元课程设计，美术学科核心观念的提炼和提升，需要在情境教学、研究性教学、实践性教学、协同性教学中实现。教育即生活，学生通过种水稻、观察水稻、用写生方式记录水稻生长、表现水稻样态、创作水稻主题的美术作品，收获欣喜和快乐。核心素养本位的美术单元课程之重要使命是让全体学生过好每一天的生活。在与水稻相关的活动、表现、展示和具体操作中，学生得以真正理解学校、理解生活、理解生命、理解人类的可持续发展。所以，真正的美术学科知识和技能学习是经由感知、表现、体验、操作与生发创造的产物。

以学科核心观念为本的单元课程，无论是美术学科内还是跨学科单元主题，都是以观点为中心，而不是以美术学科知识覆盖为中心。教学设计最重要的是引导学生针对主题进行概念性理解，重点放在对美术学科本质问题的学习探究上。如，"水稻"主题美术活动，教师要求学生种水稻后，用"观察水稻日记画"方式记录水稻生长情况，形成跨学科联结。学生身心获得劳动、农业科技、美术表现等多方面体验。但是，此活动缺乏部分内容，值得思考的是：学生可以从中建构怎样的价值观？可以获得哪些人文概念和美术学科核心观念呢？教师如何以单元课程主题为引领，润泽学生心灵呢？从美术学科知识技能本位看，通过"观察水稻日记画""定期水稻写生"、用版画方式创作"水稻"主题作品，教师希望学生获得哪些美术学科的概念性理解呢？如，"观察水稻日记画"和"定期水稻写生"作为美术学科性活动，可以让学生达成的概念性理解内容或许是"运用不同线条表达水稻的形状和大小（高度、长势）"。当学生把握这一内容后，思维可发生迁移性理解，从而得到概念性的理解和认识"运用不同线条表达生活世界中物体的形状和大小（高低、空间）"。

核心素养本位的美术单元课程，倡导课程教学设计要从学生的真实生活和全面发展需要出发，从真实生活情境中发现问题，由此转化为探究活动主题，通过思考、观察、探究、再思考、体验、表现制作等方式，培养学生跨学科思维和实践能力。"水稻"主题课程，其根本价值和目标是培养学生面向真实学校生活、面对真实问题时的理解能力、解决能力和实践创造能力，以及直面生活问题的态度和情怀。每个学生在生活中会遇到各种问题，"校园的水稻"这一课程可探究的问题多且融合多学科内容。该课程育人目标，就是引导学生遇到各种问题时，能够直面问题，能够用美术学科知识、科学知识及人文知识解决由种水稻引出的问题，逐渐养成学生的生活理解力和创造力。一般学校教育生活中，学生需要常态面对各类学科课程，但是，大多数由学科课程获得的学科知识，在学生回到自己生活中时会出现脱节现象，也就是学了没有用。学美术究竟为了什么？"校园的水稻"单元课程倒逼教师转变知识观，由之前学科本位转向核心素养目标，"校园的水稻"是生活课程、跨学科课程、发展性课程和实践性课程。它既是一种课程形态，还是一种课程理念，更是一种学习方式。

用版画表现自己种植水稻、观察水稻生长以及水稻丰收的学校生活，是一种美术创作方式。一般美术教师会要求学生掌握"如何创作个性化刻板造型""如何用版画形式印制水稻主题的明信片"等具体的版画表现技能。但是，尚没有引导学生对为什么要进行美术创作这一本质问题展开探究。小学版画表现涉及哪些美术学科知识和技能的概念呢？"独幅主题版画作品的创作方法"，也许可以成为此单元学科核心观念。结构化的学习过程需要以"体验生活—回忆构思—提取主题—视觉瞬间—主题意义—表现内容—创作草图—交流展示—上版准备—刻制表现—印刷成品—作品展览"等小单元方式展开。同时，从"如何用不同的刀法表现水稻主题版画"可引申出一系列围绕版画技能展开的学习。此系列学科性学习专题的概念性理解可以是"不同刀法表达物象形态特殊效果和主题意义（情感、价值）"。结构化学习过程可以是"选择媒材—尝试刀法—视觉判断—确立表达—运用体悟—作品效果—整体评价"等。还如，用写生和水墨表现范式，对水稻生长和收获进行创造性表现，用生活中废旧材料进行自主创造，利用水稻秸秆进行创造性表现，以及在表现"水稻"主题美术创作中表达自己的情感等。

因而，整合思维成为学生在这一大单元课程中对美术学科知识技能问题的心理认知过程，同时，又成为学生由美术视角联结生活、科学、生命、人生发展等议题的主要线索。这意味着，学生思维由美术学科单一视角，或者由种植、收获水稻的劳动教育等即时体验，超越某项学习、某种活动的事实性内容，学生在不同的概念性层面得到了启发引导并"纳入自己的思想"。"校园的水稻"单元课程证明，以往学生通过教师课堂讲解和模仿性训练（临习）获得的美术知识通常会很快淡忘，记忆只是短暂的。学生通过对"水稻"主题整体概念性理解形成的思维和处理相关事实性信息的能力，则会为学生核心素养的形成奠基。从大单元层级看，"中国人最早种植水稻"是一种事实性信息，但是，在之前三所学校各自与水稻相关的劳动教育、美术活动中，学生都没有直接对这事实性信息进行主体思维和论证，也没有上升到基本领悟的水平。从美术学科知识技能视角，"运用不同线条表达水稻的形状和大小（高度、长势）"，同样是一种事实性信息，学生经由对这些事实性信息的过程性体验、探究与理解，可以完成对相关知识（人文知识、美术学科知识）和理解（基本认识）的思维综合。

7. 真实问题情境

重庆两江新区童心小学校园与众不同，现代化校舍楼群中竟然穿插有多处水稻田，种水稻成为学校常态的劳动课程。水稻收获季节到了，秦校长亲自带领全校同学收割水稻，整个校园沸腾了。这一场景被路过学校的央视记者录制下来，并作为专题报道，童心小学成了这座城市的热点。

8. 基本问题

（1）水稻对于人类可持续发展来说真的那么重要吗？（跨学科问题）

（2）种植水稻是人类为了生存需要的不懈探索吗？（跨学科问题）

（3）中国杂交水稻是怎样解决世界贫困人口吃饭问题的？（跨学科问题）

（4）你知道和中国水稻种植研究相关的人物吗？我们最耳熟能详是谁？他和我们有关系吗？他是一个怎样的人？他的生活故事对于美术学习有何启示？（跨学科问题）

（5）河姆渡人是怎样创造和生存发展的？远古的河姆渡人与我们的家乡有哪些关系？除了种植水稻，河姆渡人的创造还有哪些？（跨学科问题）

（6）体验种植水稻的劳动生活给自己带来了什么？（跨学科问题）

（7）如何用美术的方式记录水稻的生长过程？（美术学科问题）

（8）如何用美术的方式深化表达对于水稻的认识和理解？（跨学科问题）

美术学科大观念：为生活而艺术。图像识读、审美判断、美术表现。（视觉感知、

思维判断、动手体验）文化理解。（价值观、必备品格、关键能力）

9. 论证

面对"校园的水稻"单元主题，学生构建个人意义和理解的时候，他们会交互地、反复地运用事实和技能（中国人最早种植水稻、河姆渡人原始遗址考证），并记住相关概念（河姆渡文化）。通过对这些事实性概念的协同思考、探究、体验过程，开发学生潜在思维，激发学生学习热情，生发出学生的主动思考。学生在对有趣的问题提出疑问、进行探讨并最终得出结论或解决问题方案的过程中，以小组合作方式参与到社会意义的建构中，逐步形成具备"主体性、对话性、协同性"的深度学习身心状态。

"校园的水稻"单元课程性质可转为生活探究课程。如，安排学生每周进行美术活动、语文活动、思想品德学习活动以及水稻管理的操作活动。此模式为单元课程整合，把和美术主题相关的领域——品德与社会、科学（自然）、综合实践活动结合起来，让学生们每周至少可以拿出一个时间段进行自主探究。注意，对于"水稻"主题的深度探究，学生们要有自主探究和体验，也就是全方位经历水稻种植、生长管理，以美术的方式记录、展示，创作以"水稻"为主题的美术作品，参与收获水稻的劳动，包括用水稻秸秆进行综合创造等基本过程。对于"水稻"主题整体体验过程的思维活动，教师要引导学生撰写符合核心素养基本要求的探究体验报告，发表自己对"水稻"主题的观点、论据。学生在课外学习后引用的别人的证据等也要清清楚楚地呈现出来，从而得到全方位的教育。

三、单元课程设计内容结构分析

核心素养本位、思维观念探究的课程是立体的。课程内容架构是利用事实性内容和技能，支持能够跨时间、跨文化、跨情境迁移的观念和概念性理解。每一个学科都有一个概念性结构，课程创编者的任务是为核心素养本位的单元课程实施、学生学业评价提供清晰的结构。"校园的水稻"单元课程，从一般常态的劳动教育体验性活动，及以"水稻"为主题的美术表现这种较局限的学科技能层面，引向对人文文化宏大主题的体验、探究、思考、领悟，为学生明确在这个大单元框架中"知道""理解"和"能做"的内容。

讨论：聚焦活动的教学、聚焦灌输的教学以及学生全员参与劳动教育，三种情况都没有恰当地回答指向核心素养目标的有效学习问题。尽管学生们都接触和体验了水稻这一真实物，但是学生并没有形成对"水稻"主题核心观念的"知道"与"理解"，个人意识里并没有达成某个价值观层级上的思维及心理状态，二者之间的差异需要在设计本单元的时候明确呈现。

"中国是水稻的故乡"作为主题核心观念，是本单元课程"为理解而教""为理解而学"的核心。此核心观念既是一个概念，又是主题或问题，它能够使与"水稻"主题关联的多学科事实和技能相互联系并具有特定意义。学生在对这一核心观念进行探究时，首先需要认识和理解水稻对于人类社会可持续发展的历史贡献，要探寻在中国这个水稻的故乡，河姆渡人是怎样生存与创造的。要重新认识一位或许之前知道但从未理解过的终生和水稻相伴的科学家袁隆平。在"校园的水稻"单元课程中，联结问题"和水稻关系密切的人"，从袁隆平的一个生活细节引发学生感悟，使学生理解袁隆平爷爷"妈妈，你放心，我还有小提琴"这句话的情境，启迪学生思考"未来的自己除了年龄长大还有什么"。课程经由学生身心感悟和思维层级的考量，帮助其深化对美术学科知识和技能表现学习的认识，逐步将其引向对"妈妈，你放心，我还有木刻刀！""妈妈，我还有一双灵巧的手！""妈妈，我还有画笔呢！"等终生爱好艺术、与艺术相伴的人生发展目标的理解。（如表1所示）

表1 "校园的水稻"主题大单元、大项目、大任务、大问题

学生应该知道	学生可以理解	学生能够做到
中国是水稻的故乡	最早种植水稻的地方——河姆渡	对原始人种植水稻素材资源进行梳理
河姆渡文化	为了生存需要的视觉造物创造	认识视觉造物的创造性思维，初步知晓造物的艺术论
和水稻关系密切的人	他的事迹与生活	感悟他的人格与精神世界
水稻对于人类可持续发展的重要性	粮食短缺所造成的世界性社会问题	珍惜粮食、热爱生活、参与"水稻"主题社会公益活动
种植水稻以及水稻生长、收获的全过程	学校劳动生活对于自己成长的重要性	全程参加学校水稻种植、生长养护、水稻收获劳动
为生活而艺术	艺术来源于社会生活	在对"水稻"主题的了解、认识、思考、体验、感悟中，尝试用艺术的方式提炼观念
以"水稻"主题单元学习为例，思考：学习美术（艺术）有什么用	"水稻"本身就是文化，置身于水稻主题单元课程，首先是对水稻文化的价值认同	体悟、理解"妈妈，你放心，我还有小提琴"这句话，思考：未来的自己除了年龄长大还有什么

对"校园的水稻"单元课程核心观念的理解，还涉及对何为美术、何为艺术的认识。一般国民对何为美术（艺术）并不明白。如，"这是一帮画画的""搞艺术的"，究竟何为"搞艺术的"？"搞艺术的"是些什么人？探究问题：艺术，究竟对人有何用？"科学救国，艺术救人"——大单元课程如果能够逐步促进学生对这个问题的深入理

解，其核心素养的提升就不是空话。从落实美育目标来讲，"校园的水稻"单元课程设计说明：美术教师是学生整体审美能力提升与发展的设计师。

讨论：评估学生理解美术学科核心素养的程度或水平，是一种目的性更强、更为细致的思维方式。"校园的水稻"单元教学设计并不只是讲到某"观念"，也并不是指定学生应该使用什么样的"技能"，而是帮助学生如何理解"水稻"主题的"核心观念"。具体到线描表现、版画、水墨，以及综合材料等美术学科知识技能层面，大单元课程整体架构，并不只是"水稻"主题和一系列美术学科知识和技能的关键事实、表现技巧的"输入"，而是一张如何实现学生预期自主表现、能力获得"输出"的地图。其间要提供适当的学习内容和评价，使学生更容易获得对核心观念和问题的理解。（如表2所示）

表2　"校园的水稻"主题美术学科基础观念引出学科活动

引导性问题	学生应该知道	学生能够理解
自己种植的水稻刚长出嫩芽时，是什么样的形态	认真观察水稻生长的状态，发现水稻生长初期特征	用线条表现水稻早期生长的形态，并做记录
一天天长大的水稻都是一簇簇聚集在一起的吗	定期写生水稻生长的不同状态，仔细观察叶子的穿插	用线条表现生长中水稻叶子的前后穿插关系
看着自己种植的水稻不断长大，在表现它们时是一种怎样的心情	努力将自己对水稻的情感融入线描表现中	不断思考与尝试运用独特的线条表达自己对水稻的情感
收获时水稻是什么样子？与之前持续表现的水稻形态有何不同	经历了水稻整个生长过程的自己，每次画水稻时都有不同的情感在其中	用线条刻画水稻收获季节的独特形态，并记录自己的感受
怎样用版画语言、形式创作水稻主题的美术作品	思考分析版画表现语言，选择恰当的方法进行表现	版画的不同刀法能够表达不同主题蕴含的意义和情感
以水稻为主题的版画创作与以往的美术表现有哪些不同	认真观赏自己和小伙伴水稻主题的版画作品，发表自己的看法	分享自己和他人水稻主题的版画作品，做出自评和互评
如何用水墨语言表现水稻主题相关的内容	思考、分析、研究水墨表现语言，如何表现水稻主题内容更为恰当	不同水分、墨色变化等构成的表现语言，在水稻主题内容创作中的运用
尝试运用更多的美术表现语言、形式、方法，创作水稻主题的美术作品	包括身边多种废弃物在内的媒材，都可以用于创作水稻主题的美术作品	使用废旧纸箱、纸板、报纸等相关材料，制作水稻主题的美术作品
尝试运用水稻秸秆等材质进行创造表现	收获水稻后其秸秆的插接、编织、组合造型	运用水稻收获后的秸秆、稻田里泥土等进行综合创作

讨论："校园的水稻"美术单元课程告诉我们，教育就在学生的日常生活中。参加学校水稻种植、生长管理、写生记录、收获水稻以及创作水稻主题的美术作品，都是为了更好地生活。学生参与种植水稻劳动本身，就是一种创造活动，因为孩子们之前

从未认识和了解水稻，也从未操作实践过水稻种植、管理等系列工作，参与本身就是创造。不断地参与实践性创造活动，其宗旨是创造和深化理解。这不仅仅是对水稻这一植物本身的理解，也不仅仅是对如何画水稻、表现水稻主题的理解，而是对人类生存发展的理解，是对社会当下、对未来世界的理解。在整体理解中，多种学科知识的学习都成为做中学的课程形态，学生在应用中学，在实践创造中学，由此达到更深刻的理解，这就是走向理解的美术单元课程。在"校园的水稻"单元课程系列活动中，每一个孩子都能够拥有强健的身体，每一个孩子都能享受实践创造的欢乐，每一个孩子都有发表独立思想的机会和坚持（保留）自己观点的尊严，每一个孩子都能够生发出自己的创想并分享给同伴，每一个孩子都能够接受、尊重他人的想法，并能够与小伙伴协同思考和协作做事，课程散发出人性的光辉。(如表 3 所示)

表 3　单元课程问题设计

基本问题（跨学科）	引导性问题	小问题	问题串（水稻管理）
水稻对于人类的可持续发展来说真的那么重要吗	种植水稻是人类为了生存需要的不懈探索吗	校园种水稻有何意义？是否意味着长大后我们要当农民	每天在校园中看到不同生长阶段稻田图景有什么感受？发现过什么
中国杂交水稻是怎样解决世界贫困人口吃饭问题的	你知道和中国水稻种植研究相关的人物吗？我们最耳熟能详的是谁？你了解他的生活和事迹吗	他是一个怎样的人？他的生活故事对于美术学习来说有什么启示	水稻种植、生长观察、管理以及收获过程心情是怎样的
小学校园里为什么要种水稻？种水稻与美术课学习究竟有什么关系	种水稻、观察水稻、画水稻、收获水稻时曾想到什么	怎样理解"妈妈，你放心，我还有小提琴"这句话	种植水稻、管理、收获水稻的劳动生活感觉累吗

总之，核心素养本位的美术单元课程，是为了达到理想目标（学生获得核心素养以及美术学科核心素养）所设置的特定"运行路线"。核心素养本位的"校园的水稻"美术单元课程，不是传统的活动项目指南，也并非仅仅是学校组织学生收获水稻的全员劳动教育专项体验，它超越了策划的主题和材料，明确提出为达成学生的核心素养以及美术学科核心素养的目标，是能够普适应用的感知体验、学习任务、跨学科理解、能力迁移和整体评价。它以美育融合方式，引领学生从一般主题的美术活动、从全员劳动教育体验中超越，使常识性、知识性层次的教育走向智慧性、精神性（价值观）层次的教育，达成"五育"并举成效。换句话说，好的大单元课程，不只是对美术学科学习内容和现行学校里普及劳动教育的覆盖，而是根据学生如何获得预期身心成长效果（对核心素养、美术学科核心理解程度、达成何种水平）来设计的。

持续推进初中化学学业评价 为减负增效赋能

杨剑春[①]

摘 要

推进初中化学学业评价,提高化学教学效率是"双减"的有效途径之一。梳理化学学业评价与区域教学质量监控的关系,形成以素养为导向的初中化学学业评价体系的实施模型,并确立初中化学学业评价实施策略和方法。体现大概念统领的化学课程内容体系与大数据支持下质量监控的协同调节作用,为教师进行基于化学课程核心素养的教学和评价提供更为明确的指南。

关 键 词

化学学业评价 核心素养 目标 实践模型 评价实施策略

2021年5月21日中央全面深化改革委员会第十九次会议明确指出,减轻学生负担,根本之策在于全面提高学校教学质量,做到应教尽教,强化学校教育的主阵地作用。如何进一步强化学校教育主阵地作用,提升学校教育教学质量?笔者认为,有效途径之一是以评价为抓手,提高教学效率,努力实现科学育人,落实立德树人的根本

---

① 杨剑春,南京市教学研究室信息中心主任,化学教研员,南京师范大学兼职教授,博士生导师。中学正高级教师,二级教授,江苏省特级教师,江苏省有突出贡献的中青年专家。

任务。在初中化学教学中，持续推进初中化学学业评价，促进初中化学课程提质增效，从而切实减轻义务教育阶段学生的学业负担，为减负赋能。

一、解决目标困惑，发挥学业评价的引领作用

当前教学中，教师最大的困惑就是教学的尺度如何掌握，达到课程标准要求的路径有哪些，如何应对学情对教学带来的影响等。要解决这些问题，需要从教学目标、教学内容的整合、教与学方式的协同改革、评价创新等方面积极探索有效路径。

随着新课程不断步入新阶段，学业评价对教学的过程、内容、形式产生的导向和质量监控作用更为明显。新课程的评价强调：评价功能从注重甄别与选拔转向激励、反馈与调整，评价内容从过分注重学业成绩转向注重多方面发展的潜能，评价技术从过分强调量化转向更加重视质的分析，评价的角度从终结性转向过程性、发展性，更加关注学生的个体差异[1]。学校和教师对学业评价的理解和使用程度，直接决定了教学的效能。大多数一线教师只将课程标准作为教学的基本依据，还没有将其用作对学生的评价。可以说，学习和研究学业评价，在教学中尝试实践评价的功能、目标体系、方式方法等，可以进一步解决教学中的实际问题，对实现课程目标、促进学生的全面发展具有重要的作用。

初中化学学业评价标准，是经过一定阶段的学习后，对学生应该知道什么和能够做什么的具体描述，是相对于某阶段学生掌握知识和技能技巧、形成化学观念和相关能力、获得相应情感体验和价值立场所提出的要求[2]。化学学科是以实验为基础的自然科学，不仅要重视终结性评价，而且要将评价贯穿于日常的教育教学活动中，发挥评价的教育功能，突出学生发展和变化的过程，培养学生的化学课程学科素养。

初中化学学业评价过程中的重要控制点是评价要点、评价指标和评价样例[3]。评价要点是指在大概念统领下，对义务教育化学课程标准要求的内容结构中的学习主题进行重整后确定的教学要点。新课程主张的以大概念统领、核心素养为导向的内容结构，更有利于帮助教师在实际教学和评价中抓住重点，明确各阶段的目标，把握教学内容的深度和广度。评价指标是指在完成本学习主题内容后，从目标领域对学生期望

---

[1] 宋清涛. 我国小学科学教育中学生学业成就的改革研究 [D]. 南京：南京师范大学，2003.
[2] 陆建源，杨剑春. 初中化学学业评价的实施策略初探 [J]. 化学教学，2019 (5)：39—44.
[3] 杨剑春. 江苏省中小学教研第九期重点课题 "新课程化学学业评价标准的开发与区域教学质量监控的研究" 开题报告 [Z]. 2012.

获得的学业成就进行描述的指标。评价样例是指对某个发展指标的评价样式，如可以给出一个评价方法的具体示例，展示一些学生完成的样品，分别对其给予赋分，形成相应的评价样本，评价样本可以是表现性评价的样本，也可以是纸笔测试的样本。

如初中化学教学中，溶解度的教学内容是教学的重点和难点，其评价要点如表1所示。

表1　溶解度评价要点

教学目标	溶解度
基本要求	（1）了解饱和溶液的含义，能说出饱和溶液和不饱和溶液相互转化的方法 （2）了解溶解度的含义，初步学习绘制和分析溶解度曲线，体验数据处理的过程，学习溶解度表和溶解度曲线两种数据处理的方法 （3）知道气体的溶解度及其影响因素 （4）能举例说明结晶现象 （5）了解溶解度的相关知识在生产、生活中的重要意义
弹性要求	（1）能根据所给数据，计算有关固体物质的溶解度 （2）能进行常见晶体如白糖晶体等的制取 （3）通过对溶解度的学习，能从定量的角度加深对溶液的认识，感受定量研究的重要性 （4）感受结构与性质的关系，体验科学方法的重要性
发展要求	（1）能区分溶解度和溶解性之间的关系 （2）能依据溶解度曲线，判断从溶液中得到溶质晶体的方法 （3）能知道饱和溶液中溶质与溶剂的质量存在定比关系 （4）能根据某温度下某物质的溶解度，计算该温度下该物质饱和溶液中溶质和溶液的质量比 （5）通过对溶解度的学习，能从定量的角度加深对溶液的认识，感受定量研究的重要性 （6）能应用所学知识解释和解决日常生活中与溶解度有关的实际问题，初步感受化学的社会价值
不宜拓展	有关气体溶解度的计算

评价要点是化学教学时落实化学课程目标，引导学生达成义务教育化学学业质量标准的重要环节。将课程标准中所要求的课程目标细化分解为化学课堂教学目标，而且给出不同的教学要求，解决了因材施教和大单元备课的教学目标问题，也是实现新颁布的《义务教育化学课程标准》中要求的学业质量水平分类的主要参考依据。在当前的初中化学教学中，还存在着一种值得关注的现象：某些教师将高中化学的部分内容下放到初中化学课堂上讲授，虽增加了知识容量，但忽视了科学思维的含量。这不仅增加了学生的学业负担，不能有效提高学生的学业成绩，而且不能很好地培养学生的关键能力。此外，各校的师资水平、生源状况、学校文化、教学资源、绩效期待也不尽相同。据此，教学要求从三个不同层次，提出了教学目标的基本要求、弹性要求和发展要求，并给出了不宜拓展的内容建议，具体定位如下：

基本要求：全体学生应在本课题学习时达成。

弹性要求：有条件的学生可在本课题中延伸。

发展要求：全体学生可在学完人教版义务教育教科书《化学》时达到。

不宜拓展：初中学习阶段不宜在课堂上进行拓展。

义务教育化学课程以促进学生适应未来终身发展所需要的核心素养的发展为导向。学生核心素养的发展是一个不断进步的过程，因此，教师应结合学生的已有经验和认知特点，深刻领会核心素养的内涵，依据义务教育化学课程目标、内容标准、学业要求和学业质量标准，基于大概念的建构设计和实施单元整体教学，统筹规划和设计学习主题、单元和课时的教学目标。基本要求和弹性要求适合在制定课时教学目标时作为参考，而发展要求则更适合在设计学习主题或单元备课时借鉴。

为了教师更方便地在教学中解决目标的困惑，实现因材施教，我们在分析总结南京市初中化学学业评价标准实践研究的基础上，根据化学课程标准和人教版教材编写了《初中化学教学建议》。该书按人教版教材单元、课题编写，设有教学要求、教学建议、学段衔接三个栏目，对教学要求设置了基本要求、弹性要求、发展要求、不宜拓展四个层次，对帮助初中化学老师根据学情制订化学课堂教学目标具有很好的指导和借鉴作用。从"目标与定位、重难点及其突破、内容与整合、教学过程中应注意的问题"四个方面提出了具体的课堂教学建议，还提供了实际教学案例片段，更具有针对性和可操作性。"学段衔接"内容帮助初中化学教师了解初中化学知识的延伸与拓展，把握学科知识的科学性和阶段性，以利于引导学生从初中化学的启蒙阶段到高中学习的自然过渡。该书的研究从学生学习及评价的角度对学生应该知道什么和能够做什么进行具体描述；该书的研究将相关目标解析为学生达成"三维目标"的具体要求，提升教学过程中实施义务教育化学课程标准的可操作性和示范性。

二、解决教与学的对接，形成化学学业评价体系的实践模型

义务教育化学学业评价是化学教育评价系统的核心部分，化学课程核心素养是学科核心素养在化学课程中的具体体现，反映了社会主义核心价值观下化学课程育人的基本要求。做好核心素养落地的"临门一脚"，就必须将化学学业评价标准的实施与发展学科核心素养相结合，进一步增强对化学课程核心素养的理解和应用，实现化学课堂"教—学—评"相互作用的能量"跃迁"，并转化为完成学科育人的动力。

2003年起南京市实行新课改，我们以出现的一系列教学与管理的困惑为研究对象，特别是学业评价如何落实等问题，以南京大学方成院士带领的基础教育调查与咨询活动、南京市全体初中教师连续四年的基本能力测试和数据分析、南京市中考质量

分析以及教师和学生的问卷调查、教学视导等为基础，研究了国内外相关工作的背景资料和意义，进行了化学教与学协同改革的系列研究。根据控制原理和教学系统论、学习论、测量理论，重新认识并梳理学业评价与区域教学质量监控的关系，形成了以素养为导向的初中化学学业评价体系的实施模型，解决教与学的对接问题。（如图1所示）

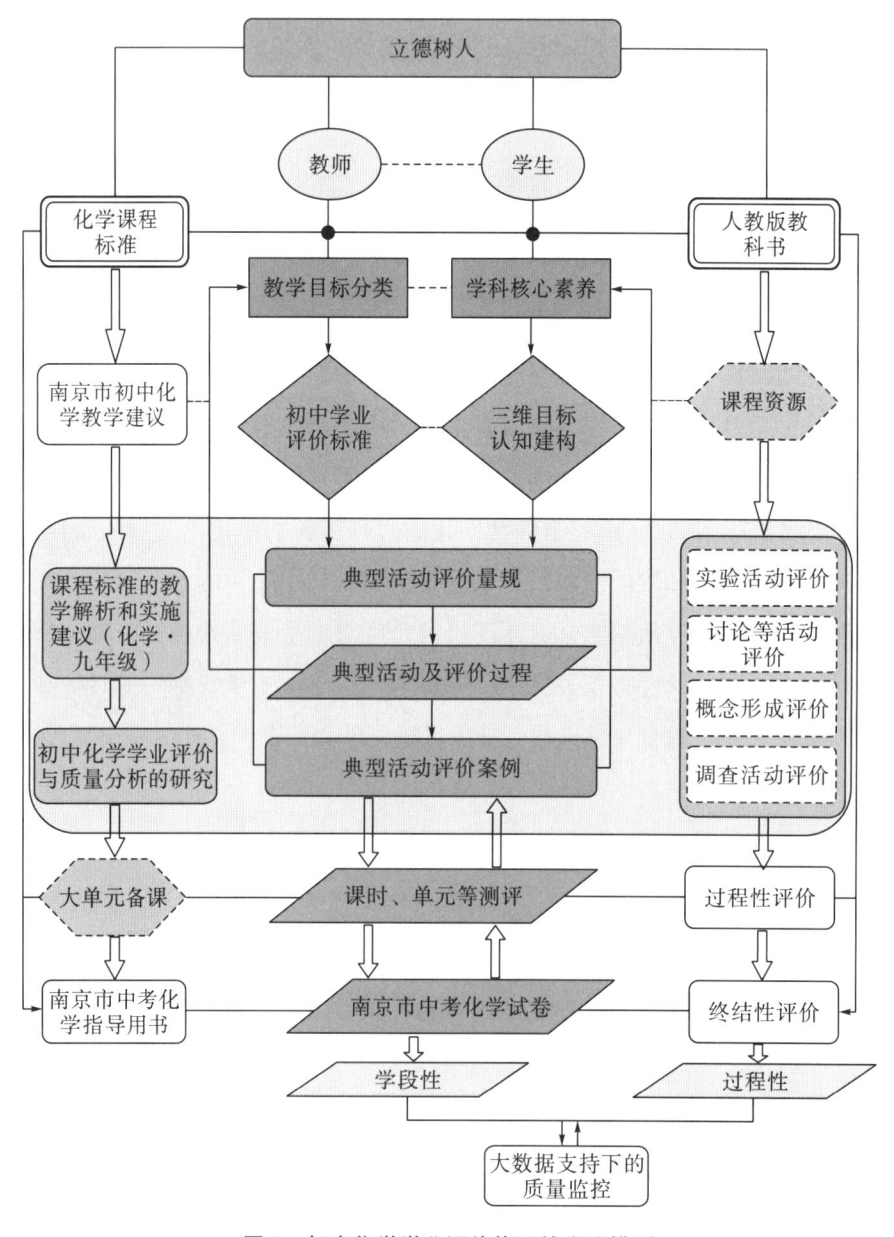

图1 初中化学学业评价体系的实践模型

该体系以义务教育阶段学生化学学业评价为研究对象，根据课程标准进行了教学目标与学业评价标准的对接；以提高学生科学素养为主旨，从学习过程的活动表现性评价、九年义务教育若干阶段的检测性评价和九年义务教育阶段终结性评价三个层面，分别以化学课堂内、外活动评价量规的开发与实践，建立以素养为导向的教师与学生互为主导、相互配合、相互促进、共同发展的操作体系，并以此作为指导教师教学与评价活动的依据。

（1）纵向：落实立德树人根本任务，以化学教学系统论中的媒体要素和时空要素为依据，中间主干部分确立了量化和质性相结合的初中化学学业评价与化学教学质量监控相结合的实践路径；右路主要体现教科书、教学资源建设及教学活动中具体的行为方式；左路主要以课标为统领，为实现主干和右路的实践活动提供保障性的研究文献，为将学业评价标准的落实与反馈系统、大数据支持下的质量监控相结合提供理论与实践的支撑。

（2）横向：第一层次部分在落实立德树人根本任务背景下，将基于问题式学习与基于课程标准的评价有机结合，对义务教育化学课程标准中的所有内容，按照二级主题进行了解读，包含学业评价标准、教师教学要求的阶段分级要求、教学目标的确定、教学内容的整合等，对每一内容从四个方面展开评价研究。根据人教版教科书进行了资源建设，为教师将设计、教学、评价一体化提供了指南。第二层次部分为教学实践，特别是教学过程中的表现性评价，主张评价活动形式以实验活动评价、讨论活动评价、概念形成评价、调查活动评价等形式分类，并开发了相应的评价量规与评价样例，精心研究和积累了典型活动评价案例，为考试评价提供相对准确的参考依据。第三层次部分在基于大单元备课的基础上提出了初中化学学业评价与教学的策略和方法，系统制订了单元等阶段测试要求、南京市初中化学学业水平测试的要求和实施建议，重点解决课时测评、单元测评等阶段性纸笔测试与阶段过程性评价的协同、南京市初中化学学业水平测试与质量监控的协同，体现大概念统领的化学课程内容体系与大数据支持下质量监控的协同调节作用，将学业评价标准的落实与反馈系统、大数据支持下的质量监控相结合。建立了初中化学学习过程性评价、阶段性评价和终结性评价相互促进的操作体系，将数据建模与实施系统关联，并努力体现现代教育评价基本理念的实施策略，促进"互联网＋教育"背景下的现代化教育手段在中学教育与管理中的探究和提升。

（3）特点：初中化学学业评价体系的特点是改善了教师化学教学中的学业评价问题，提高了学业评价的信度和效度，充分发挥了评价的育人功能。如教师可以通过细化化学学科目标，认识每一主题的素养功能和价值，厘清大概念下的关键概念，以便在实施过程中落实达到目标的策略和方法;教师可以选择并设计评价工具和评价方法,进行教与学的协同改革,运用促进学生发展的评价体系和多元、综合的评价内容与标准进行活动设计、作业改革等;以"学生学什么?怎么学?学得怎样?如何学得更好?"的目标思考框架为基础,在表现性评价的实施过程中进一步突出素养水平,促使学生完成一些复杂的学习任务,发挥无穷的想象力,建立充满生命活力的课堂。促进日常教学评价向更加科学、准确、有效的方向发展。

实践证明,通过实施推进,市区教研部门及教师能从评价的视角,站在课程的高度和学科核心素养培育的视角,以评价为抓手对教学要求和教学任务的行为进行系统设计,将质性评价与量化评价有机结合。

三、增强推进的力度,确立初中化学学业评价实施策略和方法

初中化学学业评价体系的形成不是一蹴而就的。客观地讲,要打破一线教师多年的教学惯性,需要付出加倍的努力,优化实施方案,建构初中化学学业评价实施策略。

评价实施策略是依据评价标准确立的量化和质性相结合的初中化学学业评价实施方法和对评价学生是否达到各目标所用实施方法的建议。具体来说就是在一定的教学情境中为了实现某一教学目标,预先根据教学目标自身特点或可能出现的问题制订的若干对应的方案,以一定的教学理论为指导,以最优化的方案来完成教学目标和适应学情的需要,并能通过选择恰当的教学技术达到教学目标的教学措施和程序的组合。在完成教学目标的过程中,能根据突然出现的未预设到的学情来制订或选择新的行动方案,最终达成目标[1]。

学科育人真正落实的关键是育人过程中多元主体的参与,评价只有切实落实在化学教学全过程中,才能真正转化为教师和学生等评价主体的内驱力,发挥出导向作用、诊断作用、反馈作用、改进作用和激励作用。经过研究,确立了以下主要的评价实施策略和实施方法:

(一)确立以大数据分析为导向的学业质量评价实施策略和方法

质量管理的核心是提高管理的质量,立足科学的理论指导和数据建模,追求理性与人文相结合的管理方式。南京市教研室信息中心完善了信息员例会制度和激励机制,

---

[1] 杨剑春,等. 初中化学学业评价与教学策略[M]. 南京:南京师范大学出版社,2016:2-3.

保障了市区两级质量监控系统有效运行。有了丰富的教育大数据的支撑，教研员、校长、主任、教师可以根据自己的权限，时刻关注和了解常态教学的精准性，并基于数据的客观分析，进行教学行为和学习成就的诊断，引导教师自主改善教学方式，减轻学生负担。

（二）确立以多元评价为导向的课堂评价实施策略和方法

评价主体是多元的，包括教师、学生、家长、同伴等。伴随着良好的教学环境，在形成的多方共育的学习和评价共同体中，一定要发挥学生自主评价和学生互评、教师评价相结合的作用，倡导"自主合作、及时反馈、互助矫正、关注个体"的教学主张。在教学目标指引下用心设置预习内容，培养学生自学的能力；精心设置情境，让学生感受学科价值；用心设计问题台阶，培养学生科学思维的能力；创新活动设计，培养学生自主探究的能力[①]；革新作业管理，激发学生自主行动的意识；改善对话行为方式，及时反馈指导，发挥多元评价的激励功能。

（三）确立以因材施教为导向的发展性评价实施策略和方法

新课程倡导发展性化学教学评价，提出了加强考查学生的价值立场、思维能力、创新意识、动手能力及问题解决能力[②]。实施积极的发展性化学学业评价策略，从"以学定标、分层评价""丰富课程、多元评价""助学课堂、发展评价"等方面促进学生发展，使所有学生都能享受到学业成功的喜悦感和成就感。

（四）确立以"互联网＋学习评价"为导向的评价实施策略和方法

"互联网＋教育"作为一种新型的教育场域，对教学环境、内容、途径、形式以及评价都起到了积极的作用。运用信息技术与化学教学的深度融合实施学业评价，将评价与矫正的即时性、准确性、拓展性提到一个新高度，对于提高评价的信度和效度、促进教与学的变革、创新化学学业评价方式都有重大意义。如建立学生电子档案袋、班级学习 Blog 圈，建立师生 QQ 群、微信群，构建网络教学平台和学习平台，初步探索增值评价和综合评价，增强了师生的反思能力和评价能力，促进了教育的均衡发展。

---

① 杨剑春，陆建源. 江苏省中小学教研第十期重点课题"九年级化学学业评价标准的实施策略研究"开题报告［Z］. 2014.

② 陆建源，杨剑春. 初中化学学业评价的实施策略初探［J］. 化学教学，2019（5）：39-44.

(五)确立以核心素养为导向的学业评价目标在纸笔测试中的实施策略和方法

新课程强调科学制订评价目标,评价目标应该坚持正确的政治方向,以化学课程核心素养为导向,落实立德树人根本任务[①]。纸笔测试是初中化学教学中的重要测试方式,根据评价目标要求与学业质量和学业要求相一致的原则,将课程标准中的内容结构进行了分解与重整,制订了以核心素养为导向的大单元视域下的不同阶段(课时、单元、阶段)的评价目标,依据评价目标的分级要求制订纸笔评价的多维双向细目表,并以此来命题。

对试题的认识,是践行学业评价标准、实现减负增效的生命线,为了提高教师的命题能力,提供了一定量的评价样题(从评价目标、评价内容、命题意图、材料来源、预估难度、试题和参考答案、讲评与矫正七个维度出发,对其进行放样与评述)和纸笔测试卷的评价分析(如某课堂内容前测试题和后测试题、课堂教学质量测评样卷的编制和数据分析、单元教学质量测评样卷的编制和数据分析、阶段教学质量测评样卷的编制和数据分析);设计了单元质量测评题型细目表,使教师在设计练习题对学生进行评价时,更加科学、全面、准确地体现课程标准的目标导向。针对义务教育阶段终结性评价,采用科学的分析统计方法,对中考试题的试卷结构、试题特点、内容维度和难度维度、核心素养的维度,进行了基于大数据的分析与论述,提出了具体的教学建议。力求评价的方式多样化、评价的主体多元化,更多地提供反馈信息,以促进教师教学活动和学生学习活动的改进,为树立科学评价观,充分发挥试题评价的育人功能提供素材。

(六)确立以行动研究为导向的评价标准在教师课堂教学中的实施策略和方法

在专家引领、行动研究的教研方式指导下,开展市区级课例研修,指导备课组开展课堂教学实践;以课堂观察、同课异构等进行基于问题的培训,释疑解惑,教学相长,树立样板,以点促面;在南京市教研活动中及金陵微校开出研究课、示范课,进行点评剖析,对标讲解;采用现场会、沙龙、访谈等形式,总结化学学业评价在课堂教学中实施的有效方法并进行推广;制订了不同课型的课堂教学评价标准,强调提高课堂教学效率的重要作用;通过教学研究的市区校三级联动机制,促使学业评价更好地落实,促进了教师和化学教研员的快速成长。

---

① 中华人民共和国教育部. 义务教育化学课程标准(2022年版)[S]. 北京:北京师范大学出版社,2022:45.

四、持续推进初中化学学业评价实践研究的思考

初中化学学业评价实践研究，强化了传统化学教学系统论中的过程控制，建立了现代的多元评价的调节系统，可以进一步促进教育均衡，使大多数教师尽快地将教学目标与学业评价标准关联，初步解决实际教学中目标虚化、内容泛化、过程形式化和评价简单化等问题。如学业评价能够进入课堂学习过程，学生的合作参与、自主发展将得到进一步关注，为学生自主评价能力和创新能力的提升创造空间；新媒体技术得到提倡，可以更好地基于证据诊断学生核心素养的发展水平，更加重视培养学生必备品格及关键能力；建立初中化学学习过程性评价、阶段性评价和终结性评价相互促进的操作体系，将数据建模与实施系统关联，初步探索学业评价的实践价值；通过初中化学学业评价的研究，提高教研员和学校管理者的研究与管理能力，教研活动可以采用线上线下联合研讨、实时互动的形式，丰富教研形式，形成项目研究、教研活动、课堂教学、活动课程、校本教研一体化联动机制，创建具有南京市初中化学特色的教研文化。拍摄的人教版教材同步授课、名师答疑、活动课程、化学实验等资源上传到各区教研网站，精品资源达一万多条，基本覆盖所有初中化学课程的教学要求，为教师的教学研究和学生的自主学习提供了保障，产生了极好的社会影响。

经过初中化学学业评价的实践研究，南京市初中化学教师的化学基本观念、化学思维能力、教学设计能力、命题技术、信息技术与化学教学的融合能力等普遍提升，学生的能力也发生了可喜的变化。（如图 2 所示）2021 年进行的问卷调查也进一步验证了此结论。

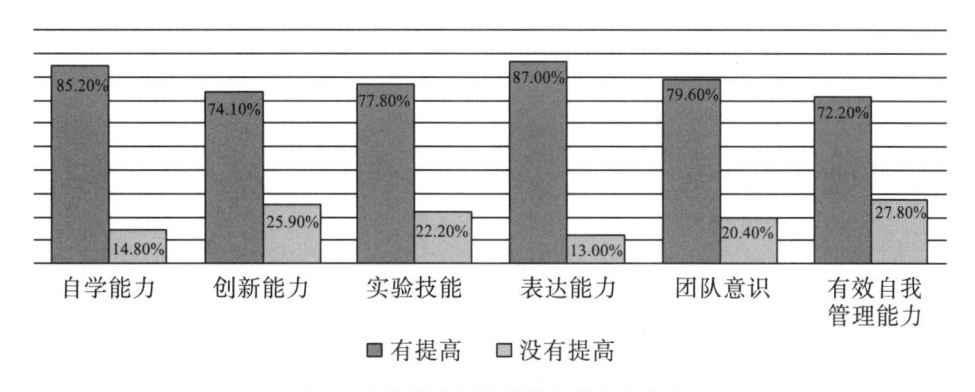

能力	有提高	没有提高
自学能力	85.20%	14.80%
创新能力	74.10%	25.90%
实验技能	77.80%	22.20%
表达能力	87.00%	13.00%
团队意识	79.60%	20.40%
有效自我管理能力	72.20%	27.80%

图 2　实施学业评价后学生能力的变化

持续推进初中化学学业评价，可以进一步提高教学质量，也可以进一步优化新课

标提出的学业质量标准的实施过程。进行化学学业评价和质量监控研究，就是教师自主进行课程改革的一个重要环节。在即将进入新一轮新课程实践的节点，还可以关注和研究以下几点：

1. 进一步增强教师对化学课程核心素养的理解

义务教育化学课程核心素养包括化学观念、科学思维、探究实践和科学态度与责任四个方面，是相互联系的有机整体。化学课程的核心素养是三维目标的整合与提升，而且标志着原点更加明晰，反映了化学学科素养在初中学段化学课程的育人价值和育人功能。初中化学教师要在学科核心素养和三维目标体系中用心体会，不断反思，敢于实践。

2. 进一步确立目标导向的作业管理改革

作业管理改革在"双减"工作中起到利教利学的作用，这不仅仅是作业量减少的问题，根本在于在目标导向下进行学习任务的重整，包括纸笔测试和表现性评价。在作业改革中，要进一步审视各阶段的教学目标，审视教学要求和学业评价标准，将教学要求和学业评价目标转化成学习目标，进行课时目标和单元目标的衔接、教学任务和学习任务的对接等，并及时反馈、精准矫正。只有将教与学的关系调整到位，才能建立高效的作业体系，达到减轻学生负担的目的。

3. 高度关注"互联网+教育"时代学业评价与质量监控的研究

《2020年中国基础教育年度报告》提出，在线教学要由新技术走向新形态，线上与线下教育融合在疫情防控常态化时期及疫情后也应有所体现，甚至得到更大发展。反思前期的研究和教学现状，推进"互联网+教育"背景下九年级化学学业评价与教学质量监控，应该更好地进行评价手段、评价激励、数据建模和推进策略等研究，以期进一步整合线上线下教学评价作用，达到更新教学方式、创新学习方式、发展学生能力和情志、使教学和管理更加精准有效的目的。进一步加强中学信息技术与教学管理的深度融合，为新常态中促进学生全面发展、健康成长做出贡献。

目前，为落实"双减"工作，各级各部门都出台了行之有效的政策和措施，而从初中化学学科教学来讲，持续推进初中化学学业评价可以进一步强化目标意识，解决教师怎样教、为什么教、教到什么程度的困惑，提高教学设计的站位，为减负增效赋能。进一步加强初中化学学业评价的研究，努力实现以评价促进教学方式的改革、以评价促进学习方式的变革、以评价聚焦学科育人方式的发展研究，达到学科育人的目的，最终落实立德树人根本任务。

教师与学校

Research on Basic Education and Teacher's Development

百年来中国共产党领导教师队伍建设的逻辑与经验[①]

李 琼[②] 王松丽[③] 林怡文[④]

摘 要

百年来中国共产党领导我国中小学教师队伍建设历程,从理论逻辑来看,体现在马克思主义教育思想、毛泽东教育思想和中国特色社会主义教育思想的理论基础以及中国传统教育思想的文化根基中。从历史逻辑来看,我国教师队伍建设经历了大众化发展、恢复性建设、规范化发展、高质量推进四个阶段。从实践逻辑看,我国教师队伍建设在师德建设、专业培训、管理体制、地位待遇以及乡村教师发展等方面取得了创新成就。百年来党领导教师队伍建设的基本经验包括:坚持党对教师队伍建设的全面领导,把教师队伍建设置于教育事业发展的重要战略地位;落实立德树人根本任务,全面促进以师德为首的教师专业素质提升;坚持深化综合改革,不断推进教师治理体系和能力现代化;坚持以人民为中心的思想,扎根本土建构中国特色教师队伍建设模式。

[①] 本研究系教育部人文社会科学重点研究基地重大项目"中国教师教育质量的评价体系研究"(项目编号:19JJD880001)与"中国教师教育质量的基本理论研究"(项目编号:19JJD880002)阶段性研究成果。

[②] 李琼,北京师范大学教师教育研究中心教授,博士生导师,青海师范大学高原科学与可持续发展研究院特聘教授。

[③] 王松丽,北京师范大学教师教育研究中心博士生,本文通讯作者。

[④] 林怡文,北京师范大学教师教育研究中心硕士。

关 键 词

教师队伍建设　理论逻辑　历史逻辑　实践逻辑　基本经验

教师是立教之本、兴教之源,是教育事业发展的中坚力量。努力造就一支师德高尚、业务精湛的高素质专业化创新型教师队伍,是办好人民满意教育的关键,是建设社会主义现代化强国的重要支撑。中国共产党历来高度重视教师队伍建设工作。百年来中国共产党在先进思想引领下,带领中小学教师队伍从弱到强,到如今建设成为世界上最大规模的教师队伍体系,取得了伟大成就,也为世界教育发展贡献了本国经验和特色。下文从理论逻辑、历史逻辑和实践逻辑三个方面梳理分析百年来中国共产党领导我国教师队伍建设的逻辑与基本经验,以此更好地推动我国新时代教育事业走向高质量发展。

一、理论逻辑

百年来,中国共产党领导我国教师队伍建设的理论逻辑根植于马克思主义教育思想、毛泽东教育思想和中国特色社会主义教育思想,以及中国传统教育思想的文化根基中,并在不同时代背景下不断地进行理论深化和文化沉淀,对教师的地位、作用、要求不断赋予新的理论蕴意,对高质量教师队伍建设与教育事业发展有着重要指导意义。

(一)马克思主义教育思想

马克思主义教育思想的核心内容之一为"社会关系决定教育的性质和作用",认为教育是一种社会现象,其性质是由占统治地位的社会关系决定的[1]。因此,无产阶级对于实现人的自由发展的价值追求决定了教育是培养全面发展的人的手段。这一核心思想则决定了对教师的作用、地位、要求的认识。首先,教师对物质文明和精神文明的建设起到推动作用。从经济价值的角度出发,国民教育领域内的劳动虽然不直接创

---

[1] 马克思,恩格斯. 马克思恩格斯关于教育的论述[M]. 北京:中国环境科学出版社,2005:13.

造产品,但是能够促进人们积极参加社会生产并为生产创造条件[1]。从精神文明价值的角度出发,教师起到推动"启发人们思想"[2]的作用,促进人的全面发展。作为一种培养人的劳动,教师劳动属于精神领域的生产劳动,能够创造一定价值[3];教师劳动在精神文明建设中的作用还体现为在革命中传播革命理论,在革命后进行社会主义建设。其次,在马克思主义视域下,教师的阶层身份在经济、政治、意识形态等方面具有多重属性[4]。在经济维度上,教师的劳动性质使其具有工人阶级的属性,但其在资本的增值方面起到的作用又使其不属于工人阶级;同时,教师也受到一定的压迫,属于"学者阶级中的无产者"[5],提高教师的物质生活条件是"最最重要的"[6]。在政治维度上,教师服务于国家,通过学校教育体现政治功能。因此,其政治阶级地位取决于教师实际从事的技术工作所服务的阶级。在意识形态方面,教师为统治阶级传递与控制意识形态。最后,马克思主义教育思想中对教育的功能、教师的地位和作用的认识,决定着其对教师的要求。第一,教师对物质和精神文明的创造作用要求"教育者本人一定是受教育的"[7]。第二,教师队伍要"具有共产主义思想""贯彻党的精神"[8]。

(二)毛泽东教育思想

毛泽东结合中国实际与时代背景,继承并发展了马克思主义理论。毛泽东思想是马克思主义中国化的第一次飞跃性的成果,主要包括新民主主义理论和社会主义理论两个部分。新民主主义主张"中国应当建立自己的民族的、科学的、人民大众的新文化和新教育"[9]。新民主主义教育思想主张"教育为促使社会进化之工具"[10],强调教育必须为无产阶级政治服务,继承了马克思主义对教育同劳动相结合的主张。关于教师

---

[1] 马克思,恩格斯. 马克思恩格斯关于教育的论述[M]. 北京:中国环境科学出版社,2005:13,15,49.
[2] 列宁. 列宁全集:第四卷[M]. 北京:人民出版社,2012:306.
[3] 孟范昆. 教师的劳动是创造价值的生产性劳动[J]. 理论学刊,2002(4):81-82.
[4] 马永全. 西方马克思主义视域下教师的阶级身份:识别与升迁路径——基于哈利斯《教师与阶级:马克思主义分析》[J]. 比较教育研究,2014,36(10):26-29,42.
[5] 马克思,恩格斯. 马克思恩格斯选集:第一卷[M]. 北京:人民出版社,1972:475.
[6] 斯大林. 斯大林选集:第十三卷[M]. 北京:人民出版社,2012:764.
[7] 马克思,恩格斯. 马克思恩格斯选集:第一卷[M]. 北京:人民出版社,1972:747.
[8] 列宁. 列宁选集:第三卷[M]. 北京:人民出版社,1972:747.
[9] 中共中央文献研究室,中央档案馆. 建党以来重要文献选编:一九二一——一九四九:(第二十二册)[M]. 北京:中央文献出版社,2011:178.
[10] 毛泽东. 湘潭教育促进会宣言[J]. 湖南党史通讯,1985(7):25.

的作用，主要体现在使用教育的方法来促进社会的进步①。关于教师的地位，毛泽东教育思想认为应当把为人民服务的知识分子视作"国家和社会的宝贵的财富"②，从整体上体现了教师崇高的社会地位。关于对教师的要求，新民主主义教育思想要求教师的"思想必日有进化"③，从而能够更好地运用教育原理和方法来促进社会进步。教师要坚持党的领导，并坚持劳动化，从而更好地为无产阶级革命事业服务。

中华人民共和国成立后，毛泽东教育思想得到了进一步完善，提出党在社会主义建设时期的教育方针："教育必须为无产阶级政治服务，必须同生产劳动相结合""应该使受教育者在德育、智育、体育几方面都得到发展，成为有社会主义觉悟的有文化的劳动者"④。在这一方针引领下，教师的作用和要求得到了丰富。在现有作用的基础之上，增加了教师促进教育改革的作用⑤。对于教师的要求，他提出教师应坚持正确的政治方向、树立为学生服务的思想、尊重知识、树立理论与实践相结合的观念⑥，更加全面地强调了对教师的思想素质、专业能力和素质多方面的要求。

（三）中国特色社会主义教育理论

中国特色社会主义理论是马克思主义中国化的第二次历史性飞跃，包括邓小平理论、"三个代表"重要思想、科学发展观与习近平新时代中国特色社会主义理论四个方面，对我国的教育事业和教师队伍建设提供了重要指导。

邓小平教育理论的逻辑起点是"尊重知识，尊重人才"⑦。经济、科学技术的发展的基础是人才⑧，而教育作为培养人才的方式，具有优先发展地位⑨，是国家民族昌盛的根本大业，是社会主义现代化的基础支撑。因此，在邓小平教育理论体系中，教师的核心作用是"为社会主义培养合格的人才，培养德智体全面发展，有社会主义觉悟的有文化的劳动者"⑩。这要求教师要在政治和专业素养上不断提高，并"沿着又红又

---

① 毛泽东. 湘潭教育促进会宣言 [J]. 湖南党史通讯，1985（7）：25.
② 中共中央文献研究室，中央档案馆. 建党以来重要文献选编：一九二一——一九四九（第二十二册）[M]. 北京：中央文献出版社，2011：178.
③ 毛泽东. 湘潭教育促进会宣言 [J]. 湖南党史通讯，1985（7）：25.
④ 何东昌. 中华人民共和国重要教育文献：1949—1997 [M]. 海口：海南出版社，1998：859.
⑤ 宋晓玲. 试述毛泽东的教学观 [J]. 毛泽东思想研究，2003（1）：69-71.
⑥ 彭月英. 毛泽东教育思想研究：毛泽东新中国成立后教育实践与教育思想研究 [M]. 湘潭：湘潭大学出版社，2013：195.
⑦ 何东昌. 中华人民共和国重要教育文献：1949—1997 [M]. 海口：海南出版社，1998：1573.
⑧ 赵存生，喻岳青. 邓小平理论与当代中国教育学 [M]. 北京：北京大学出版社，2009：28.
⑨ 赵存生，喻岳青. 邓小平理论与当代中国教育学 [M]. 北京：北京大学出版社，2009：77.
⑩ 何东昌. 中华人民共和国重要教育文献：1949—1997 [M]. 海口：海南出版社，1998：1606.

专的道路前进"①。相应地，教师的地位在政治、经济两个方面都得到了重视和提升。在政治地位上，邓小平教育理论明确主张知识分子属于工人阶级②，而教师则是知识分子队伍中的一部分。在经济地位上，教师劳动的经济价值受到了肯定③；对教师工资制度改革的优先考虑也从侧面体现了对提高教师经济地位的重视。

江泽民提出"科教兴国"④，强调提高国民素质是发展的核心。在这一核心教育思想的指导下，教师的作用为促进素质教育的全面实施和推进。然而，实现这一目标要求必须有一支"善于从事素质教育"且"高素质"的教师队伍⑤。围绕着这一核心要求，江泽民继续在师德、专业知识、专业能力三个方面对教师提出要求，提出教师应当"政治坚定、思想过硬、知识渊博、品格高尚、精于读书、勤于育人"⑥。教师的地位则在政治和专业两个方面得到了进一步的提升。关于教师的社会地位，在延续邓小平教育理论中关于教师的政治和经济地位的观点之上，他提出"百年大计，教育为本。教育大计，教师为本"⑦，突出体现了教师在社会建设和教育事业中的重要地位。

胡锦涛的科学发展观指出要坚持以人为本，树立全面、协调、可持续的发展观。其中"优先发展教育，建设人力资源强国"是科学发展观的基本要求，"全面提高教育质量"对建设教育和人力资源强国具有重要意义。在这一主题下，教师的核心作用为"推动教育事业又好又快发展，培养高素质人才"⑧，体现了教师在促进教育高质量发展中的推进作用。相应地，教师的社会地位越发受到重视。例如，胡锦涛提出"教师是神圣的职业，应该受到全党全社会的尊敬"。在教师的经济地位、法律地位、专业地位上，他提出了更加详细的论述⑨。在经济地位上，他提出要随着经济发展提高教师待遇，从侧面体现对教师经济地位的重视。在法律地位上，他提出"维护教师合法权益"，以法律的手段来保障教师的权益。在专业地位上，他提出完善教师的管理、准入、考评制度，这为高水平教师队伍的建设提供了基础。关于教师的要求，他提出

---

① 何东昌. 中华人民共和国重要教育文献：1949—1997 [M]. 海口：海南出版社，1998：1606.
② 赵存生，喻岳青. 邓小平理论与当代中国教育学 [M]. 北京：北京大学出版社，2009：79.
③ 曲绍卫. 邓小平的人民教师观 [J]. 教育研究，1997 (4)：12-15.
④ 何东昌. 中华人民共和国重要教育文献：1949—1997 [M]. 海口：海南出版社，1998：3812.
⑤ 胡涵锦. 江泽民教育思想研究 [M]. 上海：上海交通大学，2011：109.
⑥ 胡涵锦. 江泽民教育思想研究 [M]. 上海：上海交通大学，2011：110.
⑦ 江泽民. 江泽民在庆祝北京师范大学建校一百周年大会上的讲话 [EB/OL]. (2002-09-08) [2021-06-21]. http://www.moe.gov.cn/jyb_xxgk/gk_gbgg/moe_0/moe_8/moe_28/tnull_522.html.
⑧ 胡锦涛. 在全国优秀教师代表座谈会上的讲话 [EB/OL]. (2007-08-31) [2021-06-21]. http://www.gov.cn/ldhd/2007-08/31/content_733340.htm.
⑨ 胡锦涛. 在全国教育工作会议上的讲话 [EB/OL]. (2010-07-13) [2021-06-21]. http://www.moe.gov.cn/jyb_xwfb/gzdt_gzdt/gaoceng/201009/t20100909_97450.html.

"四个希望",希望教师"爱岗敬业、关爱学生""刻苦钻研、严谨笃学""勇于创新、奋发进取""淡泊名利、志存高远"[①],包含了对教师的专业理想、专业知识、专业能力、专业道德四个方面的具体要求。

习近平关于教育的重要论述以"九个坚持"为统领,深刻地指出了教育的根本作用、根本目标、根本任务、根本保证等本质特征。"九个坚持"中提出"坚持把教师队伍建设作为基础工作"是我国教育事业建设和发展的重要保障,这将教师工作提升到前所未有的政治高度。教师的作用是通过"传播知识、传播思想、传播真理,塑造灵魂、塑造生命、塑造新人"来促进实现"两个一百年"奋斗目标和中华民族伟大复兴中国梦。对于教师的要求,习近平提出"四有"好老师标准。对于教师的地位,习近平指出教师是"人类灵魂的工程师,是人类文明的传播者",从人类发展的角度出发高度定位了教师在人类社会进步过程中的重要地位。

(四) 中国传统教育思想

中国传统文化中所包含的教育思想是中国教师队伍建设理论逻辑的重要组成之一,对我国尊师重教的传统美德、立德树人的任务导向、师风师德的基本要求的传承与接续有深远的影响。

首先,尊师重教的传统美德源自我国尊师重道的文化传统,是我国教师社会地位构建的根本内涵。"凡学之道,严师为难。师严然后道尊,道尊然后民知敬学"(《礼记·学记》)是我国尊师重教的思想根源。"严师"的含义为尊重教师,而尊重教师则是尊重知识的基础。荀子的"国将兴,必贵师而重傅,贵师而重傅,则法度存"则将尊师重道和国家兴衰联系到了一起。"天佑下民,作之君,作之师"(《尚书·周书·泰誓》)则是将明君治国和良师教民并驾齐驱,体现了我国传统文化中教师重要的社会地位。

其次,立德树人的任务导向根植于以人为本、以德为先的传统教育思想,是我国对教师作用认识的基本立场。孔子认为教育的目标是培养仁、知、勇兼备的"君子"(《论语·宪问》),而"仁者不忧"则是成为君子的首要条件,体现了以人为本的育人目标和对道德修养和德育的重视。为了培养"君子",教师的作用主要在于通过以身作则来引导学生,认为"其身正,不令而行"(《论语·子路》),强调身教高于言传。韩愈的"师者,所以传道、授业、解惑也"(《师说》)则将教师传授儒家之道的作用放在

---

① 胡锦涛. 在全国优秀教师代表座谈会上的讲话 [EB/OL]. (2007-08-31) [2021-06-21]. http://www.gov.cn/ldhd/2007-08/31/content_733340.htm.

教师价值的首位，体现了对道德教育重视的继承。

最后，师风师德的基本要求蕴含于我国师德传统的文化传承中，是我国对教师要求的根本来源，具体体现在爱岗敬业、爱护学生、教书育人三个方面。爱岗敬业的要求集中体现在孔子"学而不厌，诲人不倦"（《论语·述而》）的观点中，这要求教师自我不断进行学习而不疲倦，教导别人而不厌倦，即是要求教师勤恳治学、勤劳敬业。爱护学生的要求集中体现在对学生的忠爱之心上。"爱之，能勿劳乎？忠焉，能勿悔乎？"（《论语·宪问》），对学生的忠爱之心要求教师做到仁者爱人，对学生要谆谆教诲、无私奉献。教书育人的要求具体体现在教师在教学中要做到善于启发学生，做到"引而不发，跃如也"（《孟子·尽心》），也要"善言"；同时，教师还要因材施教，做到"有如时雨化之者，有成德者，有达财者，有答问者，有私淑艾者"（《孟子·尽心》），针对不同的学生采取不同的教学方法。

二、历史逻辑

"中国特色社会主义，是科学社会主义理论逻辑和中国社会发展历史逻辑的辩证统一，是根植于中国大地、反映中国人民意愿、适应中国和时代发展进步要求的科学社会主义。"[①] 这是习近平对中国特色社会主义的科学论断。同样地，党的教师队伍建设思路作为中国特色社会主义理论体系中的一部分，是科学社会主义教育思想的理论逻辑和中国教育事业发展历史逻辑的辩证统一。中国教育事业发展的历史逻辑，是指中国社会发展过程中教育事业发展的必然进程，揭示了中国教育事业发展选择接受中国特色社会主义教育理论指导的必然性，教师队伍建设的总体目标随之有所变化。党领导教师队伍建设经历了走向大众化、从补充数量到关注质量、走向规范化、追求专业化与高质量发展的历程。

（一）新民主主义革命时期：确立了教师队伍在教育普及中的重要地位

自1921年中国共产党成立至1949年中华人民共和国成立，中国共产党主要以新民主主义革命为主要任务，制定了反帝反封建的革命纲领。在早期，为了更好地服务

---

① 中共重庆市委理论学习中心组. 中国特色社会主义：理论逻辑和历史逻辑的辩证统一——深刻领会习近平同志关于中国特色社会主义的重要讲话精神 [EB/OL]. 人民网，2013－09－03 [2021－06－21]. http://theory.people.com.cn/n/2013/0903/c40531-22783034-2.html.

于革命的任务，中国共产党领导下的教育事业的发展要点为教育面向工农大众和教育制度的改良。同时，在这一时期，中小学教师队伍在全国范围均存在着数量严重不足的问题。例如，在1922年，全国小学教职员数量仅有26万余名，中学教职员数量有9 000余名[1]。因此，党对教师队伍建设的目标是促进教育普及和革命宣传。一方面，为了更好地实现教育普及，党在教育经费的使用中专门制定一部分教育经费补贴教员[2]。另一方面，党在对教师的革命属性上认为教员如果不剥削他人[3]，可以纳入革命联盟中，起到教育宣传的作用。

在苏区成立之后，党的文化教育方针的重点体现为"以共产主义精神来教育广大的劳苦民众"[4]。因此，在苏区成立之后，党提出培养工农自己的知识分子，同时也利用地主资产阶级出身的旧知识分子为苏维埃的文化教育工作贡献力量。在中华苏维埃第一次全国代表大会后，党正式决定"知识分子不应该看作一种阶级成分，其阶级成分依其所属阶级确定"[5]，认为教员"从事非剥削别人的工作"，这对教师的工作属性和阶级地位第一次进行了正式界定。

随着新民主主义革命的深入发展和抗日战争的全面爆发，新民主主义革命的性质逐渐明晰化。在这一时期，师资仍然存在着数量、质量不足的问题。例如，在1936年，全国小学教职员数量为70万余人，中学教职员数量为4万余人[6]。在1944年至1945年间，全国各省市受过师范教育或短期培训的小学教员的比例仅为34%。因此，在这一时期，党对于教师队伍建设的目标的定位是提高教师在社会上的地位和培养"大批的人民的教育家和教师"[7]，突出了教师在新民主主义革命中推进"新文化"[8]发展的重要作用。

---

① 刘英杰. 中国教育大事典：1840—1949 [M]. 杭州：浙江教育出版社，2001：464.
② 中共中央文献研究室，中央档案馆. 建党以来重要文献选编：一九二一—一九四九：第二册 [M]. 北京：中央文献出版社，2011：172.
③ 中共中央文献研究室，中央档案馆. 建党以来重要文献选编：一九二一—一九四九：第四册 [M]. 北京：中央文献出版社，2011：294.
④ 中共中央文献研究室，中央档案馆. 建党以来重要文献选编：一九二一—一九四九：第十一册 [M]. 北京：中央文献出版社，2011：87.
⑤ 中共中央文献研究室，中央档案馆. 建党以来重要文献选编：一九二一—一九四九：第十册 [M]. 北京：中央文献出版社，2011：547.
⑥ 刘英杰. 中国教育大事典：1840—1949 [M]. 杭州：浙江教育出版社，2001：464.
⑦ 毛泽东. 毛泽东选集：第三卷 [M]. 北京：人民出版社，1945：978.
⑧ 毛泽东. 毛泽东选集：第二卷 [M]. 北京：人民出版社，1991：663.

（二）社会主义革命与建设时期：教师队伍从补充数量走向关注质量

中华人民共和国成立后，教育的性质成为"民族的、科学的、大众的教育"①。这促使大众教育和工农教育迅速发展，入学人数急剧增加，造成我国教师队伍的数量缺口进一步扩大。第一次全国教育工作会议详细地阐述了新中国教育的发展方向，主要体现在教育要为人民服务，将普及和提高的发展方针相结合。在教师队伍建设上，老区以巩固和提高为主，培养大批称职的教师。新区教师队伍建设的方针则侧重于团结和改造知识分子，使他们获得"新观点、新方法"②。

1958 年《关于教育工作的指示》中，中共中央、国务院提出"培养出一支数以千万计的又红又专的工人阶级知识分子的队伍"③。1958 年，我国中小学专任教师总数已经由 1949 年的 90 万上升到 250 万④。但是，"教育大跃进"追求数量的同时导致了质量的下降，因此党的教师队伍建设开始对"控制数量，保证质量"做出了要求。在 1960 年的师范教育改革座谈会中，教育部提出要培养"既有足够数量，又具有共产主义的世界观和共产主义的道德品质；既有高度的文化科学水平，又有从事科学研究工作的能力；既能从事脑力劳动，又能从事体力劳动的又红又专的人民教师"⑤，从政治素养、文化科技素养、专业素养三个方面对教师队伍建设做出了更全面的指导。总体来说，这一时期党的教师队伍建设目标在追求数量上和追求质量上不断调整，不断改良建设方式，对"文化大革命"结束后的中国教育事业发展提供了经验，奠定了基础。

（三）改革开放与社会主义现代化建设时期：教师队伍走向制度化与规范化

改革开放时期，我国的教育事业主要围绕着实现现代化和发展科学技术的社会建设目标，开辟了中国特色社会主义教育的新阶段，使教育事业逐渐走向了发展和繁荣的道路，使教师队伍建设逐渐走向了规范化的道路。

改革开放伊始，经过前一时期的努力，教师队伍已经得到扩大，其中中小学教师已经接近 900 万人⑥。但是，中小学教师队伍质量低下的问题愈发严峻，具体体现在

---

① 何东昌．中华人民共和国重要教育文献：1949—1997 [M]．海口：海南出版社，1998：1.
② 何东昌．中华人民共和国重要教育文献：1949—1997 [M]．海口：海南出版社，1998：8.
③ 何东昌．中华人民共和国重要教育文献：1949—1997 [M]．海口：海南出版社，1998：858.
④ 何东昌．中华人民共和国重要教育文献：1949—1997 [M]．海口：海南出版社，1998：305.
⑤ 何东昌．中华人民共和国重要教育文献：1949—1997 [M]．海口：海南出版社，1998：982.
⑥ 何东昌．中华人民共和国重要教育文献：1949—1997 [M]．海口：海南出版社，1998：304.

各级教师学历水平的下滑上。党的教师队伍建设在继续延续提高质量的方针之外，也开始针对各级各类的教师队伍提出了差异化的要求。在1977年《教育部关于加强中小学在职教师培训工作的意见》中，提出这一时期我国教师队伍建设的主要目标为"培养和造就大批又红又专的无产阶级教师队伍""抓好在职教师培训工作""提高教师的政治、文化和业务水平""调动广大教师的社会主义积极性"①，可以看出党的教师队伍建设方针进一步向提升质量倾斜。在1980年全国师范教育会议之后，教师队伍建设目标中在职教师培训的工作目标进一步调整细化为"从实际出发，分类指导"②。例如，党的十二大确定了教育为实现全面开创社会主义现代化建设的新局面的战略重点之一，提出"大力普及初等教育"③，对小学在职教师培训提出了新的要求。

随着改革开放的全面开展，我国开始推行九年义务教育制度，党需要"建立一支足够数量的、合格而稳定的师资队伍"④，标志着我国教师队伍建设在强调质量的同时开始逐渐走向制度化和规范化。1996年第五次全国师范教育工作会议提出，师资培训逐渐转移为建立一个终身完善的教师继续教育体系⑤。"九五"期间，各级教师学历达标率得到了明显提升。"十五"期间，"教师教育"被定义为教师的职前培养、入职教育和在职培训的统称⑥，标志着一个开放灵活的教师教育体系的形成。随着素质教育的推行，党提出"努力造就一支师德高尚、业务精湛、结构合理、充满活力的高素质专业化教师队伍"⑦，对教师队伍建设中的师德建设、业务水平、地位待遇、管理制度提出了更全面、更高的要求，预示着下一时期教师队伍建设的核心是专业化和高质量。

（四）中国特色社会主义新时代：建设高素质专业化创新型教师队伍

党的十八大以来，习近平总书记高度重视教师队伍建设，多次从战略高度强调教

---

① 何东昌. 中华人民共和国重要教育文献：1949—1997 [M]. 海口：海南出版社，1998：1588.
② 何东昌. 中华人民共和国重要教育文献：1949—1997 [M]. 海口：海南出版社，1998：1831.
③ 胡耀邦. 在中国共产党第十二次全国代表大会上的报告 [EB/OL]. (1982-09-01) [2021-06-21]. http://cpc.people.com.cn/GB/64162/64168/64565/65448/4526430.html.
④ 何东昌. 中华人民共和国重要教育文献：1949—1997 [M]. 海口：海南出版社，1998：2390.
⑤ 何东昌. 中华人民共和国重要教育文献：1949—1997 [M]. 海口：海南出版社，1998：4096.
⑥ 中华人民共和国教育部. 教育部关于"十五"期间教师教育改革与发展的意见 [EB/OL]. (2002-03-01) [2021-06-21]. http://m.moe.gov.cn/srcsite/A10/s7058/200203/t20020301_162696.html.
⑦ 国家中长期教育改革和发展规划纲要工作小组办公室. 国家中长期教育改革和发展规划纲要（2010—2020年）[EB/OL]. (2010-07-29) [2021-06-21]. http://www.moe.gov.cn/srcsite/A01/s7048/201007/t20100729_171904.html.

师工作的极端重要性[1]。这一时期，明确了教师队伍建设的总体目标为"形成一支师德高尚、业务精湛、结构合理、充满活力的高素质专业化教师队伍"[2]。总体来说，十八大以来的教师队伍建设的政策支持体系更加全面，对不同层次水平的教师队伍建设也提出了更加具体的要求，为促进教育公平和教育质量的提升提供了更有力的保障。

2017年，党的十九大的召开标志着我国特色社会主义建设进入了新时代，全面建成小康社会进入了决胜阶段，但是社会仍然存在着"不平衡、不充分"的发展矛盾，教育事业的发展要继续向保障公平和提升质量的方向努力，提出着力加强教师队伍建设[3]的目标。随后，中共中央、国务院出台《关于全面深化新时代教师队伍建设改革的意见》（以下简称《意见》）。作为新时代首次针对教师队伍建设改革的里程碑式政策文件[4]，《意见》提出"坚持兴国必先强师"，教师队伍建设的总目标为"到2035年，教师综合素质、专业化水平和创新能力大幅提升，培养造就数以百万计的骨干教师、数以十万计的卓越教师、数以万计的教育家型教师"，从师德师风、专业素质、管理制度、地位待遇、保障机制做出全面部署，建设高素质专业化创新型教师队伍成为实现教育现代化与建设教育强国的新时代使命。

三、实践逻辑

建党百年来，在党和国家高度重视下，我国中小学教师队伍建设整体面貌发生了根本性变化，取得了伟大成就，在规模、结构、素质能力等方面获得了很大的提升，支撑起世界上最大规模的教育体系，基本满足了基础教育发展需要，为经济和社会发展贡献了坚实的人才和智力支撑。

（一）不断完善师德师风建设，更好引领教师立德树人

师德师风是教师执教从教的灵魂，师德修养在教师素质中处于核心地位。加强师德建设，是党建设中小学教师队伍的首要内容。依据政治经济时局的变化，不同时期

---

[1] 《中国教育年鉴》编辑部. 中国教育年鉴[M]. 2013：281.
[2] 国务院. 关于加强教师队伍建设的意见[EB/OL]. (2012-09-07)[2021-06-21]. http://www.gov.cn/zwgk/2012—09/07/content_2218778.htm.
[3] 中共中央国务院. 关于印发国家教育事业发展"十三五"规划的通知[EB/OL]. (2017-01-10)[2021-06-21]. http://www.gov.cn/zhengce/content/2017—01/19/content_5161341.htm.
[4] 李澈. 打通新时代教师队伍建设改革"最先一公里"[EB/OL]. (2019-02-18)[2021-06-23]. http://www.moe.gov.cn/jyb_xwfb/s5147/201902/t20190218_369830.html.

中小学教师师德建设也呈现出不同的内容和特征，其根本是更好引领教师立德树人，承担起培养社会主义接班人的重任。

中华人民共和国成立初期的师德建设主要强调教师的政治思想，注重教师的思想改造工作。比如1958年中共中央、国务院《关于教育工作的指示》要求"学校党委应当在教师中经常注意进行思想改造的工作……在选拔师资的时候，要首先注意政治思想条件、学识水平和解决实际问题的能力"[1]。改革开放之后，随着社会主义现代化建设的发展，我国师德建设逐步走向规范化、法治化，通过系列政策文件或是法律规定促进师德建设。以1984年为起点开始将师德师风问题纳入国家整个宏观政策层面进行管理[2]，颁布了第一份教师职业道德要求文件《中小学教师职业道德要求（试行草案）》，并在1991年、1997年和2008年不断修改完善。发布专门的师德建设政策文件，比如《关于加强中小学教师职业道德建设的若干意见》（2000年）、《关于进一步加强和改进师德建设的意见》（2005年），对中小学教师的师德建设进行指导和引领。在教育发展规划纲要或是教师队伍建设文件中，进一步强调师德建设。这一时期的教师法、义务教育法中的师德要求规定也为师德建设提供法律依据。十八大以来，我党更加强调师德师风建设的重要性，师德建设工作走向全面、深入、系统。先后出台《教育部关于建立健全中小学师德建设长效机制的意见》（2013年）、《中小学教师违反职业道德行为处理办法》（2014年）、《新时代中小学教师职业行为十项准则》（2018年）、《中小学教师违反职业道德行为处理办法（2018年修订）》（2018年）、《关于加强和改进新时代师德师风建设的意见》（2019年）等系列文件，强化师德师风评价以及首要地位，同时在实践中大力弘扬表彰一系列师德典型，以此不断促进中小学教师师德水平提升，促进师德建设工作更加走向常态化、长效化。

（二）形成特色教师教研与发展支持体系，全面提升教师素质能力

促进教师专业素质水平是党成立以来一直关注和重视的重要内容。通过一系列政策文件、法律法规，不断对教师专业素质提升路径进行引领规划，并在实践中不断研究探索形成具有中国特色的专业发展支持体系和模式，促进中小学教师队伍建设不断走向优质均衡发展。

---

[1] 中共中央文献研究室. 建国以来重要文献选编：第十一册[M]. 北京：中央文献出版社，1994：493.

[2] 任胜洪，林智慧. 改革开放以来我国师德师风的政策演进、特征及展望[J]. 当代教育论坛，2020（6）：1-9.

关于教师职后培训的政策和实践从初期以关注数量满足、学历补偿为主，到素质教育时期关注知识和技能提升的继续教育，到新时代以来注重专业化发展和个性化需求的专项培训，教师职后培训体系不断走向系统化、专业化、个性化[1]。中华人民共和国成立初期至20世纪90年代以前，我国教育面临中小学校规模扩张、中小学师资明显数量不足和学历不达标的困境，此时教师培训目的主要是满足数量需求，进行学历提升，使教师能够胜任教学。教师培训更多呈现出满足国家和社会发展需求、知识本位的价值取向。20世纪90年代以后，伴随着素质教育以及教育改革发展的需求，教师培训转为以提高教师实施素质教育的能力和水平为重点，"素质本位""效率优先"成为教师培训突出的价值取向。进入21世纪以来，随着城乡教育发展严重失衡，教育公平基本国策以及提高质量的核心教育改革发展任务的强调，教师培训呈现出关注乡村教师发展、教师专业素养提升、教师内在发展需求等特点，关注公平、人本化成为其主要的价值取向[2]。进入新时代以来，党中央要求以促进教师终身学习和专业发展为目标，积极改进培训方式和内容，促进教师综合素质、专业化水平和创新能力大幅提升。"十四五"时期，要求进一步在培训中突出教师核心素养培养，提升精准培训，突出教师自主发展模式、人工智能辅助模式探索。

在推进教师职后专业发展过程中，有一支强有力的颇具中国特色的支持模式即是中国的教研制度体系。其最早产生于20世纪50年代，历经70余年发展，在推进课程改革、指导教学实践、促进教师发展、服务教育决策等方面发挥了重要的作用。其主要包含校内外两个教研系统，一是以学校为单位，以学科为依托的学校教研组或备课组；二是在校外以区域为单位，主要以学科为依托设立的省、市、县、乡各级区域教研室[3]。中华人民共和国成立以来，借鉴苏联教研模式，大批教研机构成立，进行编写教材、恢复教学等工作。改革开放之后，伴随高考制度恢复以及基础教育课程改革，教研部门工作主要围绕考试命题、课改建设等展开。进入到新千年以来，伴随着素质教育全面实施以及在新基础教育课程改革背景下，教研机构成为课程改革的支撑力量[4]。2019年教育部发布《关于加强和改进新时代基础教育教研工作的意见》，要求进

---

[1] 王光明,廖晶.改革开放40年来我国中小学教师政策的发展历程及特点分析[J].课程·教材·教法,2018,38(11):4-10.

[2] 胡金平.新中国70年小学教师培训政策价值取向的变迁[J].教师发展研究,2019,3(2):1-8.

[3] 胡艳.教研组织百年历程与中国教师的现代化[J].教师发展研究,2018,2(4):107-117.

[4] 梁威,卢立涛,黄冬芳.中国特色基础教育教学研究制度的发展[J].教育研究,2010,31(12):77-82.

一步完善国家、省、市、县、校教研体系，首次明确教研员标准，以促进基础教育质量全面提升。如今我国教研体系已经形成了 10 余万具有较强专业水准的教研员队伍，通过不断坚持以课堂教学为基本阵地，以学科为背景开展接地气的教研活动，成为促进中小学教师发展和教育质量提升的重要支撑力量。

（三）教师管理体系不断优化，治理现代化水平提升

中小学教师管理制度体系是一项系统工程，包括资格准入、职称聘任、考核评价、编制管理、资源配置等内容，是确保师资配置、增强教师发展活力、提升教师整体水平的重要保障。随着社会经济发展和体制机制改革，教师管理体系不断迈向治理体系和能力现代化。

中华人民共和国成立至改革开放前，这一时期的教师管理体制呈现出高度集权的特点，教师的管理和调配主要是派任制，由党委统一领导的县以上教育行政部门负责。改革开放以来至 21 世纪初，我国教育管理体制先是实行"地方负责、分级管理"，农村办学主要由乡镇负责。2001 年国务院颁布《关于基础教育改革与发展的决定》，规定农村义务教育"实行在国务院领导下，由地方政府负责、分级管理、以县为主的体制"，这种将农村办学的权限收归县上的体制转变影响了农村教师配置、待遇等问题[①]。21 世纪前后，我国进入法制规范时期，也是教师管理体系走向规范化的时期。在《中华人民共和国教师法》《中华人民共和国教育法》等法律保障下，教师资格制度建立并实施，教师职务聘任制度从任命制向聘任制转轨，教师编制制度核定编制标准，教师职称制度进入改革试点等。党的十八大以来，党和政府进一步完善发展教师管理制度体系，改进管理方式，提高管理服务能力。制定实施系列教师队伍建设标准体系，全面实施教师资格国考，统一城乡教师编制标准，创新乡村教师编制配备，向中小学教师倾斜编制，在中小学设立正高级职称，向乡村教师倾斜职称评聘，改善成绩导向的中小学教师评价体系等。此外提出"县管校聘"制度，推进县域内校长和教师交流轮岗，不断优化师资配置。利用先进信息技术，创新教师管理方式，建立教师队伍管理大数据库，促进基于循证的教师管理决策。在管理体制上，响应教育管理体制改革的"管办评分离"，提出事权人权财权"三权统一"的教师管理体制改革方向，推进教师治理体系和能力现代化建设。

---

① 佚名. 突破教育管理体制的瓶颈 [EB/OL]. (2018-11-14) [2021-06-23]. http://www.moe.gov.cn/jyb_xwfb/moe_2082/zl_2018n/2018_zl89/201812/t20181205_362459.html.

（四）教师地位待遇不断提升，尊师重教蔚然成风

教师的地位和待遇问题一直是党和国家高度重视的问题。在党的建设的各历史阶段发布的政策文件中，均会强调提升教师地位待遇的重要性，并在实践中不断改善提升教师的社会地位、政治地位、职业地位以及工资待遇水平。

关于教师地位问题，在新民主主义革命时期，党就关注提高教师在社会上的地位，"要提高小学教员及社教工作者在社会上的地位"①，"动员民众优待小学教师，政府奖励优良小学教师并提高良好教师的政治社会地位"②。在社会主义革命时期，1956年，周恩来在《关于知识分子问题的报告》中，确立了知识分子的工人阶级地位。十一届三中全会后，以邓小平在1978年讲话"要提高人民教师的政治地位和社会地位。不但学生应该尊重教师，整个社会都应该尊重教师"为转折点，教师社会地位逐渐恢复。之后1985年教师节的确立，《中共中央关于教育体制改革的决定》《中华人民共和国义务教育法》《中华人民共和国教师法》《中国教育改革和发展纲要》《关于深化教育改革全面推进素质教育的决定》《国家中长期教育改革和发展规划纲要（2010—2020年）》等的颁布，为提升全社会尊重教师、提高教师政治和社会地位起到了关键作用。新时代以来，以习近平总书记为首的党中央更是把尊师重教提到了前所未有的高度，弘扬全党全社会尊师重教的社会风尚，并对中小学教师作为国家公职人员的特殊的法律地位进行明确，提升教师的地位，突出了教师主体地位。同时进一步完善不同层级的教师荣誉表彰体系，以进一步提升教师的社会地位。

提升教师地位，关键是提升教师待遇，其中最主要、最基本的是工资待遇。在党发展的各个历史时期，中小学教师工资制度逐步建立和完善，待遇水平不断提升。改革开放以来，国家根据《中华人民共和国教师法》《中华人民共和国义务教育法》以及一系列相关法律政策要求，采取各项措施确保义务教育教师平均工资收入不低于当地公务员平均工资收入水平。这一时期中小学教师工资制度经历了几次变革，从1985年实施以职务工资为主要内容的结构工资制，到1993年实施专业技术职务等级工资制，到2009年实施绩效工资制度，其工资待遇不断改善提升③。农村教师的工资保障问题

---

① 中共中央文献研究室，中央档案馆. 建党以来重要文献选编：一九二一—一九四九：第十七册[M]. 北京：中央文献出版社，2011：215.
② 中共中央文献研究室，中央档案馆. 建党以来重要文献选编：一九二一—一九四九：第十七册[M]. 北京：中央文献出版社，2011：657.
③ 田正平，杨云兰. 建国以来中学教师工资制度的改革[J]. 教育评论，2008(6)：158-161.

引起关注。2005年12月,国务院印发《关于深化农村义务教育经费保障机制改革的通知》,将中小学教师工资全额纳入县级以上人民政府财政预算,保障了农村教师的基本工资待遇。新时代以来,进一步健全中小学教师工资长效联动机制,实现教师工资"与当地公务员工资收入同步调整"。2019年起将"义务教育教师平均工资收入水平不低于当地公务员平均工资收入水平"落实情况纳入对省级政府履行教育职责督导的重要内容和义务教育优质均衡县评估的重要指标,保障义务教育教师工资落实[1]。当前教师工资由20世纪80年代之前在国民经济各行业排行倒数第3位,上升到目前全国19大行业排名第7位[2]。同时国家不断通过倾斜政策措施,确保乡村教师特别是边远贫困地区乡村教师待遇落实和提升。

(五)倾斜助力乡村教师发展,提升教师留任数量和质量

乡村教师队伍建设是提升乡村教育质量、促进教育公平的关键。乡村教师的待遇、编制、职称和补充等问题一直是乡村教师建设中的核心问题。加强乡村教师队伍建设是近些年我党关于教师政策的重点,对乡村教师队伍建设的支持举措包括了经费保障、人员补给、待遇提升以及素质提升等多个方面。

20世纪50年代以来,由于计划经济制度下的城乡二元体制的发展,乡村教育质量没有受到足够的重视。民办教师和代课教师一度成为乡村教师的重要补给力量[3]。随着改革开放的不断深入,特别是进入21世纪后,城乡教育发展差距不断加大,在城乡一体化以及义务教育均衡发展的政策大背景下,加强乡村教师队伍建设成为核心议题。2010年《国家中长期教育改革和发展规划纲要(2010—2020年)》指出"以农村教师为重点,提高中小学教师队伍整体素质"。2015年专门出台《乡村教师支持计划(2015—2020年)》,将乡村教师队伍建设作为实现教育现代化的重要战略基点,给予乡村教师群体发展全面的支持。2017年,《国家教育事业发展"十三五"规划》针对乡村教师补充供给、编制补助等问题进一步规划。2018年《关于全面深化新时代教师队伍建设改革的意见》进一步关注新时代乡村教师生活,大力提升乡村教师待遇。当

---

[1] 佚名. 教育部举行新闻发布会介绍教师队伍建设进展成效[EB/OL]. (2020-09-04)[2021-06-22]. http://www.gov.cn/xinwen/2020-09/04/content_5540526.html.

[2] 教育部教师工作司. 守教育报国"初心"担筑梦育人"使命"[EB/OL]. (2019-09-03)[2021-06-22]. http://www.moe.gov.cn/fbh/live/2019/51106/sfcl/201909/t20190903_397030.html.

[3] 李琼. 社会变迁中的我国中小学教师队伍发展研究[M]. 北京:北京师范大学出版社,2017:349-381.

前"十四五"规划和 2035 年远景目标明确提出"建设高质量教育体系",要"加强乡村教师队伍建设,提高乡村教师素质能力"。国培计划、三支一扶、特岗计划、师范生公费教育政策、农村学校教育硕士师资培养计划、本土化全科教师定向培养政策、城镇教师支援农村教育工作、县域内教师校长轮岗交流,以及 2021 年新实施的优师专项等政策实践,一定程度上缓解了当前乡村教师发展中存在的数量、结构以及质量问题,促进了乡村教师素质提升以及乡村教育进一步发展。未来还需从体制机制改革入手,进一步提升乡村教师留任数量和质量①。

四、基本经验

建党百年来,在中国共产党的领导下,我国教师队伍建设取得了伟大的成就,为教育事业改革发展和社会主义现代化建设提供了强有力的支撑。在世界发展大格局下,基于本国经济社会发展实际,中国共产党不断探索实践,积累了中国特色的教师队伍建设经验和模式。

(一)坚持党对教师队伍建设的全面领导,始终把教师队伍建设置于教育事业发展的重要战略地位

中国共产党领导是中国特色社会主义最本质的特征,是中国特色社会主义制度的最大优势。百年来我国教师队伍建设之所以取得世界瞩目的成就,得益于党对教师工作的全面领导。在不同历史时期,基于社会政治经济发展现实,针对我国教师队伍建设中的核心问题,在遵循历史规律、教育规律、教师发展规律的基础上,我党面向国际,积极借鉴国外先进教育经验,更多的是基于本国实际研究探索,高瞻远瞩而又脚踏实地对我国教师队伍发展方向和路径进行了一系列宏观顶层设计和规划部署,提出符合当时历史发展时期的教师队伍建设的主要目标。比如新民主主义革命时期教师队伍建设的目标是促进教育普及和革命宣传;社会主义革命时期教师队伍建设目标主要是关注数量满足、学历提升;改革开放和社会主义现代化建设时期,教师队伍建设走向规范化、法治化、专业化发展;进入中国特色社会主义新时代,教师队伍建设更关注优质均衡、高素质专业化创新型以及高质量方向发展。此外党还为教师队伍建设提供了坚实的组织保障、经费保障,全力确保各项发展政策举措落地见效。正是在党的

---

① 金志峰. 我国乡村教师队伍建设政策研究[D]. 北京:北京师范大学,2017.

全面领导下，我国教师队伍建设不断坚持正确方向，解决核心问题，不断改革创新，从而形成了一支高素质专业化创新型的教师队伍。

（二）落实立德树人根本任务，全面促进以师德为首的教师专业素养提升

立德树人是发展中国特色社会主义教育事业的核心所在。落实立德树人根本任务，践行社会主义核心价值观，促进学生德智体美劳全面发展，关键在于教师。因此需要教师不断提升自身的道德水平和业务能力。以师德为首促进教师专业素质提升是党在各个历史时期领导教师队伍建设的重要内容。百年来，党和政府始终坚持把加强思想政治素质和师德师风建设摆在教师队伍建设工作的首要位置，在不同历史时期，首先规划引领师德建设的目标和路径。比如中华人民共和国成立初期主要关注教师的政治思想和思想改造工作；改革开放之后，重点关注师德建设的法治化、规范化发展；党的十八大以来，更加强调师德师风建设的首要地位，弘扬全社会尊师重教的风尚，促进师德建设常态化、长效化。在各个历史时期不断加强完善教师职后培训、继续教育体系，通过学历补偿、素质能力提升、核心素养提升以及人工智能辅助自主发展，不断提升培训质量和针对性，促进教师的学历水平和专业素质提升。通过实施国培计划、教师资格国考等，不断加强教师素质培训，从而全面提升中小学教师质量，促进形成高素质专业化创新型的新时代教师队伍。

（三）坚持深化综合改革，不断推进教师治理体系和能力现代化

深化教育领域综合改革，是党和国家立足新时代，着眼于"五位一体"总体布局和"四个全面"战略布局，对教育改革提出的新要求[1]。党的十九大报告强调"不断推进国家治理体系和治理能力现代化，坚决破除一切不合时宜的思想观念和体制机制弊端"。百年来，伴随着政治经济体制机制的改革转型，我国教师管理制度体系在教师资格准入、职称聘任、考核评价、编制管理、资源配置等方面不断改革发展。教师资格制度经历了从无到有、从较低层次要求到更高层次、更专业化要求的转变，教师职务制度从侧重于"任命制"转变为规范化的"聘任制"，教师工资制度从结构工资制到职务等级制再到绩效工资制，教师编制制度从"城乡差异"转变为"城乡统一"的标

---

[1] 杨晓慧. 习近平总书记教育重要论述讲义[M]. 北京：高等教育出版社，2020：163.

准①。在教师管理制度上不断对乡村教师倾斜发展，促进师资均衡配置和义务教育均衡化发展。通过技术变革促进基于循证的教师管理理念和方式的转变，不断提升教师管理效率和决策科学性。总之，通过不断推进教师管理体系和能力现代化，不断激发教师专业发展的热情与活力，提高教师队伍专业化水平。

（四）坚持以人民为中心的思想，扎根本土建构中国特色教师专业发展模式

坚持以人民为中心发展教育是习近平总书记在 2018 年全国教育大会上提出的思想，彰显了我党全心全意为人民服务的宗旨，是我国教育事业改革发展的出发点和落脚点。坚持以人民为中心，就需要立足本土，观照本土实际，坚持走自己的发展道路。我党在各个历史时期对教师地位待遇的提升和保障，对乡村教师发展问题的倾斜关注，以及建构本土特色专业发展支持模式的创新实践无不体现了坚持以人民为中心发展教育的思想。百年来我党不断弘扬尊师重教的传统文化，通过系列法律政策文件制定实施，保障提升教师地位待遇，促进边远贫困地区乡村教师补助落实，建构完善教师荣誉表彰体系，不断提升教师职业吸引力，促进广大教师热心从教、安心从教、静心从教。21 世纪以来在政策和实践上不断向乡村教师发展倾斜，深入实施乡村教师支持计划，通过国培计划、特岗计划、三支一扶、定向培养、轮岗交流、优师专项等项目实践，不断探索乡村教师素质提升的中国道路，缓解乡村教师发展中的数量、质量和结构问题，促进教育公平发展。此外，基于本土实际建构了具有中国特色的四级教研制度体系，保障支撑了我国基础教育改革发展，为世界教育发展贡献了促进优质均衡的中国特色教师队伍建设经验和模式。

---

① 杜明峰. 改革开放四十年我国教师制度的变迁与逻辑 [J]. 全球教育展望，2018，47 (7)：103 - 113.

基础教育教师队伍建设的历史回顾、基本经验及未来发展

罗生全[①]　杨馨洁[②]

摘　要

基础教育教师队伍建设是关系到我国基础教育整体质量的关键一环，从中华人民共和国成立初期在百废待兴中探索发展，到改革开放后在恢复振兴中蓬勃发展，再到21世纪在高速发展中注重优质，其发展历程呈现出完善教师资格制度、规范行业准入门槛、推进教师教育一体化建设、保障教师专业发展、提高基础教育教师社会地位、增强职业吸引力、建立师德建设长效机制、把稳教师队伍思想之舵的典型经验。展望未来，新时代我国基础教育教师队伍建设应加强信息化建设，推进其现代化发展，进一步提高整体素质，落实公平而有质量的教育，强化以人为本的管理理念，提高教师的生命质量，为实现中华民族伟大复兴奠定人才基础。

关 键 词

基础教育　教师队伍建设　教师专业发展

[①] 罗生全，男，四川南充人，西南大学教育学部副部长，教授，博士研究生导师，主要从事课程与教学基本理论研究。
[②] 杨馨洁，女，云南普洱人，西南大学教育学部硕士研究生，主要从事课程与教学基本理论研究。

基础教育教师队伍建设是事关民族、国家未来的重要事业，《中共中央　国务院关于全面深化新时代教师队伍建设改革的意见》（以下简称《意见》）中提到："把全面加强教师队伍建设作为一项重大政治任务和根本性民生工程切实抓紧抓好。"[①] 从 1949 年至今，基础教育教师队伍历经了数次发展变革，发生了翻天覆地的变化，目前我国各级各类教师人数是新中国成立初期的 17.9 倍，是改革开放初期的近两倍[②]。本文回顾我国基础教育教师队伍建设的动态历程，在历史镜像中解析其基本经验，在时代潮流中探寻其未来发展，以期加强我国基础教育教师队伍建设的理性思考，推动我国教育现代化和基础教育改革工作的健康持续性发展。

一、基础教育教师队伍建设的历史回顾

党和国家历来重视基础教育教师队伍建设，在不同的历史时期通过制定政策、研讨理论、实践推动等举措给予了基础教育教师队伍建设深度关切。站在新的历史起点上，廓清 70 余年基础教育教师队伍建设的基本脉络，有助于提炼其典型经验，为基础教育教师队伍建设的未来发展提供智力支持。

（一）在百废待兴中探索发展（1949—1977 年）

中华人民共和国成立之初，党的各项事业百废待兴。为了重建教育体系，重整教师队伍，1949 年第一次全国教育工作会议召开，党中央再次强调要"以老解放区教育经验为基础，吸收旧教育有用经验，要借助苏联经验，建设新民主主义的教育"[③]。自此，我国教育事业的恢复重建走上了"以俄为师"的道路。在当时我国基础教育落后的大背景下，建立独立的"师范教育"体系来培养一批符合新时期要求的师资队伍成为当务之急，为此教育部颁布《关于高等师范学校的规定（草案）》与《师范学校暂行规程（草案）》，构建了独立的师范教育体系，确保了基础教育教师队伍建设的人才储备。遗憾的是，由于这些探索忽略我国教育发展的实际以及未能对苏联教师队伍建设经验进行科学分析，我国基础教育教师队伍建设被打上全盘苏联化的烙印，这非但无

---

① 中共中央，国务院. 中共中央　国务院关于全面深化新时代教师队伍建设改革的意见 [N]. 人民日报，2018-02-01（1）.
② 龙红霞. 新中国成立 70 年基础教育教师队伍建设的成效与展望 [J]. 中国教育学刊，2019（10）：71.
③ 周德昌. 简明教育辞典 [M]. 广州：广东高等教育出版社，1992：152.

助于基础教育教师队伍建设本土经验的挖掘与创新，同时也为该时期我国教育事业的整体发展留下了隐患。三大改造完成之后，我国步入了社会主义建设的新阶段。为挣脱僵化学习苏联教师队伍建设经验的束缚，党中央出台一系列政策进行调整。如1962年教育部印发《关于全国师范教育会议的报告》，进一步明确了师范教育的主要任务和各级各类师范学校的培养目标[①]。教师本土培养刚走上历史发展的正轨，"文化大革命"的爆发阻断了教育教学秩序的正常运转，基础教育教师培养工作也因此陷入非正式运转困境。

总的来说，这一时期我国基础教育教师队伍建设处在百废待兴的探索发展阶段，表现为从被动学习苏联教师队伍建设经验转向自主探索适合本国国情的教师队伍建设模式。期间虽遭遇"文化大革命"的阶段性阻隔，但本土自觉建设基础教育教师队伍的意识已然形成。事实上，中华人民共和国成立初期教师发展的各项实践在历经外化效仿、反省调整的基础上，构建了我国教师队伍建设的基本框架，也为后续阶段基础教育教师队伍建设奠定了基础。

（二）在恢复振兴中蓬勃发展（1978—1999年）

1978年，党的十一届三中全会的召开为我国社会主义现代化建设拉开了帷幕，党中央对重建基础教育教师队伍给予了高度关注。这突出表现在：一是扫除"文化大革命"对教师队伍建设的影响，重新确立教师队伍建设的规范与秩序。1978年《关于加强和发展师范教育的意见》中强调，师范教育"是发展教育事业、提高教育质量的基本建设，百年大计"[②]，明确了师范教育的重要战略地位，并于1985年将每年的9月10日定为教师节，肯定了教师对社会主义建设工作的贡献。20世纪90年代中期，国家先后颁布《中华人民共和国教师法》与《中华人民共和国教育法》，以法律形式保障教师待遇，保证教师队伍建设的物质基础，同时对教师队伍的整体素质提出要求。这些举措，打破了"文化大革命"期间的发展瓶颈，重新建立了基础教育教师队伍建设的秩序，使其走上规范化的发展轨道。

二是提升教师队伍学历层次，优化师资队伍结构。随着高等教育规模的扩大，基础教育教师培养在注重规模效益的基础上开始强调教师学历层次的提升。据1977年底

---

① 李友芝，李春年，柳传欣，等. 中国近现代师范教育史资料[M]. 北京：人民教育出版社，1983：135.
② 李友芝，李春年，柳传欣，等. 中国近现代师范教育史资料[M]. 北京：人民教育出版社，1983：1126，1133-1138.

统计，当时小学教师合格率为 47.1%，初中教师合格率仅为 9.8%，高中教师合格率为 45.9%[1]，提升教师水平刻不容缓。1980 年教育部颁发《关于进一步加强中小学在职教师培训工作的意见》，开展了以教材教法过关和以学历补偿为重点的培训。到 1990 年全国有（教师）教育学院 265 所，进修学校 2 019 所，在职进修教师 78 万人[2]。由此，通过教材教法培训班、广播讲座、函授学习、电视大学等多样化的培训方式提升了教师的业务水平。1999 年教育部颁布《中小学教师继续教育规定》，基本建立起国家级、省级、县（市、区）级、校级四级培训体系，实现分类分层按需施训，提升了培训的实效性。

总之，改革开放之后的 30 年间，我国基础教育教师队伍建设采取多种措施重新确立了其建设的规范与秩序，使其建设工作在短时间内得到了恢复与发展。此外，面对提升教师队伍水平的现实需要，创建多样化的教师在职培训方式，有效提升了教师队伍的专业发展水平，优化了师资队伍整体素质。

（三）在高速发展中注重优质（2000 年至今）

21 世纪以来，我国各项事业进入高速发展阶段，教育改革也进入"深水区"。具体而言：一是提高教师培养质量，加强教师队伍专业化建设。早在世纪之初，我国就开始尝试由中央财政拨款，率先对部分优秀中小学骨干教师无偿进行国家级培训[3]。2001 年《关于基础教育改革与发展的决定》指出要"完善以现有师范院校为主体、其他高等学校共同参与、培养培训相衔接的开放的教师教育体系"[4]。2010 年我国开始全面实施"中小学教师国家级培训计划"，旨在通过骨干教师脱产研修、集中培训和远程培训相结合等方式大规模培训教师，以此进一步强化四级教师职后培训体系。2012 年国务院颁布的《关于加强教师队伍建设的意见》规定实行五年一周期不少于 360 学时的教师全员培训制度[5]，将其规范化、制度化。随后，2018 年《关于加强教师队伍建

---

[1] 石鸥. 中国基础教育 60 年：1949－2009 [M]. 长沙：湖南师范大学出版社，2009：135，135，115，115，193，135.

[2] 石鸥. 中国基础教育 60 年：1949－2009 [M]. 长沙：湖南师范大学出版社，2009：135，135，115，115，193，135.

[3] 中华人民共和国教育部. 关于做好中小学骨干教师国家级培训工作的通知 [J]. 教育部政报，2000（4）：181－182.

[4] 国务院. 国务院关于基础教育改革与发展的决定 [J]. 中华人民共和国国务院公报，2001（23）：25－32.

[5] 国务院. 国务院关于加强教师队伍建设的意见 [J]. 宁夏回族自治区人民政府公报，2012（20）：15－19.

设的意见》明确提出要实施"教师教育振兴计划,根据基础教育改革发展需要,以实践为导向优化教师教育课程体系"[1]。可以看到,跨入 21 世纪后国家给予了基础教育教师队伍师资培养更多的支持,不仅在财政上划拨专款,而且逐渐完善了相关政策,不断完善灵活开放的一体化教师教育体系,使其培养方式更加规范化、制度化,有效提升了教师专业发展质量。

二是推进基础教育教师队伍优质均衡发展,追求公平而有质量的教育。一方面,重视农村地区教师队伍建设,缩小城乡师资水平差距。2007 年《教育部直属师范大学师范生免费教育实施办法(试行)》规定要为农村地区培养师资,向基础教育输送优质人才,保障基础教育教师队伍建设的源头活水。2018 年《意见》提出要优化义务教育教师资源配置[2]。通过县管校聘等方式实现教师的合理流动,促进了师资队伍均衡发展。另一方面,改善农村地区教师待遇,夯实基础教育教师队伍优质均衡发展的物质根基。2015 年至 2019 年,国家全面实施乡村教师生活补助政策,合力实施乡村教师医疗、住房、荣誉奖励等多种保障政策,惠及中西部 725 个县 8 万多所学校的近 130 万名教师[3]。2018 年,教育部等五部门印发《教师教育振兴行动计划(2018—2022 年)》,要求职务(职称)晋升向村小学和教学点专任教师倾斜。可以说,实现公平而有质量的教育是这一时期基础教育教师队伍建设的主旋律,党和政府通过向薄弱地区输送优质师资,以及采用提高待遇、荣誉奖励、职称倾斜等多种举措留住人才,有效弥合了各地区教师队伍之间的学科结构性失衡与师资水平差距,推动了基础教育优质均衡发展,提高了人民的教育获得感与满意度。

三是提升教师信息素养,推进教师队伍建设现代化。随着人工智能时代的到来,教育的时空界限不复存在,浩如烟海的信息构筑起一个信息泛化的场域,教师不再是知识的直接来源,教师功能从单一走向多元,教师专业发展的生态环境开始重构。2018 年《意见》提出使教师"主动适应信息化、人工智能等新技术变革,推动信息技术与教师培训的有机融合"[4]。至此,教师应用信息技术优化教育教学活动的意识和能力已有较大提升。事实上,强调教师队伍建设技术化和信息化的同时也要警惕"技术

---

[1] 国务院. 关于加强教师队伍建设的意见[J]. 宁夏回族自治区人民政府公报,2012(20):15-19.
[2] 中共中央,国务院. 中共中央 国务院关于全面深化新时代教师队伍建设改革的意见[N]. 人民日报,2018-02-01(1).
[3] 康丽. 进一步增强教师职业吸引力[N]. 中国教师报,2020-09-09(2).
[4] 中共中央,国务院. 中共中央 国务院关于全面深化新时代教师队伍建设改革的意见[N]. 人民日报,2018-02-01(1).

中心论"对人的价值的遮蔽。

21世纪发展至今，我国基础教育教师队伍建设迈入一个新的发展空间。其中，基础教育教师队伍质量整体保持提升态势，为推进基础教育课程改革奠定了坚实的基础；为化解基础教育教师队伍结构性矛盾，以教育公平为导向，均衡城乡教育资源，体现出以人民为中心的发展思想；同时，为适应信息时代教育生态的变革，提高教师信息素养，加强基础教育教师队伍信息化建设，建设一支高素质专业化的基础教育教师队伍，亦是这一时期的主要目标。

二、基础教育教师队伍建设的基本经验

基础教育教师队伍的整体水平是影响基础教育质量的关键性因素[①]。1949年以来我国教师基础教育教师队伍建设积累了众多经验，为加强基础教育和提升国民素质贡献了力量，其基本经验主要表现在以下几个方面：

（一）资格准入：完善教师资格制度，规范行业准入门槛

教师准入制度关系到谁有资格来做教师的问题，是保障基础教育教师队伍质量的一个前提条件。1949年全国独立设置的高等师范院校只有12所，另有附设于大学的师范学院3所，中等师范学校610所，在校学生总计168 152人[②]。中华人民共和国成立初期师范院校不仅数量少，而且结构不合理，教师数量远不足以满足基础教育的师资需求。故而，1950年政务院《关于救济失业教师和处理学生失学问题的指示》规定："尽可能举办中小学师资训练班，及其他各种训练班，吸收失业的中小学教师，施以政治与思想教育并辅以各种业务教育。"[③] 由此，通过采取学习苏联经验构建独立的师范教育体系和吸收原有教师，办短期速成班等应急措施，我国基础教育教师队伍的师资规模迅速扩大了。但这样的应急措施，对基础教育教师的学历要求不高，教师入职门槛低，教师专业水平得不到保障。

改革开放后，基础教育教师队伍较快地得到了恢复与发展。1986年教育部颁布

[①] 杜志强，王新烨. 我国基础教育教师队伍建设面临的问题与对策［J］. 中州学刊，2020（10）：90-94.
[②] 宋嗣廉，韩力学. 中国师范教育通览［M］. 长春：东北师范大学出版社，1998：130，134.
[③] 李友芝，李春年，柳传欣，等. 中国近现代师范教育史资料［M］. 北京：人民教育出版社，1983：135.

《中小学教师考核合格证书试行办法》，开始对基础教育教师的准入资格予以重视。到1987年全国高等师范学校达到260所，招生189 545人，在校生507 693人[①]，基础教育师资需求得到了满足。随着社会的发展，人民开始追求高质量的教育，对教师的要求也越来越高。1993年《中华人民共和国教师法》和1995年《教师资格条例》为我国实行教师资格制度提供了宏观框架，自此教师资格制度初步形成。跨入21世纪后，2000年《教师资格条例实施办法》标志着我国教师资格制度进入了全面实施阶段。随后《中小学教师资格考试暂行办法》将教师资格考试合格列为教师职业准入的前提条件，《中小学教师资格定期注册暂行办法》规定对中小学在编在岗教师实施教师资格定期注册制，将不合格的教师清除出教师队伍，标志着教师资格制度走向成熟。此外2017年《普通高等学校师范类专业认证实施办法（暂行）》规定师范类专业实行三级监测认证，教师资格制度由此成为教师教育体系构建的重要一环。

教师资格制度从中华人民共和国成立初期作为应急措施，到改革开放后初具雏形，再到21世纪成熟完善，规范了教师行业的准入门槛，使教师队伍来源多样化，推进了一体化教师教育体系的发展，可以说是教师队伍建设的一个里程碑，是保障基础教育新进教师素质的重要举措。

（二）专业培养：推进教师教育一体化建设，保障教师专业发展

教师教育是教育的母机，开展教师教育是教师队伍建设的关键环节[②]。教师教育包括职前师范教育、教师入职培训和教师在职教育三个要素。中华人民共和国成立初期，我国以苏联师范教育体系为蓝本，建立了独立封闭的师范教育体系，为解决当时基础教育的师资问题做出了巨大贡献。此外，为提高在职教师的整体素质，1977年《教育部关于加强中小学在职教师培训工作的意见》提出要尽快建立和健全省（市、自治区）、地（盟、州）、县（旗）、公社和学校的师资培训网。自此，党和政府在全国各地建立了教师进修院校，县市也逐渐建立起具有培训功能的教研机构。

改革开放后，为了恢复和发展教育工作，我国形成了教师进修院校、师范院校培训部与函授部、广播电视大学、教育研究院所构成的在职培训体系，主要承担教师的学历补偿培训任务。此时，独立设置的师范教育体系和教师进修院校是两个互相独立

---

① 宋嗣廉，韩力学. 中国师范教育通览［M］. 长春：东北师范大学出版社，1998：130，134.
② 冯建军，苗双双，高展. 努力造就党和人民满意的教师队伍——中国共产党教师队伍建设的百年历史与经验［J］. 国家教育行政学院学报，2021（6）：16-26.

的系统，分别承担了教师职前教育和在职教育，彼此割裂。这两种系统在当时做出了巨大贡献，但随着素质教育的实施，教师队伍规模的扩大，时代对基础教育教师队伍建设提出了建立起灵活互通、一体化的教师教育培训体系的现实要求。为此，1986年国家教育委员会颁布《关于加强和发展师范教育的意见》，规定综合性大学等有条件的高等学校承担中等师范教育培训工作，教师教育体系由封闭走向开放。世纪之交，1999年《中小学教师继续教育规定》的颁布使基础教育教师职后培训制度化、常态化。2000年在一些师范大学陆续出现了教师培训学院，标志着教师教育的一体化开始探索实施。

跨入21世纪后，2001年教育部颁发《基础教育课程改革纲要（试行）》，这也是"教师教育"一词首次出现在正式法规中，其中指出："要完善教师教育体系，深化人事制度改革，大力加强中小学教师队伍建设。"[1] 教师教育概念的提出旨在强调教师的职前培养、入门指导、在职培训的整体性和连贯性，重视教师专业发展的专业性[2]。2018年《意见》提出"实施教师教育振兴行动计划，建立以师范院校为主体、高水平非师范院校参与的中国特色师范教育体系"[3]。这些政策举措反映了我国在教师教育一体化进程中的伟大探索，教师教育一体化进入了深化阶段，打破了教师职前和职后教育相互割裂的局面，将促进教师各个阶段专业发展的教育组织机构整合了起来，实现了教师职前、入职、在职教育体系一体化。

不断探索符合国情的教师教育体系是我国基础教育教师队伍建设的典型经验，从独立割裂走向一体化发展的教师教育培养体系反映出我国教师队伍建设本土意识的增强，同时一体化的教师教育体系搭建起基础教育教师队伍的培养皿，为其输送养分，确保其高质量发展。

（三）职业吸引：提高基础教育教师社会地位，增强教师职业吸引力

教师的职业吸引力越强，越能吸引优质人才投身教育事业，越有利于基础教育队伍建设的良性发展。在马斯洛的需求层次理论中，生理需要是最重要的需要，为此党和政府采取多种措施不断提高教师的福利待遇以增强教师职业吸引力。1951年我国颁

---

[1] 国务院. 国务院关于基础教育改革与发展的决定[J]. 中华人民共和国国务院公报，2001（23）：25-32.
[2] 石鸥. 中国基础教育60年：1949—2009[M]. 长沙：湖南师范大学出版社，2009：193.
[3] 中共中央，国务院. 中共中央 国务院关于全面深化新时代教师队伍建设改革的意见[N]. 人民日报，2018-02-01（1）.

发了《关于改善小学教师待遇的指示》，并于 1956 年进行了工资改革，小学教师的月平均工资比调整前提高 32.88%，整个教育事业单位的教职工工资提高 28.72%[①]。改革开放后，党和国家颁布系列政策，提高教师的待遇，改善其工作与生活条件，为基础教育教师积极投身教育事业提供物质保障。1987 年国务院发布《关于提高中小学工资待遇的通知》，将当时的工资标准提高了 10%。1993 年《中华人民共和国教师法》将"寒暑假期的带薪休假"规定为教师的一项基本权利，其中对教师的住房、医疗及养老等问题做了法律规定，解决教师的生活问题。跨入 21 世纪后国家颁布了教师队伍建设的专项文件，2018 年《意见》对教师的社会保障机制、收入分配机制、表彰奖励机制等进行了规定。数据显示，在《意见》颁发一年后，各地高考成绩排在本省前 30% 的毕业生报考师范专业的比例达到 33.4%，其中最高的两个省份的比例是 55.3% 和 49.8%，2020 年某省会城市报名人数与招考岗位比例达到 20∶1[②]。这组数据表明教师福利待遇的提高有效增强了教师的职业吸引力，教师真正成为大多数人才向往的职业。

尊师重教是我国的优良传统，一个国家教师的社会政治地位往往反映了这个国家的尊师重教水平。党和政府除了关注教师的生理需要，大力提高其物质待遇，更是从多方面提高教师的社会地位，营造尊师重教的社会氛围，使教师获得精神上的满足。中华人民共和国成立初期，针对社会普通民众对教师群体的社会角色存有困惑的现状，1950 年政务院《关于划分农村阶级成分的决定》规定作为职员的中小学教师是工人阶级的一部分。1962 年第二届全国人大三次会议中，周恩来总理强调，知识分子的大多数是属于劳动人民的知识分子。由此，增强了社会普通民众对教师角色的认可和信任。改革开放后，为了使教师成为受人尊敬的职业，1985 年第六届全国人大常委会将每年的 9 月 10 日定为教师节，并召开表彰大会与座谈会，向教师致以祝贺与感谢。1993 年《中国教育改革和发展纲要》指出："要下大决心，采取重大政策和措施，提高教师的社会地位。"[③] 至此，尊师重教蔚然成风。跨入 21 世纪后，国家多次表彰优秀教师，习近平总书记在全国教育大会上强调，"全党全社会要弘扬尊师重教的社会风尚，努力

---

① 卜玉华. 回溯与展望：中国中小学教师发展的世纪转型 [M]. 济南：山东教育出版社，2007：172.
② 康丽. 进一步增强教师职业吸引力 [N]. 中国教师报，2020-09-09 (2).
③ 中共中央国务院. 中共中央国务院关于印发《中国教育改革和发展纲要》的通知 [J]. 中华人民共和国国务院公报，1993 (4)：143-160.

提高教师政治地位、社会地位、职业地位"[①]。这些文件和国家领导人的讲话在很大程度上提高了教师的社会政治地位，在这个市场经济开放、各行各业蓬勃发展的时代营造出了尊师重教的社会氛围，使教师得到精神上的获得感。

毋庸置疑，教师社会地位的提高和物质条件的改善，能够落实以人为本的教师队伍管理理念，提高教师的职业吸引力，吸引更多的人才投身教育事业，优化人才储备，稳定和发展基础教育教师队伍，同时反映出党和国家高度认可教师创造的社会价值。

（四）师德铸魂：建立师德建设长效机制，把稳教师队伍思想之舵

教师是教育之本，师德是教师之本。基础教育具有公共性，教师是影响基础教育质量的关键，党和政府一直高度重视教师队伍的师德建设。中华人民共和国成立初期，1950年第一次全国少年儿童工作干部大会上的报告指出，教师要为人师表，"成为少年儿童道德的表率和行为的模范"[②]，同年参加各种政治学习的中小学教师达到50万人以上，并在1951年底开始了一场全国教师思想学习与改造的运动。此外《关于第一次全国师范教育会议的报告》提出："对现任教师要加强在职学习。学习内容包括思想教育、政治力量、时事、政策以及业务和文化补习，以思想教育、政治学习（包括力量、政策）为重点。"由此，通过组织学习马列主义和毛泽东思想、党和政府的有关政策，对思想状况比较复杂的教师进行了思想改造，肃清了基础教育教师队伍中封建的、买办的、落后的思想，普遍提高了基础教育教师的思想水平与政治觉悟，但此时的师德建设还缺乏相关配套政策。

改革开放后，国家颁布了一系列政策完善各级各类教师职业道德规范，进一步探索师德建设长效机制。1993年《中华人民共和国教师法》将"遵守宪法、法律和职业道德，为人师表"作为教师的首要义务[③]。相关部门根据师德实际发展状况先后四次修订颁发了规范中小学教师职业道德的专门文件，师德建设从会议学习走上了有法可依的制度化、法制化道路，其长效机制初步形成。21世纪后，师德建设进一步深化，师德纳入教师选聘和考核标准。如《2003—2007年教育振兴行动计划》提出"将教师职业道德修养和教学实绩，作为选聘教师、评定专业技术职务资格和确定待遇的主要

---

① 习近平. 把立德树人融入教育各环节：全国教育大会昨在京召开，习近平出席会议并发表重要讲话 [N]. 扬子晚报，2018-09-11（A02）.
② 何东昌. 中华人民共和国重要教育文献：1976—1990 [M]. 海口：海南出版社，1998：13.
③ 中华人民共和国教师法 [EB/OL]. （2005-05-25）[2021-04-25]. http://www.gov.cn/banshi/2005-05/25/content_937.htm.

依据"[①]。党的十八大后,党对师德建设提出了新要求,进行了全面部署。各级各类学校针对重点问题进行规范,结合高校、中小学、幼儿园教师队伍不同特点,下发教师职业行为十项准则及与之配套的教师师德失范行为处理指导意见,既正面倡导,又划定师德底线,实行师德"一票否决制",形成严密的违规惩处和责任追究机制[②]。特别是2019年教育部联合七部委颁发师德建设专项文件《关于加强和改进新时代师德师风建设的意见》,表明了党和政府对师德建设的重视。此时师德建设作为教师队伍建设的首要义务,实现了用制度的力量来确保其常态化、制度化,长效机制已然形成。

总的来看,从中华人民共和国成立初期以政治学习、会议报告等方式加强师德建设到改革开放后颁发系列文件,使师德建设走上规范化道路,再到21世纪强化师德建设的保障制度,进行全面部署,党和政府自始至终都将师德建设作为教师队伍建设的首要要义。目前我国已然构建了覆盖整个基础教育的制度化、规范化和长效化的师德建设制度体系,让基础教育教师队伍建设得以风清气正,为国家育人体系培养了大批专业素质过硬、师德师风优良的教师。

三、基础教育教师队伍建设的未来发展

当今世界正处在大发展、大变革、大调整之中,新一轮科技和工业革命正在孕育。中国特色社会主义进入了新时代,开启了全面建设社会主义现代化国家的新征程,人民对公平而有质量的教育的向往更加迫切[③]。面对新方位、新征程、新使命,需要站在时代前沿,展望我国基础教育教师队伍建设的未来发展,以期加强我国基础教育教师队伍建设的理性思考。

(一)加强信息化建设,推进基础教育教师队伍现代化发展

教育信息化发展是我国教育现代化的重要战略任务,信息素养已然成为21世纪人才的必备素养。《中国教育现代化2035》提出,"高素质专业化创新型教师队伍是加快

---

① 中华人民共和国教育部.2003—2007年教育振兴行动计划[J].人民教育,2005(8):4-8.
② 秦苗苗,曲建武.新中国成立70年师德建设回顾总结和展望[J].现代教育管理,2019(10):21-26.
③ 中共中央,国务院.中共中央 国务院关于全面深化新时代教师队伍建设改革的意见[N].人民日报,2018-02-01(1).

教育现代化的关键"[1]。为此，一方面要树立信息化的教师队伍建设理念。信息化时代，教育的根本方式不是学校教育，而是数字化学习[2]。在未来的学习与教育教学形态中，传统学校模式下的以教师为中心、以知识传授为主导的角色特征将逐渐被消解，未来教师的角色将被重塑，呈现出符合未来学习、教学与教育变革需要的多样性和基于学习、教学与数字技术融合的专业性[3]。传统的由教师、学生、课程构成的三维结构将转变为新的四维结构，即学生、数字化学习环境、数字化学习资源和教学支持服务[4]。因此，应通过树立信息化的基础教育教师队伍建设理念，加深对教师信息素养重要性的理性认识，积极适应信息化时代教与学的变革，使教师在工作中的角色呈现出多样性与专业性。

另一方面，要加强教师信息素养的应用转化。互联网只是将教师从"教"的重复劳动中解放出来，却取代不了教师对"学"的指导，当教师从教学者转向助学者，教师的数量不减反增，教师的任务不轻反重，教师的责任不降反升，教师需要提供个性化服务促进学生自学，组织课堂深度交流促进学生互学，创设体验情境促进学生悟学，以此重新树立角色信心[5]。为此，需要为教师提供必要的技术保障，建立共享的教师队伍建设资源数据库，关注教师信息素养的实践应用问题，采用针对性的信息化教学实践应用培训，加强教师的信息搜索和筛选能力，以及信息化教学实践运用能力。但也要关注到，无论人工智能具有怎样的智能性发展，只能是教学进程中的技术性存在，只能依附于教师、学生的主体性存在而不得僭越；人工智能与教师、学生之间的知识性交互只能是师生教学交往关系中的一种存在样态，师生之间还应坚守肉身在场的面对面交往，从而具有从认知到情感再到精神的多维教学交往[6]。故而，在加强基础教育教师队伍信息化建设的同时，需要在新的教育生态中调和人与技术的关系问题，警惕"技术中心论"对人的价值的遮蔽。

---

[1] 中共中央，国务院. 中共中央　国务院印发《中国教育现代化2035》[N]. 人民日报，2019-02-24（1）.
[2] 单从凯. 未来教师的角色与素养 [J]. 中国远程教育，2014（1）：10-11.
[3] 荀渊. 未来教师的角色与素养 [J]. 人民教育，2019（12）：36-40.
[4] 王炳林，郑丽平. 坚持以人为中心发展教育 [J]. 中国高校社会科学，2020（5）：25-32，156.
[5] 闫华. 信息技术时代教师从教学者向助学者的转变 [J]. 首都师范大学学报（社会科学版），2018（4）：184-188.
[6] 罗生全. 智能技术时代的教学理论发展 [J]. 教育研究与实验，2021（2）：1-11.

（二）进一步提高基础教育教师整体素质，落实公平而有质量的教育

教育公平与教育质量是有机统一的整体[①]，2018 年《意见》指出人民对公平而有质量的教育的向往更加迫切[②]。具体而言，一是要遵循教师专业成长的发展规律，继续深化教师教育一体化培养体系，进一步提高基础教育教师队伍的整体素质，保障基础教育的发展质量。为此，需要发挥学分制优势，优化教师教育课程结构体系，创新其教材教法，完善高校、地方、中小学"三位一体"的协同育人机制。此外，要重视激发基础教育教师的创新实践精神。基础教育阶段的学生是最充满求知欲和好奇心的受教育群体，教师只有始终保持求知欲，在这个瞬息万变的时代不断发展与提高自身专业水平，不断进行教学模式与教学方法的创新实践，才能点燃学生求学的热情，实现内源性发展，建立真正意义上的高素质创新型教师队伍。二是要进一步完善教师资格制度，提高基础教育教师的行业准入门槛。教师资格制度是现代教师教育制度的核心[③]，目前全国每年有 60 多万名师范生毕业，但基础教育领域对师资的需求却只有 25 万[④]，可以说当下基础教育领域教师供过于求，规范其资格制度，提高行业门槛，是深化教师教育发展、保障基础教育教师队伍素质和发展质量的先决条件。

三是统筹优化薄弱地区基础教育师资配置。实现高质量基础上的教育公平，是新时代以人民为中心教育发展思想的目标追求[⑤]。首先，在编制与职称方面，对基础教育乡村学校教师实行编制倾斜政策，提高乡村教师岗位比例，实行教职工编制城乡、区域统筹和动态管理，盘活编制存量，调动乡村中小学教师队伍的发展活力。其次，在薪资待遇方面，要提高基础教育乡村教师的薪资待遇，依据学校艰苦边远程度实行差别化补助，为偏远地区的基础教育乡村教师提供周转宿舍，保障其工作与生活条件，增加岗位吸引力。最后，在师资水平方面，搭建城乡教师交流渠道，落实乡村教师对口支援计划，均衡基础教育师资配置，使薄弱地区的基础教育教师"下得去、留得住、教得好"，将教育服务人民与教育服务社会结合起来，实现从保障全体人民"有学上"

---

① 王炳林，郑丽平. 坚持以人民为中心发展教育 [J]. 中国高校社会科学，2020（5）：25-32，156.
② 中共中央，国务院. 中共中央 国务院关于全面深化新时代教师队伍建设改革的意见 [N]. 人民日报，2018-02-01（1）.
③ 王标. 改革开放 40 年基础教育教师队伍建设成就、经验与发展建议 [J]. 海南师范大学学报（社会科学版），2019，32（1）：92-98.
④ 王烨捷. 师范类教育面临"控量提质"[N]. 中国青年报，2015-10-14（1）.
⑤ 李松楠，杨兆山. 以人民为中心教育发展思想的百年审思 [J]. 国家教育行政学院学报，2021（6）：27-34.

的基本权利到落实"上好学"的优质教育的巨大转变,让优质教育成果惠及全体人民,发挥教育促进社会公平正义的积极作用。

(三) 强化以人为本的基础教育教师队伍管理理念,提高教师生命质量

叶澜教授曾经说过:"没有教师的生命质量的提升,就很难有高的教育质量。"[①] 基础教育教师队伍建设要做到提高教师的生命质量,必然要关注教师本身,强化以人为本的教师队伍管理理念。首先,素质教育本身就蕴含了以人为本的教育理念。教育活动中的人,是处在生活世界中的人,以人为本的教师队伍管理理念是对教师本身的尊重,是对工具理性的超越。故而,基础教育教师队伍建设应该关注到教师的精神需要,把理解教师和尊重教师作为管理的前提,构建充满人文关怀的教师队伍管理制度。其次,要继续提升基础教育教师队伍的社会地位,呼吁社会各界增强对基础教育教师的理解,重视教师职业的社会价值,提高教师队伍的福利待遇和社会地位,在全社会形成尊师重教的文化氛围,帮助教师完成自我实现,从而使教师获得职业荣誉感。此外,要完善教师的考核评价制度,减轻教师的工作负担,完善中小学教师流动机制,多手段激发中小学教师队伍活力,增强教师的幸福感。

最后,要激发教师的内生动力,继续推进基础教育教师队伍的师德建设工作。教师的生命质量离不开高尚的师德,基础教育教师是学生成长的第一批引路人,其师德水平直接关系到青少年能否健康成长,而教师高尚的师德也将赢得社会各界的尊重,反哺其生命质量的增长。为此,在继续完善师德制度建设,建立健全师德建设长效机制的基础上,要激发教师自身涵养高尚师德的内生动力。因为,师德建设刚性约束是必要的,但它不完全是通过制定行为准则就可以解决的,还要激发广大教师的内生动力,自觉维护教师的形象和荣誉[②]。故而,要在全社会弘扬清正的师德风气,宣传优秀教师的先进事迹,塑造新时代基础教育教师的光辉形象。如张桂梅校长拖着病体全身心投入教育扶贫主战场,用大爱筑起师德丰碑[③]。只有教师在内心有一把师德的尺子,而不是仅靠各种规章制度进行外在约束,才能够以内在的生命力量去提升自己的专业能力,以身作则成为学生的榜样,获得职业幸福感。

---

① 叶澜,白益民. 教师角色与教师发展新探 [M]. 北京:教育科学出版社,2001:导言,3.
② 叶存洪. 新时代教师队伍建设:策略和路径 [J]. 南昌师范学院学报,2020,41 (1):41-45.
③ 王永刚,和茜. 张桂梅:用大爱筑起师德丰碑 [J]. 党建,2020 (9):51-52.

行动研究：从言说走向行动[①]

毛道生[②]　许丽萍[③]　税长荣[④]

摘　要

　　行动研究主张通过教师对教育实践的研究来促进教师专业发展与教育变革。由于行动研究所要求的规范性和协同性在现实的教育实践中难以有效实现，教育理论与实践之间缺乏有效贯通，行动研究在教育领域中仍不同程度地存在着重"言说"轻"行动"的问题。要实现行动研究真正从"言说"走向"行动"，需要促进教师建立变革型的教学实践新常态，构建学校行动研究的实践共同体，进一步建立中小学与高校的长效合作机制。

关 键 词

　　行动研究　实践研究　变革型教学　协同研究

行动研究倡导"教师即研究者"的理念，主张通过教师对教育实践的研究来促进

[①] 本文系 2019 年度四川省普教科研资助金项目课题——"基于教育现场的校本研修策略研究"阶段性成果。
[②] 毛道生，教育学博士，正高级教师，成都七中副校长，成都冠城实验学校校长。
[③] 许丽萍，高级教师，成都冠城实验学校副校长。
[④] 税长荣，高级教师，成都冠城实验学校行政中心主任。

教师专业发展和教育变革。自 20 世纪 90 年代以来，我国教育学者积极引介行动研究的理念与方法，对我国的教育研究也产生了重要的影响。行动研究作为"行动者"在"行动中"的研究，其根本要义不在于以思辨寻求真谛，而在于以行动推动变革。审视目前所进行的行动研究，可以发现，行动研究在教育领域中仍不同程度地存在着重"言说"而轻"行动"的问题，行动研究对于促进教师专业发展和教育实践变革的价值尚未充分实现。

一、"言说"中的行动研究

行动研究是由教育实践者面向教育实践开展的研究，致力解释教育实践中的现象，解决教育实践中的问题。行动研究作为一种教育研究的理念和方法，需要通过理论研究者的引介、研究和传播，但对行动研究的理论研究本身还并不是行动研究，而只是对"行动研究"的研究。此外，教育实践者开展的以行动研究为名的研究，若其研究的问题不是实践中的真问题，研究的结论也难以有效地回到实践中解释和解决实际问题，这样的研究也只能是声称的行动研究。

（一）理论研究者的"言说"

教育领域中关于行动研究的研究，大体可以分为对行动研究的研究和对教育的行动研究。前者是以行动研究为研究对象的理论研究，研究内容注重对行动研究进行概念辨析、方法介绍、价值阐释。后者是以行动研究作为方法在教育实践中开展的研究，是以行动研究为研究的理念和方法对教育实践问题进行的研究，常表达于各层面的校本研修、小专题研究的方法叙述中。相较而言，对行动研究的研究仍盛于行动研究。应当肯定，对行动研究的理论研究对于教育研究领域开拓思维、厘清认识、提供方法指引具有重要的意义。也要认识到，对行动研究的理论研究还不能直接实现行动研究的真正价值，相反，脱离了实践的理论研究会因失去了行动的根基而陷于枯竭，以至于行动研究悬空于概念与理论的思辨中，难以实现行动研究的理论发展和实践价值。对行动研究的理论研究的深入展开及其价值实现，尚需将理论转化到行动研究的实践中，"凡是把理论引向神秘主义的神秘东西，都能在人的实践中以及对这个实践的理解中得到合理的解决"[1]。行动研究需要真正扎根于教育实践，在行动研究的实践中探索生成行动研究的理论体系，形成符合本土实情和时代发展需要的教育行动研究样态。

（二）实践研究者的"言说"

经由理论的传播和启发，行动研究作为一种方法或理念已经对作为教育实践承担者的基础教育一线教师产生了重要的影响。这从大量的校本研修案例和各级教育科研课题，以及部分教师的文本表述中可以证实。同时也可以发现，一线教师在教育实践中开展的行动研究，其研究的方式与效果并未真正体现出"行动"的本意，往往也是一种"言说"的研究。这首先体现在，研究的问题未必是实践中的问题。行动研究需要以批判反思的眼光审视常态的教育实践，在实践中定义问题和解决问题。在此过程中，教师需将既有的经验置于开放状态，以自我革命的精神改造经验变革实践，是行动研究真实有效的基础。而实际的情况往往是，教师在行动研究中面临的第一个难题就是不知道该研究什么问题，所研究的问题往往模糊不清或从众而论，而自身所从事的教育实践却处于"无问题状态"。由于缺乏真实的实践性问题，研究也就寄于固定的科研程式和话语支配。这种本末倒置的状态，使行动研究疏离于真切的教育实践和教育实践者，成为形式高雅实则空乏的文本制作。

由于研究没能指向教育实践中的真问题，研究的结论对于教师的教育实践也就缺乏显著的解释和指导力。以行动研究的名义，用时新话语包装常态经验，教育实践经验并没有真正以问题的眼光重新审视，则只是将常态的实践予以理论的"涂层"，其正确性和正当性都值得反思[2]。在理论言说之后，真正能够体现行动研究的调查、观察、评估、改进、反思的实际过程却被淡化，实际的教学行为仍处于惯常的经验套路中。这样的研究脱离了教师切身教育实践的行动研究，无益于实践问题的解决。如此，教师虽在进行着教育的"研究"，而真实的教育实践却依循着日常经验。"行动研究"活跃于言说之中，游离于行动之外。

二、行动研究的行动之困

依循规范的研究方法与过程，行动者之间有效地协同，以及理论与实践之间融通

---

[1] 中共中央马克思恩格斯列宁斯大林著作编译局. 马克思恩格斯选集：第1卷 [M]. 2版. 北京：人民出版社，1995：56.
[2] 晏辉. 涂层现场的三种哲学分析 [J]. 广州大学学报（社会科学版），2019（6）：78-83.

转化是行动研究有效开展的三个基本条件。教育的行动研究能否有效开展，受到行动者所处的实践样态的影响，也取决于行动研究所能获得的组织支持与资源保障。行动研究的规范性与协同性难以嵌入教师的日常教学实践活动，以及行动研究所需要的理论与实践融通机制尚未充分建立，由此形成教师开展行动研究的行动之困。

（一）研究的规范性难以贯彻

教学实践的常态性与行动研究的规范性之间的张力，使行动研究难以在日常教学中有效开展。行动研究需要将规范性的研究过程与方法嵌入教师的日常教学生活中，以达到改造教育实践的目的。行动研究是系统而科学的研究，要求参与、改进、系统和公开等精神，而不是"随意性的问题解决"[①]。在常态的教学实践活动中，教师往往投身于学校中的常规教学事务，依赖教学惯例，难以嵌入完整的有计划、有监测、有评估的教育行动。常规性教学事务是由学校教育教学管理运行机制和学校内的集体经验凝结而成，而个体教师的反思意识处于弱势地位，在学校的日常教学中，循规蹈矩往往比创新突破更受欢迎。在常规性教学事务之外，教师也时常会被动地应对具有突发性的教学事件，忽而处理一件班级事务，忽而又在应答一个教学问题。突发性的教学事件往往需要教师应急处理，但教师并没有充分的设计与谋划条件。能够称得上行动的是一个相对独立的、经设计后的教育实践，而教师的教育行动往往就在庞杂的教学事务中，在层次和规模上边界模糊。教师终日忙碌，却不能构成一个完整的行动事件。也就是说，在常态教学中教师难以完整地制订和实施研究与行动计划，难以有效地将日常事务转化为"反思性行动"。

教师在常态教学中对确定性的寻求，事实上强化了对制度规范和教学惯例的依赖。"对确定性的寻求是寻求可靠的和平，是寻求一个没有危险、没有由动作所产生的恐惧阴影的对象，因为人们所不喜欢的不是不确定性本身而是由于不确定性使我们有陷入恶果的危险。"[②] 行动研究指向实践变革，即要打破确定性，投入到教育实践的复杂性与无边界性之中。当教师尝试在教育实践中定义并解决问题时，教师会发现，随着认识的深化，又会有新的问题和新的定义，且所进行的研究所获得的结论和经验，也不能完全推广到其他教育实践情境中。尤其是在实践中时间紧迫的情况下，教师的确定

---

① 刘良华. 重申"行动研究"[J]. 比较教育研究，2005（5）：76-81.
② 杜威. 确定性的寻求——关于知行关系的研究[M]. 傅统先，译. 上海：上海人民出版社，2004：6.

性依赖越强烈。而依从组织内的规定或俗成教学惯例，以应对教学中的各种突发"异常"问题，则使教师获得"日复一日"的确定性，教师少有通过开展规范系统的行动研究来实现教育实践变革的动能。

（二）研究的协同性难以实现

行动研究的一个重要特征是教师之间要协同合作。行动研究将权力赋予实践参与者，这种赋权应该在集体层面而非个体层面实施，因为不仅个体活动相互分离，而且所有个体都由组织和结构力量所塑造。学校教师需要建立协同研究的机制和文化，以保障研究问题的提出与论证，行动方案的制订、实施与评估，最终实现共同体经验重组与改造。行动研究的协同性受到学校组织内教师教学的个体主义倾向和学校管理的控制主义倾向的双重阻碍。

教师的教学活动实际上存在着明显的个体主义倾向。教师是学校组织分工链条中的一环，每位教师的分工、教学权利与责任边界，每位教师的工作对象、内容和情境都有其独特性，这在一定程度上使得普遍性的原理难以直接地转化为普遍性的经验，教师教学所依赖的经验具有个体主义的色彩。这在实际上削弱了教师之间进行协同研究的迫切感，并在教师之间形成一种"自主权默契"，即教师彼此认同各自的教学权利和责任，不干预其他教师的教育实践行为，在学校基本文化与制度的框架内，包容教师在行动方式上的差异性。教师的教学空间是封闭的、难以控制的，在一间间分割的教室内，教师根据自身对情景的判断、教学的意愿、经验展开教学，因此学校只能从外部对教师的教学进行目标诱导，而无法完全实现有效的过程控制。教师教学的个体主义倾向，既可能是教师教学变革的契机，也可能是促成教师固化个体经验、形成封闭的"惰性知识"。

学校为实现教学管理的目标，仍在一定程度上存在着控制主义的管理逻辑。具体方式包括为学校为年级组、教研组、班主任、学科教师制定量化的教学目标，对教师教学实施过程监督等。控制与变革是相互排斥的，贯穿于控制主义的学校运行逻辑的是一种自上而下的监督与执行，势必削弱横向的协同与合作。在控制主义倾向的学校管理中，学校较少注重激发教师变革教育实践的内生动力，淡化教师追寻理想教育样态的理念引领和文化熏陶，对教师开展教育实践研究缺乏系统支持和保障，更多的是将教师纳入事务性的管理控制中。并且，控制主义下的学校管理倾向于通过设立竞争性的教师教学业绩评价考核，推动同层同类教师之间的竞争，以竞争机制促进教学业绩的量化提升。同质竞争最可能的后果往往是低水平内卷，而不是协同创新。

（三）理论与实践贯通不足

行动研究并不是要排斥理论研究，恰恰相反，行动研究从问题的提出和行动方案的制订，以及评估与反思，都需要理论的参与。行动研究的目的除了实践改进，解释和生成理论也是其目的之一。缺乏持续有效的理论支持，是行动研究难以真正开展的又一重要原因。行动研究主张行动研究者与理论研究者形成密切的合作关系。虽然我们不能武断地认为，高校教师承担着理论研究工作就不懂得如何实践，不能独断地认为中小学教师承担着教育教学实践工作就缺乏理论的研究能力，但从总体上讲，专业的理论研究者具有理论研究的优势，中小学教师由于长期承担教学实践，具有实践经验的优势。由此，关于理论和实践及二者的双向转化问题，在很大程度上就具体化为理论研究者和中小学教师、高等院校特别是高师院校与中小学校的有效合作。

虽倡导多年，高校与中小学的长效的工作机制和评价机制并没建立，更为根本的价值共识与研究氛围也还尚未形成。高校对于教师的主要评价内容仍是论文和著述形式的学术科研成果以及学校的教育教学任务。真正深入中小学进行持续的行动研究是一项辛苦的工作，其所获得的成果也主要是在于教育实践水平提升和教师智慧沉淀，而未必是体制规范下的学术研究成果。现有的高校与中小学合作研究的主要成本支付方是地方行政部门或中小学校。中小学能获得多少来自高校的支持在很大程度上取决于学校自身的资源能力，从实际情况来看，愿意并能够支持建立持续的高校和中小学合作研究机制的中小学校并不多。高校所能实际支持的，也多是一种点状的专家指导，缺乏广覆盖、持续的协同研究。在点状的指导中，专家基于理论研究的身份、地位和学术话语的优势，更多的是一种自上而下的外部指导，对于中小学教师实际的内生问题缺乏深入的关注。真正的行动研究是一种螺旋式的持续研究，行动研究通过自我反思，螺旋式上升发展，这个螺旋式上升的循环包括计划、行动、观察和反思，然后重新计划，进一步执行、观察和反思[1]。显然，点状的指导难以支持行动研究的持续有效开展。

三、从"言说"走向"行动"

要真正实现行动研究对提升教师专业发展和教育实践变革的重要价值，需要促进

---

[1] 科恩, 马里恩. 教育研究方法 [M]. 程亮, 等译. 上海：华东师范大学出版社, 2015：439, 436 - 437.

行动研究真正从"言说"走向"行动"。行动研究从"言说"走向"行动",有赖于以反思性实践共同体的构建来化解教师个体主义倾向与学校管理主义之间的冲突,有赖于打破体制障碍,真正形成更具开放格局的长效合作机制。

(一) 促成教师形成变革性的教学新常态

如前文所述,行动研究与教师的常态教学之间存在着现实的张力。开展指向实践变革的行动研究意味着教师要打破固定经验模式,将研究与实践融为一体,建立变革性教学的新常态。教师需要在行动研究中掌握行动方法,养成追求卓越教育品质的信念。方法与信念结合才能促成教师将变革作为一种常态,在变革中实现安全感,寻找确定性。

促成教师形成变革性教学新常态,需要对教师加强教育行动研究等实践研究方法的培训。开展行动研究,教师需要掌握在教育实践之中提炼和形成研究问题,制订行动方案,在研究中调查、记录与观察等基本程序与方法,以及对研究成果的表达等方法和技能。目前的师范生培育面向教育学专业的学生开设了系统的教育研究课程,其中涉及部分行动研究的理念和方法。而虽各学科的师范专业设置有教育学原理等师范类公共课程,但对于教育研究,特别是行动研究、叙事研究等实践性的教育研究方法,学生缺乏系统的学习和训练。教师的职后培训大多以学科教学或德育为中心,真正的教育实践研究也相对较少。这在事实上造成了大部分教师缺乏通过教育行动研究实现教育实践变革的意识和能力。为此,在教师的职前与职后培育中,应加强对教师开展教育实践研究方法的培训,促进教师熟练掌握行动研究的基本方法技能,切身体验行动研究所蕴含的变革精神和对实践变革的重要意义,由此推动教师形成变革性的教学新常态。要获得行动研究方法,需要接受理论的培训,更需要在实践中领悟。只有当教师勇敢地踏上行动研究之路,才能真正在行动研究中掌握真谛和价值。

行动研究不仅仅需要教师掌握和运用一种教育实践中的研究方法,更需要教师具有强烈的使命感和自我革新精神。在行动研究的基本理念中,教师以教育实践中的现象和问题为研究对象,以促进教育实践变革为目的,通过行动研究塑造变革创新型教育实践样态。教育者需要秉持信念,心怀理想,扎根实践,以理想的眼光审视实践,推动现实朝向理想变革。教师应当自觉形成对教育之真善美的信念,探求并依循教育的科学,以科学的眼光审视实践。教师应当追求崇高的道德,在道德的弹性空间中,去追求更崇高的道德境界。教师在教育实践中追寻生命的美学,发现、领悟和创造生命成长之美。由此实现促进生命的社会性成长,培育个体生命的幸福完满与社会进步的统一。教师需要树立追求理想教育的信念，真正理解教育的实践就是要在教育的实践中不断寻求教育变革，实现教育理想的行动。

（二）构建行动研究的实践共同体

从应然的立场上讲，学校作为一个研究型实践共同体，以追寻理想教育实践为基本取向来确立学校的理念，构建学校的运行机制。学校注重教育理念引领和对教师教育变革动机的激发。教育中的问题源自理想与现实的落差，教师需要从应然的教育理念出发，重新审视熟悉的日常教育实践样态，对教育的现场保持着敏感的问题意识。为此，学校需要高度重视教育理念的引领，启发教师以此为标尺审视教育现场中的问题，鼓励创生性的实践变革。学校的理念为教师从事教育实践提供理据、精神依托、意义赋予，是将教师从简单的工作协作关系、利益分配关系提升至具有共同价值、科学依据和情感联结的共同体的首要条件。没有理念的学校，在教师的劳动投入与利益分配中迷失了方向，教师在学校中难以形成对教育的目的和真谛的领悟，陷于意义的空虚。学校的理念应当包括对教育的目的和原则、学生的生命价值和成长规律、教师身份的价值和意义等根本问题的理解，并以简明的方式表达出来。在教育理念的召唤下，教师能够抛开各种外部因素的纷扰，积极担当立德树人的教育使命，真正站在教育的立场上发现、定义和解决问题，追寻教育的理想。

学校在运行机制上应强化学科教研组（教研室）的学术研究功能。基于分科教学的传统，学校组织内各学科都建立了相应的教研组。从实际的情况来看，很多学校教育研究运行机制没有真正有效建立，教研组往往扮演着从学校管理者向教师传递行政信息的中介，教研组学术研究职能未被激活，学术组织权力虚化，也缺乏相应的资源配置。教研组日常运作往往也需要过度依赖情感因素等非正式权力运行方式，更缺乏真正推动教育实践研究的能力。教研组的主要功能在于"研"，为推进行动研究的有效开展，教研组需要真正回顾其研究性组织特征，建立专门化的教研组研究工作机制，并提升教研组组长的学术引领能力。在教研组的组织机制方面，学校在管理机制、评价机制、资源配置上将权力向教研组下移，在课程建设、教学改革等方面赋予教研组更大的学术自主权。同时，在教研组内部建立相应的教育实践研究组织机制、系统机制、评价机制，提升教研组的研究能力，让教研组真正从行政信息传递中介向面向实践的研究单元转变。

（三）建立高校与中小学长效合作机制

行动研究需要系统的理论支持，这就需要以中小学校开展行动研究的需要为中心，与高校、科研机构特别是与高等师范院校建立长效协同机制。中小学校与高校建立长效合作机制不是一个新的设想，而是一个在理论界进行了较为丰富探索的问题，但理论的回答似乎并没有带来普遍的实践改造，其根本原因在于体制障碍并未被有效打破。致力打破体制障碍，建立长效合作机制，中小学校应当围绕教育实践问题形成开放的办学格局，在学校内部建立专门的组织与工作机制，积极吸收反映时代发展前沿的信息和资源，为学校教师的行动研究提供支持。应鼓励以区域性的高等院校特别是高等师范院校为核心，构建贯通中小学的教育理论与实践转化研究的协同机制，支持和鼓励高校教师以平等的研究者的身份，参与到中小学教育教学改革的相关行动研究，并配套建立相应的工作机制、评价机制和激励机制，调动高校教师深入基础教育一线开展实践和研究的积极性。

更进一步讲，长效合作机制的真正有效性取决于人。需要高校教师特别是从事教育研究的教师与中小学教师之间建立一种共创共生的信念。教育的实践是无边界的，是复杂的，这就决定了为致力教育实践水平的提升，理论研究者与实践承担者并不完全固守于确定的责任边界，而是应因具体实践场景的变化，在实践的信念、情感、意志等因素的共同参与下，在遵循教育目的和规律的基础上开展创造性研究。这种立场一致的确定性追求要求教育行动的各方共同承诺短期的具体利益，共同基于教育的立场展开教育的研究与实践，以教育尺度来审视系统各部分之间的关联。

校长：实践反思型教育领导者[①]

刘 冲[②] 樊 祥[③] 王纯育[④]

摘 要

校长是实践反思型教育领导者，其领导者角色在教育反思中发展，在教育工作中成熟，在教育领导中升华。校长应具备超越具体事务性管理的领导意识，着眼于学校的全局经营和愿景领导。校长领导力是校长的影响力、综合实力和权力的复合体，主要领导领域覆盖学校内涵建设、关系协调和环境支持。领导力是校长的关键能力，由外显力和内隐力构成，外显力表现为校长的行动力，内隐力表现为校长的理解力和思想力。校长领导方略承载学校文化、发展愿景、育人体系和制度建设，体现作为领导者的校长的领导力水平。

关 键 词

校长 实践反思 领导者 领导力 领导方略

[①] 本文基于2020年教育部人文社会科学研究项目"'大学—小学'教师共同体协同培养小学卓越教师的机制研究"（项目编号：20XJC880004）、四川师范大学2021年研究生教育改革研究项目"基于U—S协同的教育硕士研究生实践能力培养机制研究"（项目编号：2021YJSJG005）两个项目写作。
[②] 刘冲，四川师范大学教育科学学院副教授，硕士生导师，主要从事教育领导与管理、教师教育研究。
[③] 樊祥，成都高新区芳草小学校长，主要从事教育领导与管理研究。
[④] 王纯育，成都市锦江区大观小学校长，主要从事教育领导与管理研究。

作为学校首席领导者,校长担负着团结带领全校师生不断向善向好发展的重任。校长领导者角色的生成和功能发挥依靠内外两大因素,内在因素是作为校长关键能力的领导力,外在因素是体现校长办学治校能力的领导方略。校长的领导者角色、领导力和领导方略构成了相互支撑的结构化关系。

一、校长的领导者角色

学校诞生于原始社会末期,校长也应运而生。在不同历史时期和不同区域,校长的职业称谓或有差异,校长的角色特征也各有不同,对校长领导者角色的认定也是多样化的。

(一)校长角色的历史变迁

在古代社会,学校教育是少数人的特权,学校教育权、受教育权和教育管理权都为特权阶层所有。古代学校教育的主要职能在于"教化",优先服务于权贵阶层的统治利益。正如孟子所说:"学则三代共之,皆所以明人伦也。人伦明于上,小民亲于下。"[①] "明人伦"是我国古代学校教育的目的所在,也是教育政治化、伦理化的重要标志。在政府主导办学的前提下,古代官学的校长践行国家意志,培育治国精英。古代学校的领导者一般由国家公职人员充任。例如西汉首个郡国学校"文翁石室",由时任蜀郡太守文翁担任"校长"。再如古罗马昆体良主持的拉丁语雄辩术学校,学校性质为"国立",昆体良的薪俸也由帝国财政支付。

文艺复兴和宗教改革时期,西方社会的教育生态发生了重大变革。平民工商阶层崛起,市民迫切需要破除权贵阶层的学校教育垄断,主张教育的世俗化和非宗教化。这一时期也是资本主义从萌芽阶段向工商业大发展过渡的阶段,区别于旧时代的古典学校,新兴的市民学校不再以"七艺"和拉丁语、希腊语为主要科目,现代科学知识进入学校课程,"七艺"开始向现代课程分化。新兴市民学校通过知识分子"行会"的形式,对年轻一代市民进行教育。当时的教师还带有"知识匠人"的身份特点,而校长则是众多"知识匠人"中的"首席",可谓"首席知识匠人"。

启蒙运动和科学革命后,工业化时代到来,社会生产生活方式大变革,现代学校的教育目标、教育内容、教育方式和管理方式都发生了翻天覆地的变化。科学主义成

---

① 出自《孟子·滕文公上》。

为此阶段教育发展的主导价值取向,自然科学知识成为现代学校课程建设的主要内容,学校教师的角色从此前的"知识匠人"转向"知识教学能手",而这一时期校长的主要任务则是评判教师教学能力水平,扮演着"教师评估师"的角色。

20世纪以来,人类社会迈向现代化新征程,同时也伴随经济危机、世界大战、冷战、技术革命等时代主题,现代教育的价值取向常在科学与人文之间摇摆。一方面,当代学校教育确立了"学生第一"的原则,关注学生学业水平、生活经验、基础知识与技能、情感意志等多方面的发展。当代教师的角色越来越像学生学习与发展的"建构师",校长则是学校"建构师"的"督促者"。另一方面,现代管理理论诞生一百余年来,企业管理、行政管理和学校管理的理念正在逐步转向,从过去热衷于追求效率的事务性管理,正在转向追求卓越的愿景领导。当代校长扮演着支持学校改进、促进学校内涵发展的"领导者"乃至"教育家"的角色。

综上所述,校长角色的历史变迁大体如表1所示。

表1 校长角色的历史变迁

历史阶段	学校任务	校长角色
古代社会	培养治国精英	政府官吏
文艺复兴与宗教改革时期	市民世俗教育	首席知识匠人
启蒙运动与科学革命时期	科学技术传承	教师评估师
20世纪以来	科学与人文并重	督导者或教育家

(二) 校长是实践反思型教育领导者

校长的办学治校之责决定了校长不仅要把管理和领导职能发挥好,更要不断加强自身的专业修养和专业能力,以便更好地推进以学生发展为核心的教师发展和学校发展。校长必须成长为专业的教育工作者,也必须发展为卓越的教育领导者,其角色定位可谓"实践反思型教育领导者"或"反思性教育实践领导者"。美国学者萨乔万尼认为,"反思性实践"会使校长工作更有意义[①]。校长领导者角色的基本要义体现在以下四个方面:

第一,校长在教育实践中生成,校长是教育实践者。教育实践是孕育和发展教育实践主体的土壤,是校长、教师和学生发展的前提,也是关乎教育事业成败的决定因

---

① 萨乔万尼. 校长学:一种反思性实践观 [M]. 张虹,译. 上海:上海教育出版社,2004:51-52.

素。校长在教育实践中亲历教育改革发展，不断改造着自己的教育观、学校观、教师观和学生观，不断塑造着自己的教育职业信念、教育情怀乃至教育信仰。如果脱离了教育实践，校长的教育观念和教育理解就成了无源之水和无本之木。

第二，校长在教育反思中发展，校长是教育反思者。教育实践不是简单机械的教育行为或教育劳动，而是在思想、观念或理论指导下的理性实践，是在行动的同时有及时且深刻的反思。实践反思是学校教育实践不断改进、优化和创新的重要条件。只有校长亲历了学校教育实践的行动，体验了学校教育实践的过程，才可能形成关于教育实践的全面立体的反思与总结。校长的教育反思也为进一步明确学校办学愿景和办学目标、优化学校内部治理提供了思想前提。

第三，校长在教育工作中成熟，校长是教育工作者。没有人从工作伊始就是行家里手，每个人都是在持续实践过程中从对工作的陌生走向不断成熟的。每个人对工作的熟悉和熟练程度也是动态生成的，并不意味着此时熟悉到彼时依然熟悉。随着时代变迁和政策导向变化，学校领导工作的方式、要求和追求也在不断变化，校长不能囿于一时一地的经验之得，而应在教育改革发展的浪潮中不断寻找学校领导工作的突破点或创新点，持续激发学校内部办学活力。

第四，校长在教育领导中升华，校长是教育领导者。学校有完全不同于政府和企业的"非营利的""第三部门的"[①]特征。学校不具备行政职能和生产职能，而是唯一以育人为使命的社会组织，致力为社会公众提供普惠性、公益性的教育服务。学校的教育服务属性决定了校长不是政府"官员"，不是企业"老板"，而是优质教育服务的提供者。这就需要校长依靠组织文化而非强制权力实现学校治理体系不断优化，从而实现学校办学品质的不断提高。

校长领导者角色的发展受多方面因素制约。外部制约因素主要来自治校办学环境和与学校领导相联系的利益相关者。其中，治校办学环境包括党和国家的教育方针、各级政府的教育政策导向、现阶段基础教育改革实际，以及学校所处区位资源状况、社会文化习俗、教育传统等方面。与学校领导相联系的利益相关者包括学生、教师、职工，以及家长、社区人员、企事业单位人员、教育研究者、非政府组织等个人或群体。内部制约因素主要是校长自身的素养水平，包括校长的专业理想与信念、专业知识与能力、专业态度与智慧，以及校长的领导艺术和实践感知力。校长领导者角色的

---

① 萨拉蒙. 全球公民社会——非营利部门视界［M］. 贾西津，魏玉，译. 北京：社会科学文献出版社，2007：3.

发展是持续动态的过程，是校长专业发展的重要构成部分，是校长发挥领导力和领导方略的前提。

二、校长的领导力

如果领导者注重琐碎的事务性工作，无暇顾及统筹性工作，就很难发挥出真正的领导力。正如《道德经》所云："太上，不知有之；其次，亲而誉之；其次，畏之；其次，侮之。"① 领导力的最佳水平是"不知有之"，中级水平是面对面、手把手的"亲而誉之"，低级水平是具有攻击性的"畏之"和"侮之"。如果领导者缺乏威信，得不到信服，即便采用极端手段，也很难有所作为。美国企业家韦尔奇认为："当你成为领导者以前，成功只同自己的成长有关。当你成为领导者以后，成功都同别人的成长有关。"② 领导不同于管理，需要具备大局观和全局观。

（一）校长应具备超越管理的领导意识

校长的每一天都很"忙"，校长有必要区分所"忙"之事的性质，区分事务性管理工作和全局性领导工作。美国管理学者达夫特归纳了管理与领导的区别③。结合学校工作特点，学校管理与学校领导可从如表 2 所示的几个方面进行比较。

表 2　学校管理与学校领导的比较

比较项	学校管理	学校领导
制订方案	注重细节控制	注重方向和全局把握
成员关系	组织机构和人员配置	联合群体成员
执行计划	控制、监督、解决问题	激励和鼓舞
产出结果	完成计划，维持秩序	引起变革

从"制订方案"比较项看，学校管理者重视细节控制，学校领导者注重学校发展方向和全局性战略问题。学校管理也好，学校领导也罢，学校领导者的视野既要着眼于当下，也要放眼未来；学校领导者的立场不应局限于本校已有经验，而应从更宽广的学校教育世界乃至人类文明进程中看待问题。在此眼界和立场的基础上，不断探寻

---

① 出自《道德经》第十七章。
② 韦尔奇. 赢 [M]. 余江，玉书，译. 北京：中信出版社，2010：45.
③ 达夫特. 领导学：原理与实践 [M]. 杨斌，译. 北京：机械工业出版社，2005：9.

治校办学的问题解决方案。校长要努力成为具有领导意识的"经营者",而不是简单履行管理职责的"售货员"。

从"成员关系"比较项看,学校管理关注组织机构和人员配置,学校领导关注群体成员之间的联合及其方式。在强调组织和人员配置的情况下,学校工作容易呈现职能分割的局面,甚至出现各自为政、互相推诿、部门之间缺乏共同体意识和协作意识的现象。学校领导整合组织和人员的力量,建设学校事务共同体,打破原有组织结构模式,根据职能实现机构和人员的交叉融合。

从"执行计划"比较项看,学校管理考虑更多的是控制、监督和解决当前问题,学校领导所做更多的是对组织或人员的激励和鼓舞。学校领导将战略领导与方向引领相结合,推动组织成员共同努力走向成功。美国学者麦格雷戈认为,决策和行动背后都有某种人性假设。X理论假设认为,一般人厌恶工作、逃避责任,需要被控制才有发展。Y理论假设认为,人是可以自我指导、自我控制和主动承担责任的[1]。其后,美国学者大内又提出了Z理论,认为组织的成功离不开信任、微妙性和亲密关系,应致力建立以坦白、开放和沟通为基本原理的参与式管理[2]。对学校领导而言,最关键的问题在于避免师生人性中懒惰因素的发生,更好地激发每一位师生的积极因素。学校有必要在支持条件方面采取措施,创设激励性的发展情境,建设凝聚力强的团队,提供具有前瞻性的战略领导。

从"产出结果"比较项看,学校管理以完成任务、维护稳定为直接目标,而学校领导则指向学校组织的整体变革。变革意味着不再回到从前,意味着学校迈向新的发展阶段,意味着学校品质的整体提升蜕变。

(二)校长领导力的内涵

领导者即"在组织中担任领导职务、履行领导职能、行使领导权力、肩负领导责任的个人或集体"[3]。领导者是领导活动的主体、驱动者和统帅者。领导的过程是领导者不断优化组织结构、协调组织内外关系、主动调配各方资源的运作过程,体现领导者领导力的过程。校长"持续发生影响的过程"[4] 就是领导力,或称之为"影响力"。

---

[1] 麦格雷戈. 企业的人性面:经典版 [M]. 韩卉,译. 杭州:浙江人民出版社,2017:55-56,68-69.
[2] 大内. Z理论 [M]. 朱雁斌,译. 北京:机械工业出版社,2007:3-6.
[3] 孙健敏. 组织行为学 [M]. 北京:高等教育出版社,2019:133.
[4] 徐瑾劼. 澳大利亚中小学校长的专业发展及领导力构建 [J]. 学术探索,2012 (2):163-166.

领导力也是"校长领导学校不断确立目标、实现目标的过程中展示出的综合实力"[①]。此外，领导力本身也具有权力属性。在与各类主体的交往过程中，校长的影响力、综合实力和权力逐步生成。

领导者权力的支配作用取决于领导者权力的正当性。韦伯认为，具备正当支配作用的权力有三种纯粹类型，即建立在理性、传统或超凡魅力基础上的权力[②]。基于理性的权力是较稳定持久的权力类型，一定程度上具有强制影响力。基于传统的权力来自领导者的代际继承，其稳定性不够。基于超凡魅力的权力取决于领导者的个人魅力，具有稳定性，但易受领导者个人素养制约。校长的权力是三种权力类型的复合：首先，校长因职务本身而获得法理权力，成为学校法人和第一责任人，承担学校领导职责；其次，校长的部分权力来自对某些办学资源的支配机会，这种权力可谓"资源权力"；最后，不同校长个体各有其特点、成长经历和人格魅力，这类权力可谓"个人权力"。三类权力合理运用，责、权、利相统一，校长的权力才可发挥最佳影响力。

校长的领导领域有复杂性，涉及人性领导、教育领导和文化领导等多个向度[③]。总体来说，校长领导领域即"一个核心、三个模块、若干方面"。"一个核心"即以人的发展为中心。学校是育人之所，学校的直接的服务对象是人。校长首先应确立"人"这个核心，以人的发展作为学校领导的核心工作。学校教育语境中的以"人"为中心有三重内涵：第一重内涵强调以"学生"为中心；第二重内涵强调教师的价值，教师也是"人"，即以"学生"和"教师"为中心；第三重内涵强调校长的作用，即以"学生""教师"和"校长"为中心。近些年来，我国社会和教育界普遍重视以"学生"为中心，而对"教师"和"校长"的切实需要有所忽视。《义务教育学校校长专业标准》指出："校长作为学校改革发展的带头人，担负着引领学校和教师发展，促进学生全面发展和个性发展的重任；将发展作为学校工作的第一要务……推动学校可持续发展。"[④] 学生发展、教师发展、校长发展和学校发展是个统一体，三类主体的发展相互支撑、共生共长。仅强调学生发展，或以学生发展之名压抑其他主体发展的想法和做法是极端短视和狭隘的。"三个模块"即内涵建设、关系协调和环境支持。"三个模块"围绕"一个核心"展开，是学校领导的三个基本领域，每个领域涵盖"若干方面"。内

---

① 杨清溪，邬志辉. 校长领导力：乡村教育发展的新动能 [J]. 教育发展研究，2018（24）：41-47.
② 韦伯. 经济与社会：第一卷 [M]. 阎克文，译. 上海：上海人民出版社，2010：322.
③ 万恒. 校长领导力的本质及自我修炼 [J]. 人民教育，2018（12）：13-16.
④ 教育部关于印发《义务教育学校校长专业标准》的通知 [EB/OL]. （2013-02-16）[2022-01-15]. http://www.moe.gov.cn/srcsite/A10/s7151/201302/t20130216_147899.html.

涵建设是指体现学校育人品质的建设，涵盖学生成长、教师发展、课程建设、教学改进、全面发展教育工作及学校文化建设等方面，是学校的灵魂所在，体现学校的性格，直接指向学校的教育观念体系和基本价值追求。关系协调是指学校发展过程中不得不面对的校内外教育利益相关者之间关系的处理，体现在规范办学行为、校园建设、制度建设及各项事务性工作管理等方面。关系协调模块多是事务性管理工作，一般是校长工作过程中耗费时间较多的部分，校长需要掌握关系协调的实践智慧，否则深陷其中势必影响领导效率。环境支持是指支持学校发展的外部条件，主要包括学校运行所需的人、财、物等资源，教育政策与法规，社区资源等。

（三）校长领导力的结构

学校领导工作纷繁复杂，校长是否具备领导力，以及领导力发挥效果如何，都是校长领导力研究的重要关切。领导特质理论认为，领导者之所以成为领导者，就是因领导者具备共通的领导品质。校长领导力的结构可借助素质"冰山模型"加以分析。"冰山模型"提出者麦克利兰认为，人的素质由两个部分构成：一部分是"冰山"水平面以上的部分，即人的素质的外在表现，包括基本知识和基本技能；另一部分是"冰山"水平面以下的部分，即人的素质的内在表现，包括社会角色、自我形象、特质和动机等素质[1]。"冰山"水平面以上的部分也可视作产生绩效的能力，而"冰山"水平面以下的部分则是决定领导者是否具备产生绩效的能力的条件[2]。莱尔·斯宾塞和塞尼·斯潘塞则从"特征"的角度研究了"冰山模型"，认为人的素质的外显部分是任职者基础素质的基本要求，可谓"基准性素质"，人的素质的内隐部分是区分任职者素质差异的关键因素，可谓"鉴别性素质"[3]。我国学者提出了领导力"五力"模型，即领导力分为感召力、前瞻力、影响力、决断力和控制力[4]。受以上研究结论启发，回归到学校领导情境中，校长领导力可划分为外显力和内隐力两大层次。（见图1）

---

[1] MC CLELLAND DAVID C. Testing for competence rather than for "intelligence". [J]. American Psychologist，1973，28（1）：1-14.

[2] 竺乾威. 国家治理现代化与领导能力提升 [J]. 理论探讨，2016（6）：25-28.

[3] SPENCER L M，SPENCER S M. Competence at work models for superior performance [M]. New York：John Wiley，2008：24-27.

[4] 中国科学院"科技领导力研究"课题组. 领导力五力模型研究 [J]. 领导科学，2006（9）：20-23.

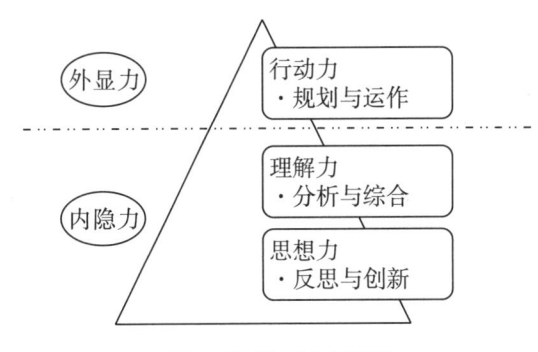

```
        ┌─────────┐
外显力    │ 行动力   │
        │·规划与运作│
        ├─────────┤
        │ 理解力   │
内隐力   │·分析与综合│
        ├─────────┤
        │ 思想力   │
        │·反思与创新│
        └─────────┘
```

图 1　校长领导力模型

外显力是校长领导力的外在表现层次，反映校长治校办学行动能力水平，具体表现为规划学校发展、引领学校常态化运作及协调处理校内外事务性工作的行动力，是所有校长必备的合格胜任力。学校发展规划是从总体上谋划未来一段时期学校改革发展的方向、目标和举措，"是对学校持续发展和整体改进的系统谋划，致力于不断提高学校的办学治校水平"[①]。学校发展规划要从根本上回答"办一所怎样的学校""培养什么样的人""追求怎样的教育"等三个问题，明晰学校办学定位、培养目标和办学理念，凝练学校教育哲学。校长行动力还体现在学校内部组织体系改革和学校内部治理体系变革，建立和完善现代学校制度，依法依规办学，办学资源筹措等方面。

内隐力是校长领导力的内在发展层次，决定校长治校办学能力水平的底线和上限。理解力是内隐力的第一层次水平，表现为校长对教育改革发展和治校办学过程中遇到的各类问题的分析与综合能力，以及深刻思考和全面理解的能力。校长理解力一定程度上决定了校长的办学行为。这就要求校长应通过学习和实践，不断形成和巩固专业知识体系和理念体系。一些情况下，学校里发生的事或许没有既定方案，更多地依赖实践中的发生、发展和生成，从做中学，逐渐上升为做的哲学。无论着眼于现实，还是着眼于长远，很多领导工作本身都需要理解，校长对教育知识和领导知识的学习应该是持续的。思想力是内隐力的第二层次水平，表现为校长实践反思、思想引领和改革创新的能力。无论是校长的领导工作，还是学校改革发展，都需要校长具备基于实践的反思能力，以及改革、发展、创新能力。如果校长能更进一步，把理论与实践相结合，提炼、概括、归纳、总结出一套教育思想体系，这对校长个人成长和学校发展都将是积极的促进因素。

---

① 刘冲，李松林，贺慧. 指向整体改进的学校发展规划[J]. 教育科学论坛，2021（14）：21-24.

三、校长的领导方略

各级校长专业标准明确了校长的专业职能,明确了每一位校长合格履职的职能领域。当学校领导过程与校长职能领域相结合,校长治校办学的领导方略也就凸显了。校长治校办学犹如指挥乐队演奏,既需要有高超的专业能力,也需要灵活的应变能力,既有"常规动作",也有"即兴之作",更有"神来之笔"。校长领导方略的四个基本体现在:学校文化为基,发展愿景引领,育人体系为本,制度建设保障。

(一)学校文化为基:"四维一体"

学校文化是过去和现在的全体师生在长期的学校实践中不断积淀和创造的精神、物质、行为和制度等多方面内容的总和,是学校生存和发展的根本所在。校长在治校办学过程中,需注意学校文化的不同来源,充分培育学校文化性格。学校文化来源主要涉及人文与科学、现实与历史四个维度,构成了"四维一体"格局。

人文维度与科学维度主要指学校发展过程中形成和发展的人文底蕴和科学精神。学校的人文底蕴应符合人本观念、个性特征和全面发展的内在要求。人本观念主张学校以每一个人为本,以包括学生在内的每一个人为本,而非狭隘偏执地强调以学生为本。同理,个性特征也不仅仅是尊重和保护每一位学生的个性,而是支持包括学生在内的每一个人的个性的充分发展。全面发展是党的教育方针,也是《中华人民共和国教育法》对教育目的的基本要求。全面发展首先在于每一个学生的全面发展,学生的全面发展也驱动着教师素养的不断完善,最终促成全体师生的共同发展。学校的科学精神应符合求真务实、探索发现和实践创新的内在要求。求真务实强调治校办学活动不媚俗、不浮躁、不虚夸,追求真理,坚持从实际出发。探索发现呼唤师生教与学的过程中的探究精神,以及勇于发现未知世界的态度和勇气。实践创新强调学校每一位成员的实践精神、创造意识和成长体验。有实践创新的教育才是能够长驻学生心田的教育。

现实维度与历史维度主要指学校发展的现实依托和历史积淀。学校发展的现实依托主要涉及学校发展外部因素,包括自然环境、社会生活和人际关系状况。自然环境即学校赖以立足的非人化的物质环境和资源条件,是学校发展的自然基础。社会生活即学校服务对象所属社会的生活特点和时代要求。人际关系状况与社会生活相关,但更强调与学校办学有直接联系的教育利益相关者之间的关系状况,以及教育利益相关者与学校之间的关系状况。学校发展的历史积淀主要来自办学治校传统、精神传承和价值体系。全国各地不乏办学历史悠久的学校，历史文脉为学校今日发展提供了历久弥新的办学传统、治校精神和价值取向，这些都是值得学校提炼、挖掘和伴随新时代教育改革浪潮不断深化和升华的精神财富。

学校文化在人文与科学、现实和历史的纵横交错中不断沉淀、提炼和发展，渐进式地生长。那种试图短时间内"打造"学校文化的观点是极其错误的。"打造"可塑文化之形，难成文化之实。

（二）发展愿景引领："四向统合"

学校发展愿景是学校关于未来一段时期发展目标和发展样态的蓝图，对学校发展具有导向功能。学校发展愿景的实现是教育理想向度、学生发展向度、教师发展向度和学校发展向度等四大愿景统合的结果。

教育理想向度是学校教育哲学的校本化表达，回答"追求什么样的教育"的问题。教育理想是学校发展的根本导向，也是学校思想灵魂的附着点。没有教育理想的学校是无序甚至盲目的，难以建立起治校办学的思想逻辑。是否具有或正在形成教育理想，也是判断校长领导力水平的重要标志。名校或名校长无一例外都有明确的教育理想向度，并且清楚实现这一向度的路径与举措。

学生发展向度是学校育人目标的校本化表达，回答"培养什么样的学生"的问题。学校以育人为天职，学校的学生培养质量、社会声誉和口碑，以及人民的教育满意度，都是通过学生培养彰显的。学校为学生的学习与发展提供的全部时间、空间，这些都是学生发展不可缺少的载体。从这个意义上说，学校为学生提供何种质量的学校生活，关乎学生的现实成长和未来发展。

教师发展向度是教师发展目标的校本化表达，回答"成就什么样的教师"的问题。学校的发展及品质的提高，离不开一批高素质专业化创新型教师的不断涌现。常规情况下，学校在学生成长方面投入较多，而对教师发展常有忽视。如果没有一支"拉不走、留得住、有成长"的教师队伍，学校的办学理想和学生发展目标都难以落实。学校需重视教师发展支持系统建设，通过专家引领、校本研修以及教师学习共同体建设，多措并举支持教师发展。

学校发展向度是学校发展定位的校本化表达，回答"建设什么样的学校"的问题。早在2014年，教育部就印发了《义务教育学校管理标准（试行）》，2017年印发修订后的《义务教育学校管理标准》，进一步明确了中小学校管理的基本标准和发展要求，促进学校规范办学、科学管理，整体提高教育质量和办学水平，加快推进教育治理能力和治理水平现代化[1]。学校依法依规依标办学，切实做到"一校一案"，走规范化、特色化发展之路。校长有责任引领全校师生明确本校的发展基础、发展特色及未来一段时期可预期的发展样态。

（三）育人体系为本："三位一体"

育人体系是学校全部工作中直接与培养学生相关的领域，是学校运行的主体部分，也是学校发展体系的核心部分。育人体系主要包括课程建设、教学改进和综合育人三个方面，形成了学校理念和目标统领的"三位一体"育人格局。

课程是学校工作的心脏，为学校生命体造血并提供给养。自2001年新课程改革启动以来，课程建设的重要性受到基础教育界的普遍重视，校长和教师普遍具备了较强烈的课程意识。中小学课程方案和课程标准的每一次修订，都对学校课程建设提出了新要求，让学校面临新挑战。高中阶段已正式实施2017版课程方案和课程标准，义务教育阶段新版课程方案和课程标准也已颁布。新课程方案的共同导向是课程核心素养统整的大单元教学，课程改革又将进入一个新的发展阶段。当前，学校课程工作有三大重点：一是国家课程的校本化设计，构建符合国家标准和体现学校特色的整体性、校本化课程体系；二是学校特色课程的研制，探索学科内和跨学科大单元学习主题，设计基于核心问题的综合主题课程；三是学校课程计划的有效落实，校长、中层及全体教师的课程意识需要唤醒，自觉将课程意识转化为课堂运作和学生体验的有质量的学校生活。

如果说课程是学校工作的心脏，那么教学就是学校工作的血管，血管把血液和营养送达全身各部。世人皆知课堂教学需要持续变革，但究竟如何变革，各学校的情况是千差万别的。学校教学改进工作是否启动，取决于两个前提：一是对本校教学经验和存在问题的明确程度；二是学校对当前教学改革取向和潮流的把握程度。有了这两个前提，学校方能找到适切于本校的教学改进目标和教学实践范式。近些年来，我国基础教育界流行着多种"教学模式"，一些学校缺乏辨别力，盲目套用某种教学模式。需知，每一种教学模式都有其适用范围，所谓"教有法，无定法"，不存在普遍通用的教学模式。

---

[1] 教育部关于印发《义务教育学校管理标准》的通知［EB/OL］．（2017-12-04）［2022-01-15］．http://www.gov.cn/xinwen/2017-12/11/content_5245778.htm．

立德树人根本任务的落实，客观上要求各级各类学校构筑起人的全面发展导向的综合育人体系，课程教学工作也是综合育人工作的构成部分。综合育人工作的成效取决于三个关键办学行为：一是确立德智体美劳全面发展的育人目标体系；二是贯彻全员、全过程、全方位的"三全"育人原则；三是找准德智体美劳的实践着力点，建立"五育"融通的育人实践体系。

（四）制度建设保障："二路归一"

制度建设是学校发展的有力保障。"制度"本身具有两重含义：一是基于共同目标和规则形成的组织体系；二是组织体系内全体成员共同遵守的规则体系。与之相对应，学校制度的一重含义是指学校组织结构体系，二重含义是指学校各组织、部门和人员需共同遵守的规则和标准。学校制度建设要走好两条路：一是学校组织的体系化运作之路；二是学校制度规范化建设之路。两条路相互支撑，是一体化的结构关系。

学校组织体系化运作的关键在于建立健全学校民主决策机制。首先，加强学校党组织建设，充分发挥党的战斗堡垒作用和党员教师的先锋模范作用；其次，切实执行校务会议制度和教职工代表大会制度，处理好与学校全体成员利益相关的每一项事务；最后，指导建设好少先队组织或共青团组织、学生社团等学生组织，提升学生参与学校治理的主人翁意识。

学校制度规范化建设的关键在于持续提升学校依法科学管理能力。首先，认真学习领会《中华人民共和国宪法》《中华人民共和国教育法》《中华人民共和国教师法》《中华人民共和国未成年人保护法》等法律，提升依法治校意识、知识和能力；其次，建立以学校章程为核心的学校制度体系，完善和改进学校内部组织结构，提高运行效率；最后，定期制订学校发展规划，明确学校短期、中期和长期发展定位。

办学治校是复杂且艰难的工作，有赖于教育行政部门、学校及教育利益相关各方主体协同，而校长在此间居中协调，堪称重任在肩。校长领导力不是外界赋予的，也不是人生来就有的，而是校长加强自身修炼、在实践反思中不断升华和超越自我的结果。

基于课例研究提升STEM教学评课技能初探
——以教育技术学专业师范生为例

沈 莉[①] 陕昌群[②] 章宇琦[③]

摘 要

STEM教育在全球得到广泛关注和普及,但师资匮乏一直是制约其发展的一个重要原因。课例研究是由一组教师协作修改教学设计、观察教学过程、分析解决教学问题,从而完善课例的过程。本文以优秀STEM课例研究为基础,对教育技术学专业师范生实施包含准备、计划、观摩、反思和演练五个步骤的STEM教学评课技能培养,通过实验法与传统实施三阶段方法培养的对照班进行对比,利用权威评课技能评价量表,对师范生完成的整体评析表进行组间评价、组内评价和教师评价,最终得到实验班评课技能得分与对照班有显著差异,实验班得分高于对照班的结果,进而证明基于课例研究方法相比三阶段评课技能培养方法更能有效提升师范生STEM教学的评课技能。

关 键 词

课例研究 STEM教学 评课技能 微格教学

[①] 沈莉,女,上海人,副教授,硕士学位,研究方向为教师教育。
[②] 陕昌群,女,四川成都人,中学高级教师,硕士学位,研究方向为教育信息化应用融合。
[③] 章宇琦,女,四川攀枝花人,硕士学位,研究方向为数字媒体技术与应用。

一、引言

随着物联网、智能制造等的高速发展，数字高新技术不断与不同领域、不同产业紧密结合，影响着综合国力，而 STEM 专业人才对各国抢占第四次工业革命先机、促进制造业的智能升级具有关键作用。从 2001 年从国外引入到 2016 年被写入教育部教育信息化文件，STEM 教育研究在中国从无到有，进入爆发式增长阶段[①]，并深刻改变着教师的教学模式与学生的学习方式。

2019 年 10 月，中国 STEM 教育研究中心发布首份基于全国范围的大型抽样 STEM 教育调研报告。报告数据搜集历时 5 个月，回收问卷 48 499 份，受访样本包含小学生、中学生、教师和学校管理者，报告明确指出学校在推进 STEM 教育工作中的主要困难之一在于师资不足。在多种途径解决该问题的建议中，支持改进教学方法、引入优秀案例的支持比高达 57.98％；支持招聘年轻教师的高达 48.25％；支持从其他学校引进高水平 STEM 教师的高达 43.58％。可见对师范生进行 STEM 教学能力培养是非常必要，也是非常紧迫的，普遍认可通过高水平 STEM 教师的示范引领可以改善 STEM 教学师资问题，故基于高水平教师 STEM 课例研究的方法能够帮助新手教师的 STEM 教学能力提升[②]。

课例研究是由一组教师协作修改教学设计、观察教学过程、分析解决教学问题，从而完善课例的过程。课例研究起源于 20 世纪 60 年代的日本，90 年代初逐渐被推广到美国、英国、印度、中国香港以及其他一些国家和地区。作为一种行之有效的校本教研方式，课例研究以解决教育教学中的实际问题为主，为教师搭建了理论与实践相结合的平台和相互交流与学习的场所，有利于教师不断提高分析教学问题的能力，改进教学行为，从而促进教师专业发展。

评课是指根据一定的教学思想和教学理念，对课堂教学成败得失及其原因做出中肯的分析和评估，并且从教育理论的高度对课堂上的教育行为做出正确的解释。一线教师通过评课找到自己或同行教学实践中的优点和不足，借鉴他人的长处，补足自身的短板，形成自己独特的教学风格；缺少教学经验的师范生，通过观摩其他教师有针

---

① 王素.《2017 年中国 STEM 教育白皮书》解读［J］. 现代教育，2017（7）：4-7.
② 王淼，张晓娜，赵莹. 信息技术支持下的中小学 STEAM 教学活动的实施与评价［J］. 通化师范学院学报，2020，41（8）：131-137.

对性的评课过程，明确教学中的优点，了解并体会存在的问题，不仅可以在微格教学中树立好的模仿对象，也可以提升对教学实践可能情况的预判准确程度，促进良好教学效果的达成。因此评课技能的培养，对于职前教师或新手教师而言，都是专业发展的必经之路。

江淑燕等基于教师作为专业的反思实践者取向，将课例研究应用于职前教师微格课程中，能够在虚拟的情境下为其提供"理论—实践"互助式辅导，职前教师的反思能力能够有效得到提升[1]。李亚琴指导 8 位英语师范生进行两轮课例研究后，师范生的教学设计能力有了明显的发展，具体表现在教学设计的目标设定得当，教学过程完整，教学活动多样、有效，文本教学能从整体出发培养学习者的阅读能力[2]。可见课例研究可以对师范生的反思和教学设计能力产生明显作用，这是本研究得以实施的基础。

夏珂对 446 位中小学理科教师的调查问卷显示，STEM 教学中反思与提高能力表现相对最为缺乏[3]。赵菁蕾表示师范教育阶段在教师专业发展中起承上启下的作用，评课能促进教师的专业发展[4]。评课训练不仅能加强评价意识，还能提高学生的基本教学技能，以及对教学技能的观察和鉴别能力[5]。可见评课技能可以作为师范生 STEM 教学能力提升的突破口。

尹国杰认为"听、看、记、思"作为听课的重要环节可以培养师范生的听评课能力[6]。田斌学者认为观课前的准备、认真观察课堂、观课后的讨论交流和改良再评四个环节，可以有效提升职前教师评课技能水平[7]。已有研究对师范生的评课技能培养按照职后教师的培养方式已经积累了一定经验，但却忽略了对职前教师缺乏对具体教学场景的真实体验的认识，故与职后教师的评课技能培养应有差异，可考虑模拟仿真教学填补，这也是本研究的出发点。

本研究筛选高水平 STEM 课例，引导师范生借鉴课例研究的步骤，实施包含准备、计划、观摩、反思和演练的五个步骤去提升评课技能，通过实验法验证该方法的

---

[1] 江淑燕，王晓芳. 培养反思的实践者：职前教师教育中的课例研究[J]. 伊犁师范学院学报（社会科学版），2019，37（4）：53-58.
[2] 李亚琴. 基于"课例研究"的师范生教学能力发展研究[D]. 南京：南京师范大学，2015.
[3] 夏珂. 中小学理科教师 STEM 教学实施与评价能力研究[D]. 武汉：华中师范大学，2019.
[4] 赵菁蕾. 教师专业发展视域下的高校师范生评课探析[J]. 丽水学院学报，2010，32（4）：102-105.
[5] 赵菁蕾. 师范生"评课"能力的培养策略[J]. 教育评论，2010（1）：29-32.
[6] 尹国杰. 师范生听课评课能力的培养[J]. 学理论，2009（14）：143-144.
[7] 田斌. 教师职前教育中评课技能的培训研究[J]. 教育探索，2008（11）：87-88.

有效性，期望利用该方法为新手教师提升STEM教学能力做出有益尝试。

二、实验设计

1. 实验材料筛选

STEM教学较少采用试卷考核量化评价方式反馈学生学习效果，并且多个学校开设的课程不尽相同，因而难以在知识点掌握程度上进行横向和纵向对比。而STEM教育着眼于培养学生的科学精神和创新实践能力，具有造就创造性人才的天然优势，故采用权威的威廉斯创造力倾向测量表为工具，以学生创造力得分高低来说明STEM课程的有效性。本研究利用2017年度四川省普教科研课题"STEAM课程培养中小学生创造力的实践研究"的后测实验组和对照组的威廉斯创造力倾向测量数据，对11所学校共870位学生数据进行分析，发现除小学低段以外，参与过STEM学习的学生的创造力得分在冒险性、好奇性、想象力和挑战性四个维度都显著高于未参与过STEM学习的学生的创造力得分。而将被调查的参与STEM学习的369位学生进行得分由高到低排序，取前31%的114人作为高分组（其中6人得分并列），得到表1的高分组学校统计信息。

表1中包含层次为小学低段、小学高段、初中和高中四个开展过STEM教学的分组，每组分别罗列出在该层次中四川省参与STEM教学项目的公立或私立学校，高分人数指该校进入高分组的人数，参与人数指该校参与本次STEM教学项目的总人数，占比为进入创造力高分组的学生人数占该校参与STEM教学项目总人数的比例，P值是被调查对象中该校参与过STEM教学和没有参与过STEM教学的学生的创造力得分是否有显著性差异的表示。其中成都市张家巷小学高段、泡桐树小学西区分校小学高段、天府新区新兴中学、双流中学高中和玉林中学石羊校区高中参与和未参与STEM教学的学生创造力得分有显著性差异，可以以此筛选优秀STEM课例。

从表1数据还可以看出，并不是所有的STEM教学都能够提升学生的创造力，基于大样本原则，成都市张家巷小学高段的数据更显出该校开设STEM课程的有效性，因此筛选出该校小学高段提供的STEM教学课例"从种子发芽到种植动画"为实验过程中师范生观摩的课例。

表1 高分组学校信息统计表

层次	学校	高分人数	参与人数	占比	P值
小学低段	天府新区第五小学	2	23	0.09	0.147
小学高段	成都市张家巷小学	31	50	0.62	0.00
	泡桐树小学西区分校	12	38	0.32	0.00
	成都市同辉（国际）学校	12	46	0.26	0.51
	四川师范大学附属圣菲小学	6	26	0.23	0.30
	天府新区第五小学	2	18	0.11	0.69
	总计	63	178	0.36	
初中	成都东辰外国语学校	6	10	0.60	0.35
	天府新区新兴中学	11	20	0.55	0.00
	崇庆中学附属初中	3	28	0.11	0.33
	总计	20	58	0.34	
高中	双流中学	13	34	0.38	0.05
	成都市洛带中学校	10	40	0.25	0.60
	玉林中学石羊校区	6	36	0.17	0.00
	总计	29	110	0.26	
	总计	114	369	0.31	

2. 实验组设定

筛选2019级教育技术学专业师范生5班和6班共120人为本课题研究对象，这些学生处于大学二年级，尚未参与过"信息技术微格教学"和"STEAM项目实践"课程的学习，在进行专业必修课"信息技术教学案例分析"课程前，进行了所有学生的学习动机测试，测试结果如表2所示，其中6班为实验班，含65人，5班为对照班，含55人，本研究是实验组和对照组师范生开设的"信息技术教学案例分析"专业课程中开展的一次教学研究。

"信息技术教学案例分析"是教育技术学专业开设的一门专业发展必修课，目的是让学生在具备教育教学理论知识之后，在进行学科教学实践之前，对典型的信息技术教学案例进行了解和模仿，使学生在了解不同类型学习内容的教学处理策略后，能够更为有效地实现本专业的学科教学。通过本课程的学习，学生要在教育信息化背景下，按照典型的教学目标维度分类，学会对信息技术高中课程授课视频做科学分析评价，掌握知识原理类内容、基本技能与能力培养类内容、情感态度价值观培养类内容和综合能力培养类内容的常见教学方法和教学策略，掌握信息化教学中课堂分析和评价的常见工具。

该课程的第六章是关于评课技能的培养，对于实验组和对照组均为未知性知识，均没有知识基础铺垫；学习风格涉及的维度较为复杂，不同学习者在特定时间内相对稳定，但也会受环境影响变化，故此研究中不考虑两组在学习风格中的差异；学情分析中主要考虑学习动机对评课技能学习效果的影响。表2表明，在学习开始时，实验组和对照组的"内生动机"及其子维度无显著性差异；"外生动机"及其子维度"追求回报"有显著性差异，两项得分均为5班对照班高于6班实验班；其他"外生动机"子维度无显著性差异。以性别分组，男生32人，女生88人，在学习动机的"内生动机"和"外生动机"两大维度及其六个子维度中均无显著性差异，详见表3所示，故本研究不考虑性别在这些维度中引起的显著性差异影响。

表2　实验班和对照班学习动机得分统计表

分组		N	均值		F	Sig.	Sig.（双侧）
依赖他人评价	6班	65	2.669 231	假设方差相等	4.214	.042	.085
	5班	55	2.793 939	假设方差不相等			.079
选择简单任务	6班	65	2.911 5	假设方差相等	2.015	.158	.812
	5班	55	2.931 8	假设方差不相等			.809
关注人际竞争	6班	65	2.792 3	假设方差相等	1.165	.283	.915
	5班	55	2.799 1	假设方差不相等			.914
追求回报	6班	65	2.562	假设方差相等	.139	.710	.002**
	5班	55	2.839	假设方差不相等			.001
外生动机	6班	65	2.733 654	假设方差相等	2.588	.110	.044*
	5班	55	2.838 914	假设方差不相等			.039
挑战性	6班	65	2.861 54	假设方差相等	3.251	.074	.152
	5班	55	2.944 20	假设方差不相等			.146
热衷性	6班	65	2.917 949	假设方差相等	1.885	.172	.550
	5班	55	2.880 952	假设方差不相等			.545
内生动机	6班	65	2.889 744	假设方差相等	2.680	.104	.665
	5班	55	2.912 574	假设方差不相等			.660

表3 按照性别分组学习动机得分统计表

分组		N	均值		F	Sig.	Sig.（双侧）
依赖他人评价	男	32	2.762 626	假设方差相等	.928	.337	.502
	女	88	2.710 227	假设方差不相等			.540
选择简单任务	男	32	2.886 4	假设方差相等	1.284	.259	.570
	女	88	2.931 8	假设方差不相等			.616
关注人际竞争	男	32	2.810 6	假设方差相等	1.114	.293	.770
	女	88	2.789 8	假设方差不相等			.775
追求回报	男	32	2.788	假设方差相等	5.243	.024	.178
	女	88	2.653	假设方差不相等			.253
外生动机	男	32	2.811 869	假设方差相等	.987	.323	.491
	女	88	2.771 307	假设方差不相等			.544
挑战性	男	32	2.867 42	假设方差相等	.597	.441	.492
	女	88	2.911 93	假设方差不相等			.534
热衷性	男	32	2.959 596	假设方差相等	.816	.368	.243
	女	88	2.878 788	假设方差不相等			.266
内生动机	男	32	2.913 510	假设方差相等	.593	.443	.758
	女	88	2.895 360	假设方差不相等			.780

3. 实验方案规划

在完成活动后成功地得到奖励或回报时会促进学习动机即是"外生动机"的"追求回报"维度含义。虽然实验组和对照组的前测学习动机得分在二级子维度"追求回报"上有显著性差异，进而导致在"外生动机"大维度上也有显著性差异，但均是对照组5班得分高于实验组6班，实验过程中两个组均不采用回报方式激励或维持学习动机，故可以推断两组师范生的"外生动机"和其子维度的差异不是造成实验结果差异的原因。

基于此提出实验假设：基于课例研究的五阶段法培养师范生评课技能优于传统听评课的三阶段法培养师范生评课技能。实验过程详见本文第三部分，实验结束后采用评课技能评价量表[①]对实验组和对照组学生评课结果进行评判，实验组得分高于对照

---

① 沈莉. 信息技术微格教学 [M]. 北京：科学出版社，2014（8）：190.

组即可验证假设成立。

三、实验过程

实验组采用基于课例研究方法改良,对实验组创设包含准备、计划、观摩、反思和演练的五个步骤实施对教师选定课例进行评课技能培养;对照组采用崔允漷教授提出的课前会议、课堂观摩、课后会议三个步骤[①]实施对教师选定课例进行评课技能培养。两组所选课例相同,下面对实验组的评课技能培养五个步骤进行详细阐述。

1. 评课准备阶段

评课准备阶段主要完成小组的确立与组内的合作分工,由于师范生缺失执教经历和从教经验,对于教学内容、学生、课标及国家的有关政策的了解处于纸上谈兵的阶段,因此在此阶段对于教师教育者提出了较高的要求。第一,明确小组角色包含组织者、陈述者、整理者、评价者、制作者等成员,并明确每种角色的职责,例如陈述者熟悉讲授内容在后期扮演教师角色、制作者录制授课过程、组织者协调各项工作等。第二,建立学术话语体系和实践话语体系。大学与中小学的逻辑范畴和话语体系归属于两套不同的系统,大学是理论的来源地,学术话语使用的主要场所,而中小学则属于实践创新场域,更多使用的是经验话语[②],职前教师应了解这两个不同话语体系的逻辑与规则。这就要求教师教育者不仅能够深入中小学课堂,也需要能够从具体的教学行为关联到对应的指导理论,通常采用的办法就是在大学课堂中为师范生引入真实的中小学一线教学课例进行评课示范。另外聘请中小学教师参与教师教育也是现在许多师范院校采取的措施,例如四川师范大学的教材教法类专业课程,除校内的执教教师,还聘请一位中小学教师作为校外协同指导教师。在此模式下,师范生更容易接触到学术话语和经验话语的双重体系。

2. 评课计划阶段

评课计划阶段是师范生与文献和学情的交流。在优秀课例研究开始时,必须提前提供给师范生对应的教学设计方案,一同发布的还包括导学案、授课 PPT 和必备辅助资源。这些辅助资源包含课标、教材、相似内容教学设计方案、课例中学校和班级的

---

① 崔允漷. 论指向教学改进的课堂观察 LICC 模式[J]. 教育测量与评价(理论版),2010(3):4-8.
② 吕立杰. 教师教育课程的实践取向探讨——以东北师范大学小学教育专业为例[J]. 东北师范大学学报(哲学社会科学版),2018(3):155-160.

基本情况、课例教学方案中提到的教学理念和教学方法等。例如 STEM 教学一般以学习者为中心，利用项目教学法，通过多学科知识融合培养学生创新思维，那么项目教学、学习者中心、创新思维等相关文献，就需要师范生认真梳理和研读。在此基础上，师范生还要对学生的学情进行预测，需要教师教育者和中小学教师的及时参与和辅助，在虚拟的情境下，为其提供可供参照和评价的解释。这个阶段需要小组组织者协调所有成员进行文献和学情的讨论，加深和完善对专业术语和学情的认识。

3. 评课观摩阶段

评课观摩阶段会对教师提供的课堂实景或者录像视频进行观摩。观摩开始时要进行研究主题确定，师范生应带着明确的研究主题，借助辅助工具[1]及时记录下现场发生的任何能够引起反思的片段。观察要有目的性，紧密联系研究主题；要有系统性，对整个观察过程做出规划；要有选择性，在记录时要按照研究主题有取舍地进行记录；要有理论性，有科学的理论方法做指导[2]。现场观摩可以利用整体评析表的评价教学理念、评价教学目标、评价教学内容、评价教学设计思路、评价教学氛围和评价教学基本功六个部分进行要点记录。录像视频观摩可以利用成熟的编码表对特定研究目的进行量化分析，例如弗兰德斯互动分析系统、S-T 分析系统和 ITIAS 互动分析系统等。在研究主题确立之后筛选评价量表非常重要，此时教师教育者应该给师范生足够的工具和方法的支持。

4. 评课反思阶段

无论是现场观摩还是录像观摩，课例授课者都应该进行说课，阐明教学设计意图，与师范生一同进行授课反思。反思阶段首先是授课者以说课的基本框架，例如包含说教材、说学情、说目标、说教法、说学法、说过程、说评价等内容进行整个课例的背景和过程回顾。作为执教者，授课者本人的直接感受可以作为集体反思的引子，引导师范生积极参与。同时安排好师范生和授课者的沟通，通过师范生提出疑问，授课者回答的方式来解决学术话语和经验话语的矛盾冲突，并以文字、声音或者视频的方式将整个交流过程记录下来，以利于后期的演练。其次，以小组方式进行集体研讨，关注课堂中发生的关键事件，经历对课堂中真实事件的探讨与反思，才能促进师范生实践中理论的建构，有助于缓解其未来实习或支教生活中可能遇到的理想与现实冲突所

---

[1] 王瑞琪. 师范生小学课堂观察工具使用的误区分析及其对策研究 [D]. 福州：福建师范大学，2019.

[2] 池广华. 谈谈怎样做课例研修 [J]. 新课程学习（上），2012（6）：17.

导致的焦虑、困惑与不解。

5. 评课演练阶段

评课演练阶段是师范生根据前四个阶段对 STEM 课例的深入研究，对存在问题较为集中的某部分课堂教学环节进行教案的修改和完善，参考前期评课中提出的问题和对应的建议，对该部分修改内容在微格教室中进行分角色扮演的方式进行验证，体验修改建议的可行性，最终形成完整的修改资源，包含修改后该部分授课教案、课件和实录视频。小组以分工合作的方式完成，在演练阶段，陈述者扮演教师角色，除制作者外的小组成员扮演学生角色进行模拟授课，制作者进行现场拍摄，拍摄的内容主要为学生行为，教师行为由微格教室里的设备自动录制。在制作阶段，小组成员各司其职，能够完成授课成果记录、呈现和组间的互评工作。组间互评可以由某些网络平台支持，例如智慧树平台的小组作业互评，如图 1 所示。评价者收集整理小组的评语和评分，上传给组长，由组长在平台上发布组间评价分数，并在论坛中发表具体的组间质性评价文字。

图 1　网络平台支持下的组间互评

四、实验分析

筛选优秀 STEM 教学课例，通过五阶段法的课例研究方法对师范生进行评课技能培养，发布整体评议表给实验组和对照组每位师范生填写，利用评课技能评价量表，由本校执教教师和校外协同指导教师"背靠背"进行得分评价,评价结果的一致性符合要求。结合成果组间评价占20%、成果教师评价占20%和评价表教师评价占60%的计算方式,得出每位学生的评课技能得分,作为比较实验组和对照组评课技能对比的参考数据,通过两个独立样本T检验,得到如表4所示数据结果。可见两组师范生的评课技能得分有显著性差异,且实验组均值为80.252 43,对照组均值为78.613 27,实验组高于对照组,实验假设"基于课例研究的五阶段法培养师范生评课技能优于传统听评课的三阶段法培养师范生评课技能"成立。

表4 实验班和对照班评课技能得分统计表

分组		N	均值		F	Sig.	Sig.（双侧）
STEM评课总得分	6班	65	80.252 43	假设方差相等	2.348	.128	.017*
	5班	55	78.613 27	假设方差不相等			.015

五、结论展望

通过实验法,本研究以实证的方式验证了课例研究法在提升师范生STEM教学评课技能上的有效性。对教育技术学专业的实验组同学,通过五阶段评课技能培养效果优于传统三阶段评课技能培养效果,并对未来STEM教师的培养做出有益探索。但由于缺乏权威的STEM教学评课技能的评价量表,故本研究采用的是通用的整体评析的评价量表,未能体现师范生在STEM教学评课技能上和一般教学评课技能上的差异;另外,未对师范生的整体评析表中的内容做认知网络分析,不能具体体现师范生在评课技能认知要素上的差异,这些是今后进一步研究的内容和方向。

编后记

《基础教育与教师发展研究》秉着全面服务、支撑、引领区域基础教育的信念，回应我国基础教育改革和教师专业发展的热点问题，搭建理论探讨和实践交流的平台，荟萃众家之长，以共同推进我国基础教育中的重大问题攻坚。本辑以"核心素养""双减"两大主题进行征稿，得到了基础教育理论与实践研究者的积极响应，并呈现出深刻而独到的见解。

新时代的基础教育将围绕"核心素养"进行全面变革和创新。这是一场革命，它要根治教育系统长久积累起来的顽疾，摆脱教育运行中偏离教育规范的恶习，祛除教育努力中低效乃至无效的劣绩，使教育回到它本来的使命并走向高质量发展的道路。作为对基础教育如火如荼大变革的回应，首先就要对当前中小学教育所要解决的核心问题提供有力的理论支撑，唯有如此，才能明辨变革的方向，确定变革的路线，谋划变革的方略。其次，还要对中小学教育教学所遇到的现实困境提供实践范例，唯有如此，才能洞察变革的时机，积累变革的经验，凝聚变革的力量。本辑诸文聚焦当前基础教育的热点难点，既有理论上的高屋建瓴，也有实践上的落地生根，因而能为所有关切教育的人提供富有启发性和指导性的"营养大餐"。

培育"核心素养"是当前教育的重要任务。只有理解了"核心素养"的意义，才能将其与教育的所有方面和各个环节有效地勾连起来，才能建立起"核心素养"及其培育的理论框架和实践蓝图。温儒敏先生的《核心素养、任务群与建构主义》一文既揭示了"核心素养"的内涵，也指明了"核心素养"的实践意蕴。"双减"是当前基础教育的重大课题，其根本目的是使教育重新回到本分、正轨和本质上来，周群老师的《"双减"背景下的教师行动——重新审视我们的教学》一文启示我们："双减"是教师教学反思"引擎"，反思，特别是行动中的反思，是澄清教学本质的有效方式。将"核心素养"和"双减"合在一起，既表明两者之间是相互联系的，也反映其他论文与它们有着特定的联系，从而能比较充分地展现本辑的整体特色。

《试论"双减"背景下课堂教学模式的转变》《整肃生态科学减负提升质量——"双减"政策的现实价值和落地策略》《"双减"背景下学科育人的校本实践》三篇论文都讨论了"双减"的落地落实问题，其核心要义都在于以"双减"推动教育观念的革新和教育行动的转变。《持续推进初中化学学业评价为减负增效赋能》《中小学法治教育的整体设计与策略体系》《历史教学应注重理解历史中的人——从 2020 全国卷Ⅲ第 42 题展开》《鲁迅的语文：有难度的跨越——兼及鲁迅之于当代基础语文教育的价值》《现阶段中小学课程建设的基本路径》《基于理解的美术大单元教学设计——以"校园的水稻"为例》等文则讨论了"核心素养"的实践问题，其关键在于改变既有的、习以为常的传统做法，顺应课程与教学改革的新潮流，不断尝试各种新方法、新模式，以不断深化对"新教育观"的理解。

教师，尤其校长，是教育变革与创新的主体，是落实"核心素养"和"双减"的关键。《百年来中国共产党领导教师队伍建设的逻辑与经验》《基础教育教师队伍建设的历史回顾、基本经验及未来发展》《校长：实践反思型教育领导者》等文既有对教师的历史审视，也有对教师的现实观照，还有对教师未来的预判。我们从中可以领悟到教师及其队伍建设应吸取的经验与教训。

《基于课例研究提升 STEM 教学评课技能初探——以教育技术学专业师范生为例》从微观视角考察了师范生"核心素养"培育中所遇到的问题，《以"变"应"变"：改革中等教育结构促进基础教育均衡化》则从宏观角度剖析了中等教育发展中遇到的现实问题，它们显示了良好视角的选用之于破解难题的重要性。

本辑所收录的文章从不同侧面思考了当前基础教育中的热点问题，提供了基础性和前瞻性的理论与实践回应，为后续辑刊建设开了好头，我们将在此基础之上再接再厉，砥砺前行。我们不仅要关注基础教育中的热点问题，还要关注难点问题，要敢于啃硬骨头，特别是关于破解区域基础教育中的现实问题及其教改成果推广展示等，将服务区域基础教育发展的信念落到实处。我们还需要具备国际视野，及时追踪国外基础教育发展动态，为我国基础教育发展寻求理论视野和实践路径创新。聚焦基础教育的核心问题，并以历时与共时、理论与实践、宏观与微观等多角度剖析之，方能通达问题本质，创发独特思想。

编　者
2022 年 3 月 26 日